ABHANDLUNGEN DER AKADEMIE
DER WISSENSCHAFTEN DER DDR

Veröffentlichungen
der
Wissenschaftlichen
Räte

Theorie und Praxis der ökonomischen Strategie in der Landwirtschaft der DDR

Akademie-Verlag · Berlin

ABHANDLUNGEN
DER AKADEMIE DER WISSENSCHAFTEN DER DDR
Abteilung Veröffentlichung der Wissenschaftlichen Räte
Jahrgang 1984

Gemeinsame Tagung des Wissenschaftlichen Rates
für die wirtschaftswissenschaftliche Forschung
bei der Akademie der Wissenschaften der DDR
und seines Wissenschaftlichen Rates für ökonomische Probleme
der sozialistischen Landwirtschaft am 1. 6. 1984

Theorie und Praxis der ökonomischen Strategie in der Landwirtschaft der DDR

Akademie-Verlag · Berlin 1984

Herausgegeben im Auftrage des Präsidenten
der Akademie der Wissenschaften der DDR
von Vizepräsident Prof. Dr. Heinrich Scheel

Verantwortlich für dieses Heft:
Akademiemitglied Prof. Dr. sc. oec. Dr. h. c. Helmut Koziolek
Vorsitzender des Wissenschaftlichen Rates
für die wirtschaftswissenschaftliche Forschung
bei der Akademie der Wissenschaften der DDR

Redaktionschluß: 30. Juni 1984

Erschienen im Akademie-Verlag, DDR - 1086 Berlin,
Leipziger Straße 3–4

Lizenznummer: 202 · 100/92/84
Ag 1000/92/84 – 9618
Printed in the German Democratic Republic
Gesamtherstellung: TASTOMAT, 1275 Eggersdorf
Landhausstraße
LSV 0365
Bestellnummer: 754 460 3 (2001/84/3/W)
0 12 00

Inhaltsverzeichnis

3. Schlußwort

1. Referat

Helmut Schieck

Theoretische Probleme und praktische Erfahrungen der weiteren Durchsetzung der ökonomischen Strategie in der Landwirtschaft der DDR

Eine hocheffektive Landwirtschaft ist ein unverzichtbarer Bestandteil der Ökonomik der entwickelten sozialistischen Gesellschaft und von hohem Gewicht bei der weiteren konsequenten Verwirklichung der Hauptaufgabe in ihrer Einheit von Wirtschafts- und Sozialpolitik sowie zur Sicherung eines hohen Leistungswachstums in unserer Volkswirtschaft.

Daraus ergeben sich weitreichende Konsequenzen bei der Verwirklichung der ökonomischen Strategie sowohl in der Landwirtschaft als auch in den Bereichen der Volkswirtschaft, die eng mit der Landwirtschaft verbunden sind. Gleichzeitig sind damit Grundfragen der weiteren Festigung des Bündnisses zwischen der führenden Arbeiterklasse und der Klasse der Genossenschaftsbauern sowie der weiteren Stärkung des genossenschaftlichen Eigentums und der Reproduktion der Klasse der Genossenschaftsbauern verbunden. Wie in der gesamten Volkswirtschaft sind auch in der Landwirtschaft praktische Ergebnisse bei der Verwirklichung der ökonomischen Strategie erreicht worden. Darauf hat der Generalsekretär der SED, Gen. Erich Honecker, auf der 7. Tagung des ZK der SED verwiesen, und auf der 8. Tagung des ZK der SED wurde das im Bericht des Politbüros an das ZK der SED erneut unterstrichen. Hauptkriterium ist dabei die Erfüllung der vom X. Parteitag der SED beschlossenen wichtigsten Aufgabe der Landwirtschaft, die sichere Versorgung der Bevölkerung mit Nahrungsmitteln zu gewährleisten, wie das vom XII. Bauernkongreß der DDR 1982 unterstrichen wurde. Auch daran zeigt sich, daß die kontinuierliche Agrarpolitik der SED sich unter den veränderten Reproduktionsbedingungen voll bewährt und ihre Überlegenheit gegenüber der Agrarpolitik der kapitalistischen Länder auch unter solchen Bedingungen bestätigt.

Im Ergebnis der Anstrengungen der Genossenschaftsbauern und Arbeiter ist es gelungen, den Produktionszuwachs der Landwirtschaft mit weniger Fonds zu sichern, Agrarimporte merklich einzuschränken und den Beitrag der Landwirtschaft zum Nationaleinkommen zu erhöhen. Damit ist gleichzeitig eine Wende im Verhältnis zwischen Aufwand und Ergebnis eingeleitet worden.
Gleich wie man die Vergleichszeiträume wählt, ein dynamisches Ansteigen ist nicht zu übersehen. Das zeigt ein Vergleich der ersten 80er Jahre mit einem beliebig anders gewähltem Zeitraum.

Die Wirtschaftswissenschaftliche Konferenz im September 1983 hat uns wichtige Impulse für die ökonomische Forschung zur Verwirklichung der ökonomischen Strategie vermittelt. Genosse Koziolek hob im Schlußwort hervor, daß die Konferenz „eine klare Orientierung für unsere weitere ökonomische Forschung entsprechend der neu herangereiften Bedingungen und Erfordernisse der intensiv erweiterten Reproduktion“ gegeben hat.[1]

Wir haben unsere Forschungsarbeit ausgehend von diesen Erkenntnissen darauf orientiert, Erfordernisse, Bedingungen und Wege herauszuarbeiten, wie in der Landwirtschaft eine qualitativ neue Stufe der Intensivierung zu verwirklichen ist und ein wirksamer Beitrag zur Überleitung der gesamten Volkswirtschaft auf den Weg der umfassenden Intensivierung geleistet werden kann. Auf der heutigen Ratstagung wollen wir eine Reihe von wesentlichen Problemen, Erfahrungen und Schlußfolgerungen für die weitere Forschungsarbeit zur Diskussion stellen.

Sie sind das Ergebnis einer fruchtbaren Gemeinschaftsarbeit zwischen der Akademie der Landwirtschaftswissenschaften, der Akademie für Gesellschaftswissenschaften beim ZK der SED und der Hochschule für Landwirtschaft und Nahrungsgüterwirtschaft Bernburg und vor allem auch des immer engeren Zusammenwirkens mit dem Rat für wirtschaftswissenschaftliche Forschung.

Besonders wertvoll sind für uns auch viele Hinweise, Erörterungen und Problemstellungen aus der wirtschaftswissenschaftlichen Literatur, so zu den Grundfragen der intensiv erweiterten Reproduktion, der Rohstoffproblematik und Veredlung, der Bewertung von Naturressourcen, der Umweltproblematik und der Differentialrente bis hin zu den Fragen der Vervollkommnung der sozialistischen Produktionsverhältnisse, des Bündnisses und der Stadt-Land-Problematik.

1. Beitrag der Landwirtschaft zur Realisierung der Hauptaufgabe in ihrer Einheit von Wirtschafts- und Sozialpolitik

Die Grundfrage, die es letztlich zu beantworten gilt, lautet:
Wie muß der Intensivierungsprozeß in der Landwirtschaft und im Rahmen der gesamten Volkswirtschaft zielstrebig weitergeführt werden, um eine maximal mögliche Steigerung der biogenen Rohstoffproduktion und eine höhere Veredlung agrarischer Rohstoffe mit

dem Ziel zu erreichen, die stabile Versorgung der Bevölkerung mit Nahrungsgütern aus dem Eigenaufkommen zu sichern und gleichzeitig alle verfügbaren Ressourcen mit einem höheren volkswirtschaftlichen Effekt wirksam zu machen.

Diese Anforderung ergibt sich folgerichtig aus der 7. und 8. Tagung des ZK der SED und insbesondere aus der von unserem Generalsekretär, Genossen Erich Honecker, getroffenen Einschätzung, daß eine neue Etappe der Verwirklichung der ökonomischen Strategie unserer Partei in Angriff genommen wird.[2]

Der Übergang der Landwirtschaft zu einer neuen Qualität der Intensivierung ist die Grundbedingung dafür, daß die Landwirtschaft ihre Funktion in der Volkswirtschaft bei der Sicherung der Ernährung, der Versorgung der Industrie mit Rohstoffen, der Erhöhung des Nettoproduktes, bei der bewußten Gestaltung der natürlichen Umwelt, der Erhöhung der außenwirtschaftlichen Stabilität der DDR und schließlich auch bei der Gewährleistung der Landesverteidigung mit zunehmender Wirksamkeit erfüllen kann. Mit dem landwirtschaftlich genutzten Boden steht der Volkswirtschaft eine unversiegbare und noch erheblich steigerungsfähige Ressource zur Verfügung, die im Prozeß der Intensivierung der Volkswirtschaft sowohl aus heutiger als auch aus langfristig strategischer Sicht einen wachsenden Stellenwert einnimmt. Die biogene Rohstoffproduktion wird nicht nur im Hinblick auf die Sicherung der Ernährung eine immer größere Bedeutung einnehmen. Da Rohstoffe in der Welt immer mehr zum begrenzenden Faktor des Wirtschaftswachstums werden und die Rohstoffproblematik nicht allein aus der höheren Veredlung, der Entwicklung neuer Erzeugnisse und materialsparender Technologien zu lösen ist, wird es notwendig, den Einsatz landwirtschaftlicher Rohstoffe unter neuer Sicht zu sehen. Die immer bessere Beherrschung der Naturprozesse auf der Grundlage des wissensch.-techn. Fortschritts verlangt als eine grundlegende Voraussetzung eine hocheffektive Agrarproduktion. Die von Marx in den Grundrissen der Kritik der Politischen Ökonomie formulierte Erkenntnis gewinnt für uns höchste Aktualität: „Die Agrikultur z. B. wird bloße Anwendung der Wissenschaft des materiellen Stoffwechsels, wie er am vorteilhaftesten zu regulieren ist für den ganzen Gesellschaftskörper“[3]

Mit der Erhöhung der materiell-stofflichen Produktion und ihres Beitrages zum Nationaleinkommen erhält die Landwirtschaft ein zunehmendes Gewicht bei der Sicherung der planmäßig proportionalen Entwicklung der gesamten Volkswirtschaft. Das primäre Rohstoffaufkommen der Pflanzenproduktion beträgt etwa 65 Prozent der in der DDR erzeugten primären Rohstoffe. Dieses Volumen ist auf dem Wege größerer und stabilerer Zuwachsraten kontinuierlich zu erhöhen. Die 37. RGW-Tagung (1984) hat mit Nachdruck den hohen Stellenwert der Realisierung des Lebensmittelprogramms im Rahmen des RGW und die dazu notwendigen Anstrengungen im Agrar-Industrie-Bereich hervorgehoben. Die Lösung dieser Grundfrage ist von ausschlaggebendem Gewicht für die allseitige Stärkung aller RGW-Länder – auch der DDR – in der internationalen Klassenauseinandersetzung, in der die imperialistischen Länder, insbes. die USA, Agrarexporte verstärkt als Mittel imperialistischer Machtpolitik einsetzen. Auf der im März 1984 in Moskau stattgefundenen Beratung zu den Aufgaben des Agrar-Industrie-Komplexes hat der Generalsekretär des ZK der KPdSU, Genosse Tschernenko, entscheidende Akzente für die prinzipielle Lösung des Lebensmittelprogramms der Sowjetunion gesetzt.

Im Jahr 2000 werden etwa 6,4 Mrd. Menschen auf unserer Erde leben. Selbst wenn die Weltagrarproduktion sich annähernd verdoppeln würde und damit die Agrarproduktion schneller wächst als die Bevölkerungszahl, so wird in vielen Entwicklungsländern die Nahrungsmittelproduktion kaum mit dem Bevölkerungswachstum Schritt halten. Hunger und Unterernährung bleiben bestehen und werden sogar in bestimmten Gebieten der Welt weiter anwachsen. Auch angesichts dieser Tatsache ist es ganz folgerichtig, daß sich alle sozialistischen Länder auf die Sicherung der Eigenversorgung mit Nahrungsgütern in relativ kurzer Zeit einstellen und ihre Möglichkeiten weiter vergrößern, den revolutionären Kampf der sich vom Imperialismus befreienden Länder zu unterstützen. Das stellt vor allem Anforderungen an jene Zweige, die Produktionsmittel für die Landwirtschaft erzeugen, an die erforderliche Struktur der Produktionsmittel für den Inlandbedarf sowie für den Export entsprechend den spezifischen Bedürfnissen sowie die Qualifizierung von Kadern solcher Länder.

Die DDR stellt sich die große und komplizierte Aufgabe, mit gegenwärtig nur 0,37 ha LN pro Einwohner – und sich auch künftig noch vermindernder Fläche – die Versorgung der Bevölkerung mit Nahrungsgütern weitestgehend aus dem Eigenaufkommen zu garantieren. Diese Zielstellung ist mit außerordentlich hohen Ansprüchen an die weitere Intensivierung verbunden und stellt faktisch das übergreifende Ziel aller Intensivierungsmaßnahmen der 80er Jahre in der Landwirtschaft dar. Zur Eigenversorgung wird eine Pflanzenproduktion von etwa 49–50 GE/ha LN benötigt. 1983 wurden 42,4 GE erreicht. Im Vergleich dazu wäre das eine Steigerung um etwa 15–18 Prozent. Das stellt Ansprüche an das Leistungswachstum, wie sie in dieser Dimension bisher nicht vor der Landwirtschaft gestanden haben. Die Größe dieser Aufgabe wird besonders deutlich, wenn man bedenkt, daß die Erhöhung der Produktion in der Landwirtschaft in erster Linie an die immer bessere Beherrschung der Naturprozesse gebunden ist.

„Es ist in der Natur der Sache begründet – hob Karl Marx hervor – daß pflanzliche und tierische Stoffe, deren Wachstum und Produktion bestimmten organischen, an gewisse natürliche Zeiträume gebundenen Gesetzen unterworfen sind, nicht plötzlich in demselben Maß vermehrt werden können, wie z. B. Maschinen und anderes fixes Kapital, Kohlen, Erze etc. ...“[4]

Mit der weitgehenden Importreduzierung bzw. -ablösung wird ein bedeutender Beitrag zur ökonomischen Stärkung der DDR geleistet. Das ist jedoch mit unterschiedlichen Auswirkungen auf die Höhe des gesellschaftlich-notwendigen Aufwandes der Volkswirtschaft für die Nahrungsgüterproduktion verbunden. Besonders für Spezialkulturen, für Gemüse und Eiweißfuttermittel ist bei erhöhtem eigenem Anbau bzw. bei ihrer Substitution meist ein höherer Aufwand der Volkswirtschaft erforderlich, der schrittweise durch höhere Erträge und rationellere Anbaumethoden sowie verbesserte Verfahren reduziert werden muß.

Anders liegt es beim Getreide, dessen Importe für die Sicherung der schnell wachsenden Tierproduktion in den 70er Jahren erheblich erhöht werden mußten. Die volkswirtschaftlichen Aufwendungen für die eigene Getreideproduktion liegen unter den erforderlichen Aufwendungen unserer Volkswirtschaft für den Import. Deshalb ist es auch aus Gründen der Senkung des gesellschaftlich notwendigen Aufwandes vorteilhaft, die erforderlichen Bedingungen für die schnelle Steigerung der ha-Erträge als Voraussetzung für die Reduzierung bzw. Ablösung insbes. von Futtergetreideimporten zu schaffen. Allerdings sind dabei auch eine Reihe von Problemen, wie der Qualität, der Lagerung bis hin zur Substitution von Getreide durch Hackfrüchte und energiereiches Grobfutter zu lösen.

Die Reduzierung bzw. Ablösung von Agrarimporten resultiert somit langfristig gesehen auch aus Erfordernissen der inneren Gesetzmäßigkeiten der Reproduktion und der Erhöhung der Effektivität der Nahrungsgüterproduktion. Dieser von der Landwirtschaft erreichbare volkswirtschaftliche Effekt der intensiv erweiterten Reproduktion wirkt vor allem im gesamtvolkswirtschaftlichen Maßstab. Im zweiglichen Reproduktionsprozeß und damit beim Ressourceneinsatz in der Landwirtschaft treten dabei teilweise sogar entgegenwirkende Tendenzen auf, weil in den landwirtschaftlichen Betrieben die Importreduzierung bzw. -ablösung meist mit höheren betrieblichen Aufwendungen und erheblichen Problemen verbunden ist. So erhöht sich z. B. bei Substitution von Futtergetreide durch Hackfrüchte und energiereiches Grobfutter der technologisch bedingte Aufwand je energetische Futtereinheit. Die hier auftretenden unterschiedlichen Wirkungen zwischen volkswirtschaftlicher, zweiglicher und betrieblicher Effektivität bedürfen noch intensiver Untersuchungen und theoretischen Eindringens in die Wertung von Intensivierungseffekten aus zweiglicher und volkswirtschaftlicher Sicht.

Die weitere Klärung solcher Fragen ist unerläßlich, um bei künftigen Planausarbeitungen Rang und Stellung der Landwirtschaft als rohstoffproduzierender Zweig noch sicherer bestimmen zu können. Das engere Zusammenwirken der verschiedenen Disziplinen der Wirtschaftswissenschaften einschließlich der Agrarökonomie ist eine wichtige Voraussetzung, tiefere Einsichten in solche volkswirtschaftlichen Zusammenhänge der Reproduktion zu gewinnen.

Auch solche Industriezweige, die keine Nahrungsgüter herstellen, benötigen zum Teil in beträchtlichem Umfang agrarische Rohstoffe. Sie sind vielfach nicht durch andere Rohstoffe ersetzbar. Diese Verwendung von agrarischen Rohstoffen wird weiter zunehmen. Deshalb gilt es, auch dafür alle verfügbaren Reserven in der Landwirtschaft selbst sowie in der Nahrungsgüterverarbeitung voll zu erschließen.

Aus der Rolle der Landwirtschaft als biogener Rohstoffproduzent ergibt sich, daß die Erhöhung der materiell-stofflichen Produktion aus der Sicht der volkswirtschaftlichen Effektivität den absoluten Vorrang hat. Das ist die entscheidende Grundlage für die stabile Sicherung des Warenfonds, insbesondere an Nahrungsgütern in der erforderlichen Quantität, Struktur und Qualität, aber auch bei anderen wichtigen Konsumgütern. Im Zusammenhang damit ist auch der Beitrag der Landwirtschaft zum Nationaleinkommen weiter zu erhöhen. Bei der Wertung dieses Beitrages müssen zwei grundlegende Aspekte beachtet werden, nämlich daß erstens die Erhöhung der Rohstoffproduktion durch die Landwirtschaft ein ständiger Faktor wirtschaftlichen Wachstums für die gesamte Volkswirtschaft ist. Auch nach Bewältigung der anspruchsvollen Aufgabe der Importablösung wird der Bedarf an landwirtschaftlichen Rohstoffen aus der eigenen Produktion weiter ansteigen. Der daraus resultierende Effekt höherer Veredlung und zunehmender Substitution von importierten Rohstoffen durch eigene Rohstoffe auf das Wachstum des Nationaleinkommens ist höher als im unmittelbaren Beitrag der landwirtschaftlichen Primärproduktion zum Nationaleinkommen ausgedrückt. Den zweiten Aspekt sehen wir darin, daß für die Landwirtschaft die Erzeugniserneuerung als Effektivitätsfaktor faktisch nicht wirksam wird wie das besonders in der verarbeitenden Industrie der Fall ist, sondern ähnlich wie in der extraktiven Industrie der Effektivitätszuwachs in erster Linie über den technologischen Fortschritt gesichert werden muß.

Eine der grundlegenden Hauptrichtungen der Wirtschaft bis 1990 besteht in der höheren Veredlung. Die Landwirtschaft produziert ein materielles Produktionsvolumen (Pflanzen- und Tierproduktion) von erheblichem volkswirtschaftlichem Gewicht.

Dabei geht es um die vollständige Verwertung aller Rohstoffe und ihre Aufbereitung für eine hohe Versorgungswirksamkeit einschließlich einer zunehmenden Produktion von Delikaterzeugnissen sowie um die volle Ausnutzung der biogenen Rohstoffe für die Herstellung hochwertiger Industriewaren, insbesondere von Konsumgütern.

Höhere Veredlung bedeutet für die Landwirtschaft selbst vor allem aber auch die immer bessere Beherrschung der Wechselbeziehungen zwischen Boden, Pflanze und Tier. Und es geht nicht zuletzt um eine wirksame Senkung der Verluste, beginnend bei der Ernte, über den sorgsamen und verantwortungsbewußten Umgang mit landwirtschaftlichen Erzeugnissen in allen Stufen bis zum Endverbraucher.

Es ist daher ganz offensichtlich, daß die effektivere Verwertung aller produzierten Rohstoffe, die natürlich auch mit materiell-technischen Voraussetzungen verbunden ist, bei der weiteren Verwirklichung der ökonomischen Strategie einen gleichen Stellenwert erhält, wie die Produktionssteigerung an landwirtschaftlichen Rohstoffen selbst.

Die Verflechtung zwischen Industrie und Landwirtschaft und die materiell-technische Ausstattung der Landwirtschaft hat ein hohes Niveau erreicht. In Realisierung der ökonomischen Strategie wächst die Verantwortung der Volkswirtschaft für die Landwirtschaft sowohl aus ökonomischer Sicht als auch aus der Sicht der weiteren Vertiefung des Bündnisses als der politischen Grundlage unseres Staates und der Lösung grundlegender sozialökonomischer Aufgaben. Heute geht es z. B. nicht mehr primär um eine vorwiegend quantitative Ausdehnung der Produktionsfonds, wie das in den 60er und 70er Jahren objektiv notwendig war.

Qualität und Struktur der Produktionsfonds und die

Modernisierung der Grundfonds nehmen auch in der Landwirtschaft einen neuen Rang ein. Schwerpunkte der weiteren Verflechtung sind die Vervollkommnung der materiell-technischen Basis in qualitativer Hinsicht. Das bedeutet vor allem, eine effektivere Struktur der Grundfonds zu erreichen, die Wirksamkeit der Produktionsmittel, ihre Funktionsfähigkeit und Funktionssicherheit bei stärkerer Beachtung biologischer Erfordernisse des Bodens, der Pflanzen und der Tiere zu erhöhen, um das Niveau der Erträge, der Leistungen und der Arbeitsproduktivität merklich zu heben sowie die Material- und vor allem Energieökonomie bedeutend zu verbessern.

Im Zusammenhang mit der effektiveren Nutzung aller vorhandenen Produktionsfonds wird die qualitative Verbesserung der Produktionsmittel hinsichtlich ihrer Leistungsparameter und ihrer Struktur immer mehr zu einer grundlegenden Voraussetzung für die Sicherung eines hohen Leistungszuwachses. Das ist der Weg zum fondssparenden Typ der Intensivierung auch in der Landwirtschaft. Das erforderliche höhere wissenschaftlich-technische Niveau betrifft alle Produktionsmittel. Das beginnt z. B. beim Saat- und Pflanzgut, dem Zucht- und Nutzvieh als Produktionsmittel, die die Landwirtschaft selbst produziert. Es umfaßt den landwirtschaftlichen Rationalisierungsmittelbau, der bereits bedeutend gesteigert wurde und inzwischen, wie im Landmaschinenbau, in erheblichem Maße in Serienproduktion betrieben wird, so daß er jetzt über 40 % der Ausrüstungsinvestitionen liefert. Das erforderliche höhere wissenschaftlich-technische Niveau muß aber auch für die Produktionsmittel gesichert werden, die insbesondere vom Landmaschinenbau und von der Agrarchemie an die Landwirtschaft geliefert werden. Die weitere sozialistische Intensivierung bedingt und bewirkt eine immer engere Verflechtung von ökonomischen und sozialen Reproduktionsprozessen. Die Verwirklichung der ökonomischen Strategie mit dem Ziel hoher ökonomischer Effektivität ist deshalb untrennbar verbunden mit der Lösung sozialökonomischer Aufgaben, wie sie sich vor allem aus der im Programm der SED beschlossenen Gesellschaftsstrategie und den zwei Zielen der Agrarpolitik ergeben. Es steht außer Zweifel, daß bisher gerade in diesem Bereich des gesellschaftlichen Lebens Fortschritte von historischer Dimension erreicht wurden. Ausgehend davon sind weitere Schritte notwendig, um die wesentlichen Unterschiede zwischen Stadt und Land weiter einzuschränken. Dabei gilt es immer mehr, die engen Wechselbeziehungen zwischen umfassender Intensivierung der landwirtschaftlichen Produktion und der Lösung dieser sozialökonomischen Aufgaben noch mehr als Triebkraft des ökonomischen und gesellschaftlichen Fortschreitens zu nutzen.

2. Volkswirtschaftliche Maßstäbe und Anforderungen bei der Verwirklichung einer qualitativ neuen Stufe der Intensivierung

Ihrem Wesen nach gelten die Maßstäbe des Übergangs der Volkswirtschaft zur umfassenden Intensivierung auch für die Landwirtschaft. Ausgehend davon ist die neue Qualität der Intensivierung in der Landwirtschaft an folgendem zu messen:

1. An der Versorgung mit Nahrungsgütern auf der Grundlage der eigenen Pflanzenproduktion, was das vorrangige Wachstum der Pflanzenproduktion gegenüber der Tierproduktion erfordert mit dem Ziel, das bisher erreichte hohe Niveau der Versorgung bei einer weiteren qualitativen Verbesserung zu sichern.

2. An der spezifischen und teilweise auch absoluten Senkung des Produktionsverbrauches, dem schnelleren Wachstum des Nettoproduktes gegenüber der Bruttoproduktion.

3. An der weiteren Erhöhung der Arbeitsproduktivität. In LPG und VEG mit zu niedrigem AK-Besatz ist die Zahl der Arbeitskräfte zu erhöhen. Die in manchen Betrieben noch zu hohe Anzahl der geleisteten AK-Stunden ist einzuschränken. Die Arbeits- und Lebensbedingungen bedürfen der weiteren Verbesserung.

4. An der Verringerung der Zuwachsraten der Grundfonds und der Grundfondsausstattung gegenüber dem Zuwachs des Nettoprodukts und der Arbeitsproduktivität vorwiegend auf dem Wege der Rekonstruktion und Rationalisierung. Das heißt, es geht um bedeutsame technologische Fortschritte auf der Grundlage neuer wissenschaftlich-technischer Erkenntnisse und um eine wirksamere Gestaltung des gesamten landwirtschaftlichen Reproduktionsprozesses.

Deshalb unterstrich Genosse W. Felfe in seinen Ausführungen auf der VII. Zentralen Delegiertenkonferenz der VdgB Ende Mai d. J., daß die Aufgaben zur fondssparenden Intensivierung eine Herausforderung an das Wissen und Können, den Ideenreichtum und Erfahrungsschatz, den Leistungswillen und das Schöpfertum der Genossenschaftsbauern sind.[5]

In den 60er und 70er Jahren war der Reproduktionsprozeß der Landwirtschaft durch Erhöhung der Erträge in der Pflanzenproduktion und Leistungen in der Tierproduktion sowie durch eine Verknüpfung von arbeitssparenden und fondsintensiven Prozessen charakterisiert. Im Durchschnitt der Jahre 1971/80 erreichte die Pflanzenproduktion 39,5 GE/ha LN, im Durchschnitt der Jahre 1961/70 waren es 34,1 GE/ha LN. Das ist ein durchschnittlich jährlicher Zuwachs von 0,54 GE bzw. von etwa 1,4 %. Diese steigende Produktion von der Fläche wurde bis Mitte der 70er Jahre bei stark sinkender Arbeitskräftezahl erreicht.

Die enge Verknüpfung von arbeitssparenden und fondsintensiven Prozessen in diesem Zeitabschnitt war vor allem bestimmt durch:

1. die Schaffung einer qualitativ neuen materiell-technischen Basis für eine sozialistische Großproduktion in der Landwirtschaft zur Sicherung eines hohen Wachstums des Produktionsvolumens in der Pflan-

zenproduktion und vor allem in der Tierproduktion auf der Grundlage erweiterter Tierbestände sowie zur Verwirklichung bedeutender Schritte zur Verringerung wesentlicher Unterschiede zwischen Stadt und Land;

2. Schrittweisen Übergang zu industriemäßigen Methoden der Produktion verbunden mit einer massenhaften Substitution von lebendiger durch vergegenständlichte Arbeit. Mit der Freisetzung von Arbeitskräften – etwa 300 Tausend – in den 60er und 70er Jahren wurden das stabile Wirtschaftswachstum und hohe Zuwachsraten des Nettoproduktes in anderen Bereichen der Volkswirtschaft wirksam unterstützt;
3. die Übernahme von Vermarktung und Lagerung sowie von Aufbereitungs- und Verarbeitungsfunktionen seitens LPG und VEG in einem großen Umfang und damit der Erhöhung der Fondsintensität durch den Aufbau solcher Kapazitäten, die nicht mit der landwirtschaftlichen Primärproduktion in ursächlicher Beziehung stehen, jedoch hohe volkswirtschaftliche Effekte brachten.

Das alles war mit erheblichen Anstrengungen verbunden, neue Erkenntnisse von Wissenschaft und Technik in der Landwirtschaft produktionswirksam zu machen. Die dabei erreichten Fortschritte sind international sehr beachtenswert, ganz zu schweigen von der Tatsache, daß es gelang, ein hohes Niveau der Berufsausbildung in der Landwirtschaft zu erreichen. Heute verfügen 90 % der in der Landwirtschaft Tätigen über eine abgeschlossene Berufsausbildung. Aufbauend auf den bisherigen Ergebnissen, der Intensivierung kommt es in den 80er und auch 90er Jahren darauf an, die grundlegenden Veränderungen in der Dynamik des Reproduktionsprozesses der Landwirtschaft, die seit dem X. Parteitag der SED und dem XII. Bauernkongreß der DDR eingeleitet wurden, mit Konsequenz und Stabilität fortzusetzen und zu vertiefen.

Die Erhöhung der Erträge der Pflanzenproduktion und der Leistung je Flächeneinheit gewinnt als überragendes Merkmal des landwirtschaftlichen Reproduktionsprozesses wesentlich an Gewicht. Dabei geht es vor allem darum, die Voraussetzungen zu entwickeln, die es ermöglichen, die Naturbedingungen, insbesondere den Boden, die Pflanzen und Tiere sowie Sonnenlicht und Wasser optimal für wachsende Erträge und Leistungen zu nutzen.

In der Tierproduktion ist der Schwerpunkt die Sicherung des erreichten hohen Produktionsniveaus bei Reduzierung bzw. Ablösung der Futtermittelimporte. Die weitere Intensivierung der Tierproduktion richtet sich deshalb vor allem auf die Erhöhung der Leistungen je Tier in Verbindung mit einer wesentlich verbesserten Futterökonomie. Der Futterfonds wird künftig noch geringfügig zu erhöhen sein, insbesondere zur vollen Versorgung aller Tierbestände sowie zur Bildung erforderlicher Reserven. Vor allem aber geht es darum, seine Wirksamkeit bedeutend zu erhöhen und damit eine spezifische Senkung des Futterverbrauchs von durchschnittlich jährlich etwa 0,5 % zu erreichen.

Das Produktionswachstum der gesamten Landwirtschaft muß mit einem wesentlich geringeren Zuwachs des Produktionsverbrauchs erreicht werden, so daß auch in der Landwirtschaft die fondssparende Reproduktion zunehmend stärker verwirklicht wird.

Das bezieht sich vor allem auf das Verhältnis von Produktionsverbrauch zum Bruttoprodukt. Im Hinblick auf das Verhältnis von einmaligem Aufwand (Grundfonds) zum Nettoprodukt wird eine deutliche Verminderung des Zuwachses der Grundfonds je Einheit Nettoprodukt erreicht werden.

Betrug der durchschnittlich jährliche Zuwachs der Grundfonds im Zeitraum 1976/80 über 5 %, so verminderte sich dieser Zuwachs zu Beginn der 80er Jahre auf 4 Prozent. In den Folgejahren wird ein Zuwachs von annähernd 3 % notwendig sein, um die hohen Zielstellungen des Leistungsanstiegs und die weitgehende Reduzierung bzw. Ablösung von Agrarimporten zu gewährleisten. Dabei ist die Situation zwischen den Zweigen sehr unterschiedlich, so daß neben zunehmend grundfondssparenden Prozessen auch solche mit entsprechender Erweiterung der Grundfonds fortbestehen. Aus der Gesamtheit dieser gegenläufigen Prozesse ergibt sich, daß eine Senkung des Grundfondseinsatzes je Einheit Nettoprodukt unter den gegebenen Bedingungen nicht den erforderlichen Zuwachs der landwirtschaftlichen Produktion sichert.

Die Grundfondsentwicklung und -ausstattung hängt in hohem Maße von den spezifischen Bedingungen der landwirtschaftlichen Produktion, wie z. B. von den Unterschieden zwischen Produktions- und Arbeitszeit, den Problemen der notwendigen Schlagkraft der Technik und den auch biologisch bedingten Auslastungszeiten der Grundfonds insbesondere in der Pflanzenproduktion ab.

Auch solche Probleme, wie die unterschiedliche Entwicklung des Verhältnisses der Grundfonds in ihrem Geldausdruck und in ihrem Gebrauchswert beeinflussen maßgeblich die Grundfondsreproduktion. Somit ist ein bestimmter Zuwachs des Wertumfanges der Grundfonds allein schon deshalb notwendig, um die einfache Reproduktion zu sichern.

Die Wirksamkeit der Grundfondsreproduktion wird maßgebend von dem Verhältnis zwischen Bau und Ausrüstungen bei Grundfonds und Investitionen bestimmt. Dieses Verhältnis ist in der Landwirtschaft relativ ungünstig.

Deshalb müssen aus gesamtvolkswirtschaftlicher Sicht Wege herausgearbeitet werden, wie über einen längeren Zeitraum dieses Verhältnis grundlegend verbessert werden kann. Bei all dem geht es aber nicht allein um die gebrauchswert- und wertmäßige Reproduktion der Grundfonds, sondern auch um Probleme der Reproduktion des genossenschaftlich-sozialistischen Eigentums.

Arbeitssparende Prozesse der Reproduktion werden auch künftig fortgesetzt. Jedoch werden sie sich mehr in Richtung der Überwindung von Arbeitskraftdefiziten und der Verbesserung der Arbeitskräftestruktur vollziehen. Während unter diesen Bedingungen in den nächsten Jahren die Steigerungsraten der Arbeitsproduktivität je Arbeitskraft sich nicht wesentlich erhöhen muß die Arbeitsproduktivität bezogen auf die Stunde merklich erhöht werden.

Im engen Zusammenhang mit den Problemen zur Sicherung eines optimalen Verhältnisses von Bau und

Ausrüstungen und der begrenzten Fortschritte im technologischen Niveau kann der weitere hohe Leistungsanstieg nicht allein, wie in den 60er und 70er Jahren, durch die Erhöhung der Arbeitsproduktivität gesichert werden. Deshalb ist es unter diesen Bedingungen ein zeitweiliges objektives Erfordernis der Intensivierung des landwirtschaftlichen Reproduktionsprozesses, die Zahl der Arbeitskräfte in LPG und VEG mit zu niedrigem Arbeitskräftebesatz zu erhöhen, um die vorhandenen natürlichen und ökonomischen Produktionsbedingungen intensiver zu nutzen. Die volkswirtschaftliche Wertung des Intensivierungsprozesses der Landwirtschaft erfordert es, daß die Einbeziehung der natürlichen Ressourcen, insbesondere des Bodens, in die volkswirtschaftlichen Aufwand-Nutzen-Berechnungen weiter untersucht wird. Es geht letztlich um die Frage der volkswirtschaftlichen Bewertung der Effektivität, die dem Charakter des landwirtschaftlichen Reproduktionsprozesses entspricht.

Der Vergleich der Entwicklungstendenzen z. B. der Fondsquoten zwischen Industrie und Landwirtschaft führt zwangsläufig zu problematischen und fehlerhaften Aussagen, wenn in der Landwirtschaft das Hauptproduktionsmittel, der Boden, nicht in die ökonomische Wertung einbezogen ist. Die Einbeziehung des Bodens und auch anderer Fonds, wie z. B. der Tiere, würde es ermöglichen, die Dynamik aller Produktionsfonds (Boden, Tiere, Grund- und Umlaufmittel) im Verhältnis zum Nettoprodukt in der Landwirtschaft sichtbar zu machen. Bezogen auf das bisher vorausberechnete Wachstum des Nettoprodukts der Landwirtschaft wird sichtbar, daß bei komplexer Berücksichtigung aller Ressourcen die Fonds-/Bodenquote etwa gleich bleibt. Das ist ein beachtlicher Schritt in Richtung ressourcensparenden Wachstums.

Es geht hier nicht um eine Bewertung des Bodens im System der wirtschaftlichen Rechnungsführung, sondern ausschließlich um eine Berücksichtigung des Bodens und der Tiere auf der Ebene volkswirtschaftlicher und zweiglicher Gesamtrechnungen. Das hat im Prozeß der Ausarbeitung von Planvarianten zur weiteren Grundlinie der Intensivierung in den 80er und 90er Jahren eine erhebliche praktische Bedeutung.

Gründlich zu untersuchen sind auch die Entwicklungstendenzen der Aufwendungen für die intensive Bodennutzung. Die Landwirtschaft der DDR hat gegenwärtig ein Aufwandsniveau je Flächeneinheit erreicht, was bei effektivem Einsatz aller Elemente eine höhere Leistung ermöglicht. Das zeigt sich nicht zuletzt in der ökonomisch ungerechtfertigten Differenziertheit von Produktion und Ergebnis zwischen LPG und VEG mit vergleichbaren Produktionsbedingungen. Die Überwindung dieser Differenziertheit ist eine der wesentlichen Quellen des Leistungswachstums in der Landwirtschaft.

Beim gegenwärtigen und auch absehbaren Stand der Produktivkräfte ist mit steigender Intensivierung in der Tendenz aber auch künftig eine Erhöhung der Aufwendungen je Hektar notwendig, wenn auch mit weit geringeren Zuwachsraten als in den 60er und 70er Jahren. Nur so kann eine schnellere Steigerung der Erträge gegenüber dem Aufwand erreicht und der Aufwand je Erzeugniseinheit gesenkt werden. Dafür gibt es folgende Gründe:

- Steigende Erträge entziehen dem Boden mehr Nährstoffe und verstärken den Abbau organischer Substanzen. Die Leistungen der Pflanzen und die Fruchtbarkeit des Bodens sind um so höher und stabiler, je größere Mengen an Energie (nicht im Sinn technischer Energie) und Stoffen einerseits zwischen Boden, Pflanze und Tier und andererseits zwischen der Landwirtschaft und den anderen Bereichen der Volkswirtschaft zirkulieren. Dieser Faktor wirkt ständig und hat Auswirkungen auf die laufenden Kosten sowie auf die Aufwendungen zur Sicherung der erweiterten Reproduktion der Bodenfruchtbarkeit. Auf lange Sicht gewinnen grundlegende Erkenntnisse der Wissenschaft vor allem auf den Gebieten der Molekularbiologie, Gentechnik und Biotechnologie, der Steuerung biologischer Prozesse und der Mikroelektronik wesentlich an Gewicht. Bei einer breiten Anwendung solcher und vieler anderer wissenschaftlicher Erkenntnisse kann auch eine absolute Senkung von materiellen Aufwendungen je Flächeneinheit bei steigenden Erträgen möglich werden, ökonomische Realität ist das aber in nächster Zeit noch nicht.
- Ähnlich wie auch in anderen Ländern wird in der DDR die Bodenfruchtbarkeit u. a. durch Schadverdichtung infolge zu hohen Bodendrucks der Technik, zu häufigen Befahrens u. a., durch Wasser- und Winderosion relativ stark beeinträchtigt. Diese Schäden sind gegenwärtig nur mit hohen Aufwendungen (Tiefenlockerung) zu beseitigen. Künftig gilt es, in größerem Umfang bodenschonende Verfahren zu entwickeln, vor allem aber die Anwendung von Technik und von Technologien zu ermöglichen, die den Bodendruck auf das ackerbaulich höchstzulässige Maß reduzieren.
- Es gibt noch technologische Lücken, die geschlossen werden müssen. Das betrifft z. B. die Strohbergung und Stroheinlagerung, den Transport und dabei vor allem die Umschlagprozesse. Viele Prozesse, bei denen noch immer ein erheblicher Handarbeitsaufwand notwendig ist, müssen stärker mechanisiert werden. Das betrifft vor allem den Gemüsebau, der zur Sicherung einer noch besseren Versorgung mit solchen Erzeugnissen besonders stark erhöht werden muß.

Der Übergang der Landwirtschaft zur umfassenden Intensivierung erfordert eine verhältnismäßig längere Periode. Sie ist im starken Maße davon abhängig, wie ein höheres Niveau der Produktivkräfte erreicht werden kann.

Das stellt sowohl hohe Ansprüche an die Wissenschaft als auch an eine bessere Beherrschung des Zyklus Wissenschaft–Technik–Produktion bis hin zum Absatz.

Die Anstrengungen zur umfassenden Anwendung des wissenschaftlich-technischen Fortschritts müssen in der Landwirtschaft vorrangig darauf gerichtet werden, die engen Wechselbeziehungen zwischen den biologischen, chemischen und physikalischen sowie den technologischen, ökonomischen und sozialen Prozessen immer besser zu beherrschen. Daraus ergeben sich neue Ansprüche an die Leitung und Koordinierung der interdisziplinären Forschung bereits innerhalb der Agrarwissenschaft und zunehmend an die Forschungskooperation mit der Grundlagenforschung und Industrieforschung.

Das Politbüro des ZK der SED hat am 23. November 1982 ein langfristiges Programm der Agrarforschung als einheitliche Leitlinie für die Aufgaben der Naturwissenschaften, Technikwissenschaften und Gesellschaftswissenschaften zur Bewältigung der Anforderungen an die Landwirtschaft in den 80er Jahren und darüber hinaus beschlossen. Dieses Programm ist die Grundlage für ein engeres Zusammenwirken der Agrarforschung mit der Grundlagenforschung der Akademie der Wissenschaften sowie mit den entsprechenden Kapazitäten der Hochschulforschung, der Industrieforschung sowie auch der Forschung in anderen Bereichen. Eine erste Zwischenbilanz zeigt beachtenswerte Fortschritte im Zusammenwirken an. Sie macht aber auch deutlich, daß zur Sicherung der erforderlichen Ertrags-, Leistungs- und Effektivitätsentwicklung noch konsequenter um Spitzenleistungen gerungen, eine weitere Beschleunigung des wissenschaftlich-technischen Fortschritts und seine Überleitung in die Praxis erfolgen und vor allem seine ökonomische Wirksamkeit weiter erhöht werden muß.

Bedingt durch die Art und Weise der landwirtschaftlichen Produktion und des Vergesellschaftungsgrades des sozialistischen Eigentums sind im Unterschied zur Industrie spezifische Formen der Wissenschafts-Produktions-Kooperation notwendig. Die Agrarforschung und die Forschung für die Landwirtschaft konzentriert sich in zentral und territorial geleiteten Forschungsinstituten der Landwirtschaft sowie in anderen zentralen Forschungseinrichtungen und in den Industriekombinaten. Das stellt die zentrale und territoriale staatliche Leitung vor komplizierte Aufgaben. Wichtiges Anliegen ist es, die Verantwortung in den einzelnen Forschungsbereichen bei der Verwirklichung gesamtvolkswirtschaftlicher Interessen zu erhöhen. Dabei müssen noch effektivere Lösungen erarbeitet werden, um diese komplizierten Prozesse der Forschungskooperation unter den Bedingungen mehrerer und auch gleichberechtigter Leitungsebenen zu bewältigen.

Die breite Umsetzung des wissenschaftlich-technischen Fortschritts hängt zunehmend auch davon ab, daß und wie schnell und effektiv die produktionsmittelherstellende Industrie und der landwirtschaftliche Rationalisierungsmittelbau die Materialisierung neuer und weiterentwickelter Lösungen bewältigen können. Das berührt Fragen der längerfristigen Beherrschung der Verflechtungsbeziehungen zwischen Industrie und Landwirtschaft, um Aufnahmebereitschaft und Reaktionsvermögen sowohl der Industrie als auch der Landwirtschaft für wissenschaftlich-technische Neuerungen zu erhöhen. Hier bedarf es noch gründliche Überlegungen und der Ausarbeitung von Wegen, wie die oftmals viel zu langen Innovationszeiten merklich verkürzt werden können und der Zustand überwunden wird, daß ein erheblicher Teil von Forschungsergebnissen nicht vergegenständlicht werden kann. Das verlangt entsprechende Konsequenzen in der Agrarforschung selbst, indem Ablauf, Zielstellung und das Zusammenwirken verschiedener Disziplinen und Bereiche noch gründlicher vorgedacht und mit den Pflichtenheften in hoher Qualität vorbereitet werden müssen. Das verlangt aber offensichtlich auch Konsequenzen auf dem Gebiet der längerfristigen Planung und Einordnung von geplanten Forschungsergebnissen der Landwirtschaft in das Produktionsprogramm der Industrie. Mit der dazu getroffenen Vereinbarung der Minister für Land-, Forst- und Nahrungsgüterwirtschaft und für Allgemeinen Maschinen-, Landmaschinen- und Fahrzeugbau werden wichtige Schritte in dieser Richtung festgelegt, die von prinzipieller Bedeutung für die Vervollkommnung dieses komplizierten Zusammenwirkens zur wirksamen Durchsetzung des wissenschaftlich-technischen Fortschritts sind.

3. Die weitere Ausgestaltung der sozialistischen Produktionsverhältnisse in der Landwirtschaft insbesondere zur vollen Ausschöpfung der Potenzen des genossenschaftlich-sozialistischen Eigentums und die Lösung grundlegender sozialökonomischer Aufgaben

Die neue Qualität der Intensivierung zur Verwirklichung der ökonomischen Strategie der 80er Jahre erfordert auch neue Schritte bei der Nutzung der Potenzen des genossenschaftlich-sozialistischen Eigentums und im Zusammenwirken mit dem Volkseigentum, bei der Reproduktion der Klasse der Genossenschaftsbauern und der Festigung ihres Bündnisses mit der führenden Arbeiterklasse, bei der weiteren Vervollkommnung der gesellschaftlichen Organisation der Produktion insbesondere durch weitere Vertiefung der Kooperation. So ist die Agrarpolitik unserer Partei geprägt von der Marxschen Erkenntnis, daß die Kooperation sowohl ein wesentliches Element der Produktionsverhältnisse als auch der effektiven Gestaltung arbeitsteiliger Produktionsprozesse und damit des gesamten stofflichen und ökonomischen Kreislaufes ist.

Unsere Partei – so unterstrich Genosse Werner Felfe,[6] Mitglied des Politbüros und Sekretär des ZK der SED – hat sich in ihrer Agrarpolitik stets davon leiten lassen, daß die LPG und VEG die sozialökonomischen Grundformen sozialistischer Landwirtschaftsbetriebe sind und dies auch bleiben. Die volle Nutzung aller materiellen Möglichkeiten des genossenschaftlichen Eigentums für die umfassende Anwendung des wissenschaftlich-technischen Fortschritts in der Landwirtschaft und die weitere Verbesserung der Arbeits- und Lebensbedingungen in den Dörfern ist eine Voraussetzung für die weitere Gestaltung des entwickelten Sozialismus in der DDR.

Die ca. 600000 ständig beschäftigten Genossenschaftsmitglieder bewirtschaften in ihren LPG und kooperativen Einrichtungen 87,5 % der LN der DDR und verfügen über 89 % der Tierbestände und 80 % der Grundfonds der landwirtschaftlichen Primärproduktion. Ihr Anteil am staatlichen Aufkommen beträgt bei Getreide = 95,5 %, bei Zuckerrüben = 94,2 %, bei Speisekartoffeln = 95 % und Erzeugnissen der Tierproduktion = 77 %. Der gegenwärtige Reifegrad und der Stand der kooperativen Beziehungen des genossenschaftlichen Eigentums bieten der Persönlichkeitsentfaltung der Genossenschaftsbauern und den materiellen Produktionskräften einen breiten Entwicklungsraum. Durch die weitere Entfaltung der kooperativen Arbeit und auf der Grundlage der Akkumulationskraft der LPG erweist es sich als fähig, die Vorzüge der sozialistischen Großproduktion in der Landwirtschaft mit ihren umfangreichen Möglichkeiten für die volle Ausschöpfung der Erkenntnisse der modernen Wissenschaft sowie dem Einsatz leistungsfähiger Produktionsmittel weitestgehend zu erschließen. Deshalb wurde auch im Bericht des ZK an den X. Parteitag festgestellt, daß es darauf ankommt, „alle Potenzen des genossenschaftlichen Eigentums immer besser zu nutzen und die Klasse der Genossenschaftsbauern weiter zu stärken".[7]

Ganz in diesem Sinne berieten die Delegierten der VdgB als politische Massenorganisation der Genossenschaftsbauern und -gärtner auf ihrer VII. Zentralen Delegiertenkonferenz, wie sie dazu beitragen können, unter Führung der SED mitzuhelfen, das Bewußtsein der Klasse der Genossenschaftsbauern als treuer Bündnispartner der Arbeiterklasse ständig zu entwickeln, zum Leistungsanstieg der Erträge beizutragen und das Leben in den Dörfern immer schöner und angenehmer zu gestalten. Die sich herausgebildeten vielfältigen Formen der Kooperation sind objektives Erfordernis. Die verschiedenen kooperativen Beziehungen innerhalb der Landwirtschaft, bis hin zur Verarbeitung und Vermarktung, sind erforderlich, um das vorwiegend genossenschaftlich-sozialistische Eigentum so rationell wie möglich zu realisieren. Deshalb ist es notwendig, beim Übergang zu einer neuen Qualität der Intensivierung alle diese vorhandenen Formen der Kooperation für den weiteren Leistungszuwachs voll wirksam zu machen. Die Erhöhung der Wirksamkeit aller Formen der Kooperation ist ein wesentliches Element der weiteren Vervollkommnung der sozialistischen Produktionsverhältnisse auf dem Lande und damit der schöpferischen Anwendung des Leninschen Genossenschaftsplanes unter den neuen Bedingungen. Dabei gehen wir von folgenden Grundrichtungen aus:

- Als Schlüsselfrage erweist sich die Vertiefung der Kooperation zwischen Pflanzen- und Tierproduktion und die Erhöhung der Verantwortung der Kooperationsräte bei der einheitlichen Leitung des arbeitsteiligen Reproduktionsprozesses.
- Die weitere Ausgestaltung der Kooperation zwischen den LPG, VEG und ihren kooperativen Einrichtungen. Einen hohen Rang nimmt dabei die effektive Einordnung der kooperativen Einrichtungen entsprechend den jeweils spezifischen Bedingungen in den Reproduktionsprozeß der LPG und VEG ein.
- Bei der Instandhaltung der Technik und Sicherung ihrer hohen Einsatzfähigkeit wird die Zusammenarbeit zwischen LPG, VEG und ihren Kooperationen mit den Kreisbetrieben für Landtechnik (KfL) weiter vertieft.
- Eine sehr umfassende Nutzung der vielfältigen Formen der Kooperation vollziehen die LPG und VEG, die ihre Zusammenarbeit im Rahmen von Agrar-Industrie-Vereinigung gestalten.
- Als ein wesentlicher Weg zur Sicherung einer hohen Versorgungswirksamkeit mit Nahrungsgütern bei geringsten Verlusten erweist sich die vertikale Kooperation zwischen LPG, VEG und den Betrieben der Verarbeitungsindustrie. Sie ist künftig weiter zu verstärken, insbesondere über die weitere Entfaltung der Zusammenarbeit in Kooperationsverbänden und damit eine wesentliche Voraussetzung für die effektive Gestaltung des gesamten ökonomischen Kreislaufes, angefangen von der Rohstoffproduktion bis zur Konsumtion.

In diesem Prozeß gilt es, die Wirksamkeit des staatlichen sozialistischen Eigentums weiter zu erhöhen und somit die Vorzüge des gesamtgesellschaftlichen Eigentums in der Landwirtschaft umfassender zu nutzen. Bei der Vertiefung der Kooperation zwischen Pflanzen- und Tierproduktion zeigt sich das vor allem im engsten Zusammenwirken zwischen den LPG und den VEG als den Zentren der Arbeiterklasse auf dem Lande.

140 VEG Pflanzenproduktion bewirtschaften 7,1 % der LN, 317 VEG Tierproduktion halten über 11 % des gesamten Viehbestandes der sozialistischen Landwirtschaft und insgesamt verfügen sie über mehr als 16 % der gesamten Grundfonds der Landwirtschaft. Sie wirken in der Ökonomie und im gesellschaftlichen Entwicklungsprozeß der Landwirtschaft, insbesondere bei der Festigung des Klassenbündnisses durch ihre Schrittmacherrolle bei der Anwendung des wissenschaftlich-technischen Fortschritts für ein hohes Leistungswachstum, durch ihre umfangreichen Leistungen bei der Versorgung der LPG mit hochwertigem Saat- und Pflanzgut sowie Zucht- und Nutztieren, als auch durch ihren großen Beitrag zur wissenschaftlich fundierten und praxisorientierten Ausbildung des landwirtschaftlichen Berufsnachwuchses.

Die weitere Vertiefung der kooperativen Zusammenarbeit zwischen LPG sowie zwischen LPG und VEG vor allem in den rund 1170 Kooperationen der Pflanzen- und Tierproduktion ist beim heutigen Entwicklungsstand einer der entscheidenden Wesenszüge der Agrarpolitik unserer Partei. Die erfolgreiche Entwicklung der Kooperation ist zuerst ein Anspruch an die eigene politische Position jedes Partners, an das Verständnis für die gemeinsame Verantwortung der Partner im einheitlichen Reproduktionsprozeß der Pflanzen- und Tierproduktion. „Je enger der arbeitsteilige Prozeß ist, je effektiver Pflanzen- und Tierproduktion miteinander kooperieren," so unterstrich Genosse Honecker auf dem XII. Bauernkongreß der DDR, „desto besser. Auch ökonomisch muß sich das für beide Partner zunehmend auszahlen. Dann stimmt auch die volkswirtschaftliche Rechnung."[8] Gradmesser für das Niveau der Kooperation kann einzig und allein das Ergebnis bei der Steigerung der Produktion auf den Feldern und in den Ställen sowie der Arbeitsproduktivität und Effektivität sein.

Diese weitere Ausprägung der sozialistischen Produktionsverhältnisse auf dem Lande wirft viele neue theoretische und praktische Fragestellungen auf, deren Beantwortung für die volle Nutzung der Triebkräfte bei der weiteren Leistungssteigerung sehr bedeutungsvoll sind. Das betrifft z. B. Fragen der erweiterten Reproduktion des genossenschaftlichen und des Volkseigentums unter den Bedingungen der Kooperation, Fragen der immer besseren Ausprägung der dem überwiegenden genossenschaftlichen Eigentum entsprechenden Wirtschaftsweise zur Verwirklichung der ökonomischen Strategie, die im LPG-Gesetz verankerte Eigenverantwortung der Genossenschaftsbauern für ihre LPG und Kooperation und die Stärkung ihres Eigentümerbewußtseins sowie die weitere Ausprägung der genossenschaftlichen Demokratie unter den Bedingungen kooperativer Zusammenarbeit. Es geht um Fragen der weiteren Vergesellschaftung der Produktion und der Arbeit im Rahmen der Kooperation, inwieweit sich ein einheitlicher wirtschaftlicher Organismus für die im arbeitsteiligen Produktionsprozeß zusammenarbeitenden juristisch und ökonomisch selbständigen LPG und VEG herausbildet, der mit höherer Verantwortlichkeit durch die Kooperationsräte Pflanzen- und Tierproduktion gelenkt und koordiniert wird. Wie muß dazu die gesamte Leitung und Planung sowie die wirtschaftliche Rechnungsführung für den einheitlichen Reproduktionsprozeß von Pflanzen- und Tierproduktion in der Kooperation weiter ausgestaltet werden?

Die Antworten auf solche Fragen erfordern angestrengte gesellschaftswissenschaftliche Arbeit in enger Verbindung mit dem praktischen Leben. Es bewährt sich in Verwirklichung des Leninschen Genossenschaftsplanes wie auch in vorangegangenen Entwicklungsabschnitten, jeden weiteren Entwicklungsschritt gemeinsam mit den Genossenschaftsbauern vorzubereiten, schrittweise und differenziert unter Beachtung der Vielfalt der Bedingungen vorzugehen und stets an dem erreichten Bewußtseinsstand und den Interessen der Genossenschaftsbauern anzuknüpfen, damit ihre Initiative, ihr schöpferisches Handeln für den gesellschaftlichen und ökonomischen Fortschritt voll entfaltet wird.

Dem dienen in hervorragender Weise die unter Führung der Partei laufenden Erprobungen gesellschaftlicher Entwicklungsfragen in 88 ausgewählten Kooperationen Pflanzen- und Tierproduktion aller Bezirke, darunter aller Kooperationen eines Bezirkes. Entsprechend der bestätigten Konzeption erproben die in diesen Kooperationen zusammenarbeitenden LPG und VEG, z. B., wie auf Beschluß der Mitgliederversammlungen und im Auftrag der VEG der Kooperationsrat in Abstimmung mit den örtlichen Organen zunehmend wirtschaftsleitende Funktionen in der Kooperation bei Wahrung der juristischen und ökonomischen Eigenverantwortung der LPG und VEG übernimmt, wie er die aufeinander abgestimmte Planung sowie die Abrechnung und Kontrolle gewährleisten kann und wie schließlich Prinzipien der wirtschaftlichen Rechnungsführung nicht nur in jeder LPG und jedem VEG, sondern auch auf der Ebene der Kooperation angewandt werden können. Es wird die Bildung materieller und finanzieller Fonds beim Kooperationsrat erprobt mit dem Ziel, die gemeinsamen Interessen der Partner sowie die Steuerung der ökonomischen Prozesse im einheitlichen Reproduktionsprozeß weiter auszuprägen. In diesem Zusammenhang wird auch der Festigung der genossenschaftlichen Demokratie im Rahmen der Kooperation ein hohes Augenmerk geschenkt. So entstand z. B. die stark umstrittene Frage, ob im Zusammenhang mit der Erhöhung der Verantwortung der Kooperationsräte das in den LPG geltende Prinzip der Mehrheitsbeschlüsse auch den Kooperationsräten eingeräumt werden sollte oder das bisher angewandte Prinzip der Einstimmigkeit in seiner weiteren Arbeit gelten soll. Bei einer ersten Einschätzung der bisherigen Erprobung deutet sich schon jetzt an, daß das Prinzip der Einstimmigkeit offensichtlich besser den Bedingungen von miteinander kooperierenden LPG und VEG entspricht als das Mehrheitsprinzip. Das ergibt sich daraus, daß die genossenschaftlichen Kollektive die Eigentümer ihrer LPG sind, daß es keine Vergesellschaftung des Eigentums der einzelnen Genossenschaften im Rahmen der Kooperation gibt und daß andererseits die beteiligten VEG Volkseigentum sind.

Besondere Bedeutung bei der Nutzung der Potenzen des genossenschaftlichen Eigentums, der Festigung der LPG und der weiteren Ausgestaltung der Kooperation hat die komplexe Anwendung der sozialistischen Betriebswirtschaft. Im Mittelpunkt steht dabei – bis zu jedem Arbeitskollektiv – die rationelle Produktions- und Arbeitsorganisation sowie die volle Entfaltung der schöpferischen Initiativen der Genossenschaftsbauern und Arbeiter zur rationellen Nutzung der ökonomischen und natürlichen Produktionsbedingungen in jeder LPG, in jedem VEG und im Rahmen der Kooperation.

Die betriebswirtschaftliche Forschung hat in letzter Zeit dazu eine Reihe von Ergebnissen vorgelegt, die den Genossenschaftsbauern und Arbeitern helfen, mehr, besser und billiger zu produzieren. Das betrifft u. a. Instrumentarien zur Durchsetzung der Agrarpreisreform, Materialien für die Wissenschaftliche Arbeitsorganisation (WAO), Vorschläge für produktions- und effektivitätsfördernde Vergütungsformen, Empfehlungen zur Durchführung von Leistungsvergleichen sowie zur Rationalisierung der Leitungstätigkeit.

In Verwirklichung der ökonomischen Strategie der 80er Jahre erwarten die Genossenschaftsbauern und Arbeiter von unseren Betriebswirtschaftlern, wie auf der Konferenz mit Betriebswirtschaftlern und Praktikern der sozialistischen Landwirtschaft im Mai d. J. herausgearbeitet, Lösungen, die es ermöglichen, den Leistungszuwachs vorrangig durch die bessere Nutzung der vorhandenen ökonomischen und natürlichen Produktionsbedingungen zu erreichen, die entscheidend dazu beitragen, den fondssparenden Typ der intensiv erweiterten Reproduktion faktisch in jedem Betrieb zu meistern.

Das verlangt vor allem Lösungen, wie die qualitativen Faktoren des Wachstums in den Genossenschaften und Betrieben besser genutzt und wie eine optimale Proportionierung und Kombination aller Faktoren des betrieblichen Reproduktionsprozesses gesichert wird, damit ein stabiler und hoher Leistungszuwachs erzielt werden kann. Die höhere Qualität der betriebswirtschaftlichen Forschung muß sich vor allem dadurch auszeichnen, daß

erstens jederzeit ihre Komplexität gesichert wird. Das verlangt die volle Übereinstimmung und Paßfähigkeit aller Teillösungen der Betriebs- und Arbeitsorganisation, der Leitung, Planung, ökonomischen Stimulierung, Rechnungsführung und Kontrolle zur Beherrschung des landwirtschaftlichen Reproduktionsprozesses in den LPG und VEG.

zweitens die Betriebswirtschaft auch auf die Beherrschung des einheitlichen landwirtschaftlichen Reproduktionsprozesses in der Kooperation ausgerichtet ist und somit ihr Wirkungsfeld über die LPG und das VEG hinaus auf die gesamte Kooperation der Pflanzen- und Tierproduktion ausgedehnt wird.

drittens in betriebswirtschaftlichen Lösungen konsequent die neuen Erkenntnisse anderer Disziplinen insbesondere der Agrarforschung, vor allem aus der verfahrensorientierten Forschung verarbeitet und somit ökonomisch verwertet werden. Sie muß also auf die umfassende Durchsetzung des wissenschaftlich-technischen Fortschritts in der Kooperation, im Betrieb bis zu jedem Arbeitskollektiv und Arbeitsplatz nach dem Beispiel der Arbeit mit Höchstertrags- und Höchstleistungskonzeptionen gerichtet sein.

viertens der subjektive Faktor – vor allem das kollektive Handeln und das Leistungsstreben der Genossenschaftsbauern – durch die betriebswirtschaftlichen Lösungen stärker wirksam gemacht wird. Eine wesentliche Seite ist dabei die Organisation der Arbeit in stabilen Abteilungen und Brigaden unter Nutzung der Vorzüge der territorialen Produktionsorganisation und die dementsprechende Gestaltung der innerbetrieblichen Planung und wirtschaftlichen Rechnungsführung, um ihnen eine größere ökonomische Verantwortung zu übertragen.

fünftens schließlich die Leistungsbewertung und der Leistungsvergleich zwischen LPG und VEG sowie zwischen und innerhalb der Kooperation ausgehend von den vier Hauptkennziffern – landwirtschaftliches Eigenprodukt, Arbeitsproduktivität, Kostensatz und Gewinn – weiter ausgestaltet wird zur Ergründung der Ursachen für differenzierte Entwicklung und die Ableitung von Maßnahmen zur Erschließung von Leistungs- und Effektivitätsreserven unter besonderer Beachtung der LPG und VEG mit niedrigem Produktions- und Effektivitätsniveau.

Bei der Lösung grundlegender sozialökonomischer Aufgaben spielt die Entwicklung des Dorfes eine bedeutende Rolle. Dabei geht es vor allem um folgende Zusammenhänge und Probleme, die durch komplexe Forschungen verschiedener Disziplinen, wie Ökonomen, Soziologen, Philosophen u.a. Gesellschaftswissenschaftlern vordringlich zu bearbeiten sind:

1. Wie können die Potenzen des gesamten Dorfes für die Steigerung der Agrarproduktion und ihrer Effektivität besser genutzt werden?

2. Wie kann und muß die soziale Reproduktionsfunktion des Dorfes und seine Rolle als soziale Gemeinschaft verstärkt entwickelt werden?

3. Wie ist eine stabile Entwicklung aller Dörfer als Erfordernis von gesamtgesellschaftlicher Dimension zu sichern, welche neuen Sichtweisen auf gesellschaftliche Prozesse, wie das Stadt-Land-Verhältnis, die Eindämmung von Migration und Fluktuation usw., leiten sich daraus ab?

Die räumliche Nähe von Agrarproduktion und Dorf ist und bleibt bedeutender Faktor ökonomischer und sozialer Effektivität. Durch territoriale Formen der Produktionsorganisation können Effektivitätsreserven besser erschlossen werden. Dabei geht es auch, unterstützt durch die Ortsorganisationen der VdgB, um die bessere Nutzung aller Reserven vor allem für die Verbesserung der örtlichen Versorgung durch Errichtung kleiner Verarbeitungskapazitäten z.B. für Obst und Gemüse, die Errichtung von Fleischereien und Bäckereien. Auf diese Weise wird alles das, was produziert wird, verwertet, Transportkosten werden gesenkt, das gesellschaftliche Arbeitsvermögen wird besser genutzt. Natürlich verlangt das alles eine bestimmte Flexibilität bis hin zur zeitweiligen Schließung solcher Kapazitäten in Arbeitsspitzen der Pflanzenproduktion. Um die Potenzen des Dorfes besser zur Entfaltung zu bringen, ist es notwendig, daß die Betriebe der Landwirtschaft und andere mit dem Dorf verbundene Bereiche gemeinsam mit den örtlichen Volksvertretungen eng zusammenarbeiten, um planmäßig die Arbeits- und Lebensbedingungen zu verbessern und in jedem Dorf ein interessantes und vielseitiges gesellschaftliches und geistig-kulturelles Leben zu gestalten.

Die weitere Ausgestaltung der Dörfer als Heimstatt der Genossenschaftsbauern und anderen dort lebenden Bürger ist aktuell und perspektivisch eine entscheidende Bedingung für das Funktionieren des gesellschaftlichen Reproduktionsprozesses. Im Zusammenhang damit müssen einige Grundfragen neu überdacht werden. So widerspricht es unter unseren Bedingungen den Anforderungen der intensiv erweiterten Reproduktion in der Landwirtschaft, wenn die Migration vom Lande in die Stadt weiter anhält. Das heißt, heute geht es darum, diesen Prozeß zu stoppen und solche Maßnahmen einzuleiten, die in jedem Dorf die Bevölkerungsreproduktion, d.h. insbesondere die Reproduktion der Klasse der Genossenschaftsbauern, gewährleisten. Es geht also nicht um die Alternative: Siedlungszentren oder jedes Dorf zu entwickeln; es geht darum, von den Interessen und Bedürfnissen der Klasse der Genossenschaftsbauern und aller Bewohner jedes Dorfes, von dessen spezifischen Funktion im gesellschaftlichen Reproduktionsprozeß auszugehen und so ökonomisch und sozial effektive Formen der funktionsteiligen Entwicklung im territorialen Siedlungssystem zu gestalten.

4. Weitere Vervollkommnung der Leitung, Planung und wirtschaftlichen Rechnungsführung in der Landwirtschaft

Die konsequente Verwirklichung der ökonomischen Strategie ist auch in der Landwirtschaft gesetzmäßig mit der weiteren Vervollkommnung der Leitung, Planung und wirtschaftlichen Rechnungsführung entsprechend den neuen Maßstäben verbunden. Die dazu im vergangenen Jahr gefaßten Beschlüsse sind eine konkrete Anleitung zur Durchführung der Beschlüsse des X. Parteitages der SED in der Landwirtschaft. Sie sind in ihrem Kern darauf gerichtet, das Bündnis der Arbeiterklasse mit der Klasse der Genossenschaftsbauern weiter zu festigen, die Initiative aller Genossenschaftsbauern und Arbeiter auf ein hohes Leistungs- und Effektivitätswachstum, auf die effektive Nutzung aller Ressourcen und insbesondere des Bodens zu lenken und die Eigenverantwortung der LPG und ihre dem genossenschaftlichen Eigentum entsprechende Wirtschaftsweise weiter auszuprägen. Oberste Zielsetzung ist dabei, die Intensivierung noch wirksamer auf Leistungserhöhung bei fondssparender Reproduktion einzustellen, die Getreideimporte abzulösen und andere Agrarimporte wesentlich einzuschränken.

Diese Beschlüsse sind von grundlegender und langfristiger Orientierung für die weitere Vervollkommnung der Leitung und Planung in der Landwirtschaft, sie berücksichtigen sowohl die bisherigen Erfahrungen als auch die künftigen Erfordernisse des Übergangs der Landwirtschaft zu einer neuen Qualität der Intensivierung unter vorwiegend genossenschaftlich-sozialistischem Eigentum. Diese Beschlüsse verbinden somit die generellen Anforderungen der Vervollkommnung der Leitung und Planung, wie sie in der gesamten Volkswirtschaft stehen, mit den spezifischen Anforderungen und Bedingungen der schöpferischen Anwendung des Leninschen Genossenschaftsplanes unter den neuen Bedingungen. Deshalb reichen diese Beschlüsse von der weiteren Vervollkommnung der zentralen staatlichen Leitung und Planung bis hin zur Planung und Abrechnung der Abteilungen und Brigaden und der Vervollkommnung der leistungsabhängigen Vergütung.

Im Vordergrund steht dabei die weitere Vervollkommnung des demokratischen Zentralismus. Das beginnt bei der weiteren Qualifizierung der zentralen staatlichen Planung, ihrer noch stärkeren Ausrichtung auf die Sicherung der Grundproportionen und vor allem die Erhöhung der Wirksamkeit der Bilanzierung auf allen Leitungsebenen. Hierbei geht es insbesondere um die Lösung inhaltlicher Grundfragen mit höherer Wissenschaftlichkeit und Verbindlichkeit und weniger um planmethodische Fragen. Im Zusammenhang damit werden jetzt Erprobungen durchgeführt, um u.a. zu noch zweckmäßigeren Lösungen in der Planung zu gelangen, wie die Erfordernisse der planmäßigen Sicherung des Bedarfs hinsichtlich Niveau und Struktur noch besser mit der eigenverantwortlichen Entscheidung über die zweckmäßigste und effektivste Erfüllung und Überbietung der Pläne in den Kooperationen und den Betrieben zu verbinden ist. Dabei wurde auch davon ausgegangen, daß die Vorgabe z. B. solcher finanziellen Kennziffern, wie sie für die VEG und anderen staatlich sozialistischen Betriebe notwendig sind, für LPG in dieser Form nicht anwendbar sind. Das verlangt entsprechende Lösungen zur Erhöhung der Wirksamkeit der staatlichen Leitung und Planung auf Produktion und Effektivität unter genossenschaftlichen Bedingungen. Das heißt, es geht um wissenschaftlich begründete Antworten auf Grundfragen der weiteren Vervollkommnung von Leitung und Planung.

Hierzu zählt z. B. die Vervollkommnung der Bilanzierung bis zu den Territorien und Kooperationen zur Sicherung der weitestgehenden Eigenversorgung. Im engen Zusammenhang stehen Fragen der langfristig konzeptionellen Arbeit mit Intensivierungskonzeptionen auf der Ebene der Kooperation und teilweise auch ganzer Kreise. Sie müssen die Produktion, ihre Struktur, die Bodennutzung, die effektive Gestaltung der Proportionen von der Flächennutzung, der Struktur der Tierbestände und der Produktion bis zur effektiven Nutzung aller Fonds umfassen. Ziel ist es, einen hohen Zuwachs des landwirtschaftlichen Eigenprodukts und des Nettoproduktes zu erreichen. Im Grunde genommen geht es um eine neue Qualität der Planung, die auf die effektive Nutzung aller Ressourcen im Territorium gerichtet ist bei Erhöhung der Eigenverantwortung der LPG, VEG und ihrer Kooperationsräte zur Erfüllung und Überbietung der staatlichen Planauflagen.

Die Vervollkommnung der Planung steht im engen Zusammenhang mit der Agrarpreisreform. Die vom X. Parteitag der SED beschlossene und ab 1984 wirksame Agrarpreisreform ist ein bedeutsamer Schritt zur Vervollkommnung der materiellen Interessiertheit an der Steigerung der Produktion und Verbesserung des Verhältnisses von Aufwand und Ergebnis. Das ökonomische Rechnen wird damit in jeder LPG und in jedem VEG merklich weiter gefördert und eine höhere Produktion, geringere Kosten, insbesondere bei der vergegenständlichten Arbeit machen sich zugunsten der Betriebe stärker wirksam, umgekehrt aber auch Mängel in der Arbeit durch ein entsprechend geringeres Ergebnis. Im Zusammenhang damit werden neue Schritte der Leistungsbewertung und des Leistungsvergleiches verwirklicht, die durch die Anwendung der vier bereits genannten Hauptkennziffern, durch Ausarbeitung von bestimmten Normativen, Richtwerten und Bestwerten den sozialistischen Wettbewerb fördern und unter Beachtung der unterschiedlichen Bedingungen bereits positive Ergebnisse in der Vorbereitung und Erfüllung der Pläne gebracht haben. Vielfach wurde sichtbar, daß beachtliche Reserven der Produktionssteigerung nicht nur in den LPG mit noch relativ geringerem Produktionsniveau mobilisierbar sind, sondern vor allem auch in LPG mit relativ hohem Produktionsniveau und einer effektiven materiell-technischen Basis.

Die Beschlüsse zur Vervollkommnung der Leitung und Planung haben weiterhin zum Ziel, die Wirksamkeit der wirtschaftlichen Rechnungsführung in den LPG und VEG bis hin zu den Abteilungen und Brigaden zu erhöhen und das Leistungsprinzip noch besser zu nutzen, die Initiativen eines jeden Genossenschaftsbauern und Arbeiters auf einen hohen Produktions- und Effektivitätszuwachs zu lenken. Die Hauptfrage besteht darin, die mit der Agrarpreisreform geschaffenen besseren Möglichkeiten zur Förderung des Leistungswachstums zu nutzen und einen weit engeren Zusammenhang zwischen den Ergebnissen der materiellen Produktion sowie der effektiveren Verwertung der Fonds mit der persönlichen materiellen Interessiertheit herzustellen. Es gilt, entsprechend den neuen gesellschaftlichen Bedingungen den Fragen der exakten Abrechnung bis zum Arbeitsplatz und dem Vergleich mit den Plankennziffern für Produktion, Erträge und Leistungen sowie Aufwand in der Leitungstätigkeit erhöhte Aufmerksamkeit zu widmen. Der bewährte Grundsatz, daß nur das verteilt werden kann, was die Genossenschaft erarbeitet hat, ist als Triebkraft noch wirkungsvoller zu nutzen.

Diese engere Verbindung von Produktionsergebnis und materieller Interessiertheit ist jedoch auch unter genossenschaftlich-sozialistischem Eigentum nicht ausschließlich betriebsindividuell realisierbar. Vielmehr sind grundlegende politische und volkswirtschaftliche Erfordernisse zu verwirklichen, wie sie sich aus der weiteren Festigung des Bündnisses, der planmäßigen Verteilung des Nationaleinkommens und der Entwicklung des persönlichen Einkommens zwischen den beiden Grundklassen der sozialistischen Gesellschaft insgesamt sowie auch innerhalb von Territorien ergeben.

Die Vervollkommnung der Leitung und Planung in der Landwirtschaft hat gleichzeitig zum Ziel, die sozialistische Demokratie weiter auszuprägen und die noch breitere Anwendung der genossenschaftlichen Demokratie in den LPG und bis hinein in jede einzelne Brigade zielgerichtet zu unterstützen.

In diesem Zusammenhang ist es notwendig, weitergehende Lösungen zu erarbeiten, um den RLN als ein wichtiges demokratisches Gremium der Mitwirkung insbesondere der Genossenschaftsbauern bei der Vorbereitung grundlegender Entscheidungen der weiteren ökonomischen und gesellschaftlichen Entwicklung bis hin zum Wettbewerb, der Anwendung des Leistungsvergleiches und der Überwindung ungerechtfertigte Leistungsunterschiede noch wirksamer zu machen.

Die spezifischen Bedingungen des vorwiegend genossenschaftlichen Eigentums, die gesellschaftliche Organisation der Produktion in der Landwirtschaft und ihre Leitung nach dem Territorialprinzip werfen eine Reihe grundlegender Fragen der Wirtschaftsführung auf, die sowohl von theoretischen als auch ganz praktischen Belangen sind. Mit der schrittweisen Übertragung wirtschaftlicher Funktionen an die Kooperationsräte werden die wirtschaftsleitenden Aufgaben der Räte der Kreise in keiner Weise aufgehoben, sie verstärken sich vielmehr besonders in Richtung der längerfristigen konzeptionellen Arbeit, der Sicherung der notwendigen Proportionen zwischen Pflanzen- und Tierproduktion sowie zwischen den Stufenprozessen innerhalb des Territoriums und der Gewährleistung der notwendigen wechselseitigen Beziehungen zwischen Landwirtschaft und Territorium. Dabei gilt es mit den Erprobungen in einem Bezirk und in Kreisen Erfahrungen zu sammeln, wie die einheitliche Wirtschaftsleitung im Territorium durch die Räte der Kreise im engen Zusammenwirken mit den Kooperationsräten und den Agrar-Industrie-Vereinigungen organisiert wird, die bestimmte wirtschaftsleitende Funktionen wahrnehmen. Gleichzeitig gilt es, die Kooperation mit den VEG bzw. Kombinaten weiter zu vertiefen, die entsprechend ihrer spezifischen Aufgabenstellung dem Bezirk bzw. zentralen wirtschaftsleitenden Organen unterstellt sind.

Schließlich wird es notwendig, kooperative Organe, die keine wirtschaftsleitenden Funktionen ausüben, wie z. B. die Kooperationsverbände in den Prozeß der Leitung und Planung stärker einzubeziehen, indem ihre Erfahrungen zur effektiven Gestaltung der vertikalen Kooperation, zur Sicherung einer hohen Versorgungswirksamkeit und der radikalen Senkung der Verluste für Planentscheidungen besser genutzt werden. Hier bedarf es ebenfalls einer sehr flexiblen und je nach den Bedingungen angepaßten Arbeitsweise. Diese Kooperationsverbände sind keine Wirtschaftseinheiten, sie nehmen in unterschiedlicher Weise Funktionen des Erfahrungsaustausches und der Beratung bis hin zum Absatz ein, sie können daher nicht schematisch in den Prozeß der Wirtschaftsleitung eingeordnet werden, sie sind aber ein wesentliches Element der gesellschaftlichen Organisation und damit des Wirtschaftsorganismus.

Der Übergang der Landwirtschaft zur neuen Qualität der Intensivierung, die weitere Vervollkommnung der sozialistischen Produktionsverhältnisse aut dem Lande bis hin zur Vervollkommnung der Leitung, Planung und wirtschaftlichen Rechnungsführung sind wichtige Faktoren bei der Verwirklichung der ökonomischen Strategie und bei der weiteren Festigung des politischen und ökonomischen Bündnisses der Arbeiterklasse mit der Klasse der Genossenschaftsbauern. Zugleich leiten sich daraus auch eine Reihe internationaler Aspekte ab. Es bestätigt sich erneut, daß nur der Sozialismus in der Lage ist, die Agrarfrage im Interesse und mit den Bauern zu lösen, daß höheres Leistungswachstum in der Landwirtschaft der sozialistischen Länder der gesamten Gesellschaft und vor allem auch den Bauern selbst zugute kommt.

Ich bin überzeugt, daß unsere Arbeit auch von dieser heutigen Tagung weitere wesentliche Impulse zur Erfüllung der Aufgaben des zentralen Planes der gesellschaftswissenschaftlichen Forschung sowie im langfristigen Programm der Agrarforschung erhalten wird und daß sich weitere bedeutsame Schritte in der Gemeinschaftsarbeit entwickeln werden.

[1] Helmut Koziolek, Schlußwort auf der Wirtschaftswissenschaftlichen Konferenz der DDR, in: Leistungssteigerung der Kombinate und ökonomische Strategie, Wirtschaftswissenschaftliche Konferenz der DDR im Karl-Marx-Jahr 1983, 29./30. September 1983 in Berlin, Abhandlungen der Akademie der Wissenschaften der DDR, Berlin 1984, S. 241.

[2] Erich Honecker, Stärke des Sozialismus – entscheidendes Unterpfand im Kampf um den Frieden, Neues Deutschland vom 13. Februar 1984, S. 4.

[3] Karl Marx, Grundrisse der Kritik der politischen Ökonomie, Berlin 1974, S. 592.

[4] Karl Marx, Das Kapital, Band 1, in: Marx/Engels, Werke Bd. 25, S. 128.

[5] Vgl. VII. Zentrale Delegiertenkonferenz der VdgB, Werner Felfe, Neue Etappe bei der Verwirklichung der ökonomischen Strategie, in: Neues Deutschland vom 28. Mai 1984, S. 3.

[6] Werner Felfe, Aus dem Schlußwort der zentralen VEG-Konferenz in Meißen, in: Kooperation, 1/84, S. 1.

[7] Bericht des Zentralkomitees der Sozialistischen Einheitspartei Deutschlands an den X. Parteitag der SED, Berichterstatter: Genosse Erich Honecker, Berlin 1981, S. 75.

[8] Erich Honecker, Schlußwort auf dem XII. Bauernkongreß der DDR, in: XII. Bauernkongreß der DDR, Protokoll, Berlin 1982, S. 284.

2. Diskussion

Helmut Semmelmann

Zur Entwicklung der sozialistischen Landwirtschaft der DDR und grundlegenden Aufgaben der umfassenden Intensivierung der Agrarproduktion

Es ist von großer Bedeutung, daß sich der Wissenschaftliche Rat für die wirtschaftswissenschaftliche Forschung bei der Akademie der Wissenschaften der DDR mit den Fragen der Entwicklung der Landwirtschaft und des Ernährungskomplexes aus gesamtvolkswirtschaftlicher Sicht befaßt.

Dieses Herangehen entspricht der Forderung der 8. Tagung des ZK der SED, daß von der Wirtschaftswissenschaft noch größere Impulse vor allem für die weitere Herausarbeitung grundlegender strategischer Entwicklungsrichtungen der Struktur der Volkswirtschaft ausgehen, um den erfolgreichen Weg der DDR als modernes Industrieland mit hochentwickelter Landwirtschaft fortzusetzen.

In diesem Beitrag sollen einige Gedanken zu den Problemkreisen volkswirtschaftliche Stellung der Landwirtschaft, weitere Intensivierung der Agrarproduktion und gesellschaftliche Entwicklung in der sozialistischen Landwirtschaft dargelegt werden.

Auf dem X. Parteitag der SED hat der Generalsekretär des ZK der SED, Genosse Erich Honecker, der Landwirtschaft die Aufgabe gestellt, die eigene Produktion auf dem Wege der Intensivierung weiter zu steigern und so die sichere Versorgung der Bevölkerung mit Nahrungsmitteln zu gewährleisten. Dabei geht es darum, insbesondere das Eigenaufkommen an pflanzlichen Produkten für die Tierproduktion zu vergrößern, es in den Ställen besser zu verwerten und das Verhältnis von Aufwand und Ergebnis zu verbessern.[1]

Das hierbei entscheidende Problem ist die Schaffung von Bedingungen für die schrittweise und doch zügige Ablösung der zur Zeit noch erforderlichen Importe an Futtergetreide und anderen selbsterzeugbaren Agrarprodukten bei voller quantitativer Sicherung und vor allem qualitativer und sortimentsmäßiger Verbesserung der Versorgung der Bevölkerung.

Der X. Parteitag der SED hat beschlossen – und das wurde durch die 7. und 8. Tagung des ZK erneut bekräftigt – die Politik der Hauptaufgabe auch unter den veränderten Bedingungen der 80er Jahre weiterzuführen. Das Leben selbst hat bestätigt, daß diese mit dem VIII. Parteitag der SED 1971 eingeleitete Politik der Hauptaufgabe in ihrer Einheit von Wirtschafts- und Sozialpolitik ein neues soziales Klima in unserer Republik geschaffen hat. Dieses Klima erwies sich als leistungsfördernd und hat die Initiativen der Werktätigen stärker als bisher auf die allseitige Stärkung der DDR gelenkt.

Die Sicherung einer stabilen Versorgung der Bevölkerung mit Nahrungsgütern und der Industrie mit landwirtschaftlichen Rohstoffen betrachten wir als festen Bestandteil der Politik der Hauptaufgabe und als einen entscheidenden Faktor politischer Stabilität. In diesem Sinne stellen sich die Genossenschaftsbauern und Arbeiter den Aufgaben des Planes 1984 und bereiten den Plan 1985 auf der Grundlage der gemeinsamen Direktive des ZK der SED, des Ministerrates und des Bundesvorstandes des FDGB vor.

Wenn wir uns vor Augen führen, daß der durchschnittliche jährliche Zuwachs der Ausgaben der Bevölkerung für Nahrungs- und Genußmittel 1971–1975 über 1,3 Mrd. Mark, 1976–1980 über 1,5 Mrd. Mark und auch 1981–1983 bei einem bereits sehr hohen Niveau des Pro-Kopf-Verbrauches über 1,1 Mrd. Mark betrug, wird deutlich, daß der Agrarsektor einen unverzichtbaren Beitrag zur materiellen Sicherung unseres Sozialprogramms leistet und auch weiter tagtäglich leisten muß.

Immerhin betrug 1983 der Anteil der Nahrungs- und Genußmittel am Einzelhandelsumsatz 51,4 % – und das bei stabilen Preisen für das Grundsortiment.

Die Landwirtschaft hat besonders in den letzten 3 Jahren dazu beigetragen der gewachsenen Kaufkraft zu entsprechen. So betrug der Anteil von Nahrungs- und Genußmitteln am Zuwachs des Einzelhandelsumsatzes 1981–83 79,3 % gegenüber 42,5 % 1976–80.

Die Parteiführung hat das hohe Gewicht von Nahrungsgütern im täglichen Leben und im Alltagsbewußtsein unserer Menschen stets bei ihren wirtschafts- und sozialpolitischen Entscheidungen berücksichtigt. Die Erfahrungen in Durchführung der Gesellschaftsstrategie unserer Partei, deren Kernstück die Wirtschaftsstrategie ist, beweisen, daß heute mehr denn je Erfolge in der gesellschaftlichen und ökonomischen Entwicklung der Landwirtschaft davon beeinflußt werden, wie wir es verstehen, die dialektische Verflechtung der Landwirtschaft mit den anderen Zweigen der Volkswirtschaft im Sinne der Beschlüsse des X. Parteitages der SED zu beherrschen. Dazu gehört auch, daß wir uns darüber verständigen, daß die Rolle der Landwirtschaft im volkswirtschaftlichen Reproduktionsprozeß nicht in erster Linie durch die quantitative Bestimmung ihres Umfanges am Brutto- und Nettoprodukt und an den ökonomischen und natürlichen Ressourcen charakterisiert wird, sondern dadurch, wie sie die verfügbaren Ressourcen nutzt, um ihre Funktion im gesellschaftlichen Reproduktionsprozeß zu erfüllen. Wir lassen uns dabei von Marx leiten, der mit dem Gesetz der Ökonomie der Zeit u. a. den objektiven Zusammenhang von Ressourceninanspruchnahme, Anteil an der gesellschaftlichen Arbeit und Produktion sowie Effektivität der für die Produktion notwendigen Arbeit der Gesellschaft formulierte. Marx vermittelte uns damit die prinzipielle Erkenntnis, daß Produktivität und Effektivität auch der Landwirtschaft und ihr Anteil am gesellschaftlichen

Gesamtprodukt sich umgekehrt proportional zueinander verhalten.[2]

Führt man sich die Bedeutung der Landwirtschaft als die entscheidende Ernährungsbasis der Gesellschaft vor Augen und denkt an das zunehmende Gewicht von Agrarrohstoffen aufgrund ihres Nichtversiegens, ihrer ständigen Reproduzierbarkeit und an die für die Existenz der Gesellschaft unentbehrlichen landeskulturellen Leistungen der Landwirtschaft, so wird auch die Notwendigkeit sichtbar, Forschungen zur volkswirtschaftlichen Verflechtung der Landwirtschaft mit den anderen Zweigen und vor allem zur Durchsetzung der Wirtschaftsstrategie der SED wesentlich komplexer als bisher durchzuführen.

Auf lange Sicht erfordert die fondssparende Intensivierung in der Landwirtschaft neben der Erschließung aller inneren Reserven des Zweiges auch qualitative Veränderungen in der materiell-technischen Basis, die wiederum Sortiments- und sogar Strukturveränderungen in der Industrie und anderen Volkswirtschaftsbereichen und beim Produktionsmittelimport und -export, insbesondere im Rahmen der sozialistischen ökonomischen Integration, bewirken können.

Solche Fragen sind letztlich nur aus gesamtvolkswirtschaftlicher und nicht aus zweiglicher Sicht zu beantworten, also weder aus der Sicht der Landwirtschaft, des Landmaschinenbaus oder der Chemischen Industrie. Hierzu bedarf es der wissenschaftlichen Gemeinschaftsarbeit. Deshalb haben wir auch eine ganze Reihe von Beratungen mit Naturwissenschaftlern und Agrarökonomen durchgeführt. Ökonomisches Wachstum ist auch in der Landwirtschaft das A und O der Intensivierung. Es stabil und dauerhaft zu sichern, ist bei dem erreichten Niveau des Ressourceneinsatzes, dem Grad der Ausprägung der sozialistischen Produktionsverhältnisse, dem Niveau von Arbeitsteilung und Kooperation nur durch den wissenschaftlich-technischen Fortschritt zu gewährleisten.

Positiv hat sich hier die begonnene Gemeinschaftsarbeit zwischen Ökonomen, Naturwissenschaftlern und Vertretern der technischen und technologischen Wissenschaften ausgewirkt. Dieser Weg entspricht der für die landwirtschaftliche Produktion typischen Einheit von natürlichen, biologischen und ökonomischen Reproduktionsprozeß, und wir müssen ihn für die Erschließung weiterer Möglichkeiten der umfassenden Intensivierung noch zielgerichteter und vor allem aufgabenbezogener nutzen.

Es geht um wissenschaftlich-technische und ökonomische Lösungen, die den Aufwand an Material und Energie sowie an Grundfonds entschieden verringern. Hier gibt es schon Ergebnisse, die sich in Richtung der fondssparenden Intensivierung zeigen.

Wichtige Wachstumsproportionen in Richtung auf die Beschleunigung des Überganges zu einer qualitativ neuen Stufe der Intensivierung sind:

- Das Nettoprodukt steigt schneller als das Bruttoprodukt. Darin kommt konzentriert zum Ausdruck, daß sich die Effektivität des landwirtschaftlichen Reproduktionsprozesses erhöht und ein wachsender Beitrag zum Nationaleinkommen geleistet wird.
- Das landwirtschaftliche Eigenprodukt steigt schneller als die Bruttoproduktion. Das wird insbesondere belegt durch die schnellere Erhöhung der Tierproduktion auf eigener Futtergrundlage, wodurch Voraussetzungen für die zielstrebige Ablösung der Futtergetreideimporte aus dem NSW geschaffen werden.
- Die Produktionsverbrauchsintensität sinkt bei steigender Entwicklung der Gesamtproduktion. Dieser Prozeß wird vor allem durch die Erhöhung der Hektarerträge und der Produktivität der Tierbestände getragen. Es geht darum, mit gleichen und teilweise geringeren Fonds planmäßiges ökonomisches Wachstum zu gewährleisten.

War in den 70er Jahren das Wachstum mit einem noch stärkeren Wachstum der Grundfonds und des Materialverbrauches verbunden, so haben wir für 1981 bis 1983 einen Rückgang der Produktionsverbrauchsintensität zu verzeichnen. Bei Grundfonds allerdings hält das raschere Wachstum im Vergleich zur Produktion noch an. Das heißt, wir müssen noch ernsthafter daran arbeiten die Ursachen dafür aufzudecken, die intensive Tendenz der Grundfondsreproduktion in der Praxis unserer Investitionspolitik umzusetzen und solche Reproduktionsformen wie die Instandsetzung, die Rekonstruktion, Rationalisierung und nicht zuletzt auch den Ersatz verschlissener Grundmittel mit größerer Wirksamkeit für die Modernisierung auf dem Wege der einfachen Reproduktion durchzusetzen.

Die 1981/83 sichtbar gewordene Tendenz im Rückgang des spezifischen Energieverbrauchs zeigt, daß wir diese Fragen vor allem auch in der sozialistischen Betriebswirtschaft, in der Betriebs- und Arbeitsorganisation wissenschaftlich noch exakter ausarbeiten müssen. Überhaupt muß man betonen, daß die Agrarwissenschaftler und besonders die agrar- und betriebsökonomischen Forscher in der Einsparung des Produktionsverbrauches und damit der Erhöhung des realen Nettoprodukts eines der wichtigsten Kriterien ihrer Forschungsarbeit sehen sollten. Nach unserer Auffassung ist es deshalb wichtig, entsprechend den Reproduktionsbedingungen der 80er Jahre den Zusammenhang von Produktionsaufwand und Produktionssteigerung in der Landwirtschaft theoretisch tiefer als bisher auszuarbeiten.

Diese neuen Anforderungen standen im Mittelpunkt mehrerer Beratungen, die Genosse Werner Felfe, Mitglied des Politbüros und Sekretär des ZK der SED, in Beratungen mit Praktikern und mit Agrarwissenschaftlern durchgeführt hat. Es gilt, auf der Grundlage exakter analytischer Arbeiten diese Zusammenhänge in Einheit mit der gesellschaftlichen Organisation der Produktion zu untersuchen und weitere notwendigen Schlußfolgerungen für die weitere Anwendung der ökonomischen Strategie der SED in der Landwirtschaft theoretisch zu begründen und auszuarbeiten. Dabei geht es immer um hohe und steigende Erträge, um die stabile Sicherung des Ertragszuwachses in der Pflanzenproduktion, es geht um die Leistungen der Tiere und ausreichende Bestände und nicht zuletzt um die wissenschaftlich exakte Begründung des dafür notwendigen und möglichen volkswirtschaftlichen Aufwandes.

Ein Problem, das einer wissenschaftlichen Klärung aus gesamtvolkswirtschaftlicher Sicht bedarf, ist der Umfang und die Art und Weise der Reproduktion des Arbeitsvermögens der Landwirtschaft. Bekanntlich setzte die Landwirtschaft bis in die zweite Hälfte der 70er Jahre hinein Arbeitskräfte für andere Bereiche – speziell für die Industrie und den Dienstleistungssektor – frei. Dadurch wurden volkswirtschaftliche Struktureffekte aufgrund der höheren Arbeitsproduktivität der Industrie erzielt und die sozialistische Industrialisierung unseres Landes gefördert.

Heute ist die Lage so, daß das Arbeitsvermögen der Landwirtschaft stabilisiert werden muß. Es besteht ein Defizit an Arbeitskräften, weil Rückgang von Arbeitskräften schneller erfolgte als die durch Mechanisierung mögliche Steigerung der Arbeitsproduktivität. In den letzten Jahren gelang es, den Bestand an Arbeitskräften zu erweitern. Ein erheblicher Teil wurde planmäßig aus der Industrie gewonnen.

Bei der Weiterführung der Intensivierung geht es uns natürlich auch darum, den Aufwand an lebendiger Arbeit zu verringern. Die damit verbundene Ökonomisierung der lebendigen Arbeit wird in hohem Maße durch den Einsatz der Fonds und der Art und Weise ihrer Reproduktion beeinflußt.

Die Steigerung der Arbeitsproduktivität ist für uns eine Grundfrage der Weiterführung der umfassenden Intensivierung, weil gerade die lebendige Arbeit vielfach als begrenzender Faktor für höhere Erträge und Leistungen wirkt und wir deshalb alles tun müssen, um den Nutzeffekt der eingesetzten Arbeit zu erhöhen. Dabei sollten wir stets berücksichtigen, daß wir nur eine solche Steigerung der Arbeitsproduktivität anstreben können, die bei gleichzeitig steigenden Erträgen je Hektar landwirtschaftlicher Nutzfläche und bei steigenden Leistungen je Tier erreicht wird. Nur so ist es gegenwärtig möglich, Produktivitätssteigerungen in der Landwirtschaft und die Erfüllung ihrer Versorgungsfunktion gegenüber der Volkswirtschaft in Einklang zu bringen.

In Vorbereitung der Agrarpreisreform mußte eine umfangreiche und gewissenhafte Arbeit geleistet werden. Bewährt hat sich hierbei, daß sich Politökonomen auch aus Institutionen außerhalb der unmittelbaren Landwirtschaft aktiv an der Arbeit beteiligten. Ausarbeitungen zum Wesen des genossenschaftlichen Eigentums aus der Sicht der marxistisch-leninistischen Eigentumstheorie haben mit dazu beigetragen, die Probleme wissenschaftlich fundiert und entsprechend den Prinzipien der Bündnispolitik unserer Partei sowie entsprechend den Forderungen des X. Parteitages, die Potenzen des genossenschaftlichen Eigentums noch besser zu nutzen, zu lösen. Eine solche Zusammenarbeit wünschen wir uns auch bei der weiteren Arbeit an der Ausgestaltung unseres Agrarpreissystems. Es wird notwendig sein, daß unsere Agrarökonomen und Betriebswirtschaftler, aber auch andere Wirtschaftswissenschaftler ihre Forschungen zur Wirkungsweise der einzelnen Intensivierungsfaktoren verstärken. Diese Forschungsergebnisse müssen in die Preisfestlegungen einfließen. Von Wichtigkeit ist auch die wissenschaftliche Bearbeitung von Problemen im Zusammenhang mit dem Wirken der Differentialrente. Viele Fragen der Messung der Differentialrente, ihrer realen Bildungsquellen, die Methoden ihrer Erfassung und Umverteilung bedürfen einer tiefgründigeren Forschung.

Die Weiterführung der Intensivierung kann nur in Einheit mit der weiteren Vervollkommnung der sozialistischen Produktionsverhältnisse als Bestandteil der weiteren Gestaltung der entwickelten sozialistischen Gesellschaft erfolgen.

Entscheidenden Anteil daran hat die Klasse der Genossenschaftsbauern. Sie war, ist und bleibt auch künftig aktiver Mitgestalter und untrennbarer Bündnispartner der Arbeiterklasse in der entwickelten sozialistischen Gesellschaft. Ihre Entwicklung und Festigung ist deshalb wesentlicher Bestandteil der Gesellschaftsstrategie, der Agrar- und Bündnispolitik unserer Partei. Unter Führung der Arbeiterklasse und ihrer marxistisch-leninistischen Partei wird die Klasse der Genossenschaftsbauern so den höheren gesellschaftlichen und ökonomischen Anforderungen der 80er Jahre gerecht.

Eine wesentliche Frage ist dabei, wie die LPG als historisch bewährte spezifische Organisationsform der Klasse der Genossenschaftsbauern auch künftig wirksam werden. Die Qualität der sozialistischen Produktionsverhältnisse auf dem Lande zeigt sich in hohem Maße darin, wie sich die LPG als Grundeinheiten der landwirtschaftlichen Produktion und als soziale Gemeinschaften, in denen sich die Klasse und alle ihre Angehörigen entwickeln, auf lange Sicht politisch, ökonomisch und sozial stabil entwickeln und wie sich ihr Zusammenwirken im einheitlichen Reproduktionsprozeß über die Kooperation weiter vertieft.

Als eine erstrangige Aufgabe muß dabei die Überwindung der objektiv (ökonomisch) nicht gerechtfertigten Differenziertheit gesehen werden. Das ist zunächst unmittelbar ein ökonomisches Problem, aber vor allem auch von großer sozialer Bedeutung, betrifft es doch die Arbeits- und Lebensbedingungen, die soziale Lage, die Entwicklung des Bewußtseins und der Aktivität eines nicht geringen Teils der Klasse der Genossenschaftsbauern.

Bei der weiteren Entwicklung unserer Landwirtschaft lassen wir uns von der Aufgabenstellung des X. Parteitages der SED leiten, alle Potenzen des genossenschaftlichen Eigentums besser zu nutzen und die Klasse der Genossenschaftsbauern weiter zu stärken. Damit wendet sich unsere Partei gegen jegliche Unterschätzung und Vernachlässigung jener sozialen Triebkräfte, die dem genossenschaftlichen Eigentum bzw. der Klasse der Genossenschaftsbauern innewohnen. Die erweiterte Reproduktion des genossenschaftlichen Eigentums, die Festigung der LPG, die Vertiefung ihrer Kooperation und die soziale Reproduktion der Klasse der Genossenschaftsbauern gehören deshalb zu den Wesenszügen der weiteren Gestaltung der entwickelten sozialistischen Gesellschaft.

Eine wesentliche Seite der Festigung der LPG und damit der qualitativen Entwicklung der Klasse ist die weitere Ausprägung und Höherentwicklung der genossenschaftlichen Demokratie auf allen Ebenen, das heißt in den Arbeitskollektiven der LPG, zwischen den LPG und in den Beziehungen zwischen LPG und Kooperationen.

Gerade dieser Zusammenhang muß entsprechend den neuen Anforderungen deutlicher herausgearbeitet werden. Dabei geht es insbesondere darum, auszuarbeiten, wie die Wirksamkeit der genossenschaftlichen Demokratie als Triebkraft für die Festigung der Klasse der Genossenschaftsbauern, für die Ausprägung ihrer politischen und ökonomischen Verantwortung gegenüber der Gesellschaft und für die Steigerung der Produktion und Effektivität erhöht werden kann.

Genossenschaftliche Demokratie ist immanenter Bestandteil des Systems der sozialistischen Demokratie überhaupt. Eine wichtige Zielstellung der wissenschaftlichen Arbeit besteht auch darin, den Zusammenhang zwischen der Stärkung des demokratischen Zentralismus und der Ausprägung der innergenossenschaftlichen Demokratie konkreter auszuarbeiten. Unter diesem Gesichtspunkt müßten zwei Fragen im Mittelpunkt stehen:

1. Die Gewährleistung der Interessenübereinstimmung zwischen der Gesellschaft, den LPG und den Genossenschaftsbauern unter Sicherung des Vorrangs der gesellschaftlichen Interessen.
2. Die Erhöhung der Eigenverantwortung der LPG und ihr Zusammenhang zur Herausbildung gemeinsamer ökonomischer Interessen in der Kooperation.

Größere Aufmerksamkeit muß künftig der wirksameren Nutzung und weiteren Ausgestaltung der genossenschaftlichen Verteilungsprinzipien gewidmet werden. Diese Fragen müssen vor allem unter dem Gesichtspunkt der Erschließung von Potenzen aus dem genossenschaftlichen Eigentum, in ihrem Zusammenhang mit der Festigung der LPG und der Ausprägung der Interessenübereinstimmung behandelt werden.

Theoretisch weiter auszuarbeiten ist der Zusammenhang zwischen der Entwicklung der Klasse und der Erschließung weiterer ökonomischer, politischer und sozialer Potenzen durch das Aufblühen der Dörfer und die Durchsetzung des Territorialprinzips.

Den ökonomischen Effekten, wie sie zum Beispiel die Schaffung übersichtlicher, genau abrechenbarer Produktionseinheiten und die Verkürzung der Transportwege mit sich bringen, gebührt die gleiche Aufmerksamkeit wie den politisch-sozialen Aspekten, wie der engeren Verbindung der Genossenschaftsbauern und Arbeiter zum Boden und zu ihren Dörfern. Die weitere gesellschaftliche Entwicklung in unserer Landwirtschaft und die Vervollkommnung der gesellschaftlichen Organisation der Produktion bedingen heute objektiv die weitere Vertiefung der Kooperation.

Es ist unbestreitbar, daß die Notwendigkeit der Kooperation um so größer ist, je tiefer und fortgeschrittener die Konzentration und Arbeitsteilung auf dem Gebiet der Produktion ist. Der einheitliche landwirtschaftliche Reproduktionsprozeß, der in spezialisierter LPG und VEG der Pflanzen- und Tierproduktion durchgeführt wird, kann nur über die Kooperation als einheitlicher Prozeß organisiert und gesteuert werden.

Die Beschlüsse des X. Parteitages der SED und insbesondere der Beschluß des Politbüros vom 18. 10. 1983 zur Vertiefung der Kooperation haben daraus die notwendigen Schlußfolgerungen und Aufgaben abgeleitet.

Der Generalsekretär des ZK der SED, Genosse Erich Honecker, wies auf der 7. Tagung des ZK der SED auf die Notwendigkeit hin, die Kooperation immer besser als einen geschlossenen Wirtschaftsorganismus zu leiten, zu planen und abzurechnen und in diesem Sinne die gemeinsamen ökonomischen Interessen weiter zu entwickeln.[3] Kriterium der Kooperation kann nur sein, wie auf dieser Grundlage die sozialistische Demokratie vertieft, die Selbständigkeit der LPG erhöht, die Potenzen des genossenschaftlichen Eigentums so wirksam werden, daß eine nachhaltige und stabile Steigerung der Erträge gesichert wird und die Leistungen der Tierproduktion weiter zunehmen. Die 8. Tagung konnte feststellen, daß sich diese grundlegende Orientierung der 7. Tagung des Zentralkomitees der SED für alle Kooperationen voll und ganz bewährt.[4]

Für die weitere Vertiefung und Vervollkommnung der Kooperation werden bekanntlich Erprobungen im Bezirk Gera sowie in einigen Kooperationen aller Bezirke durchgeführt. Die bisherigen Ergebnisse zeigen, daß es richtig ist, die Kooperation auf diesem Wege weiter zu vertiefen. Die praktische Arbeit beim weiteren Ausbau der Kooperation wirft Fragen auf, für die noch öfters der notwendige wissenschaftliche Vorlauf fehlt. Es geht hier zum Beispiel um die theoretische Untersuchung der Zusammenhänge von Eigenverantwortung der LPG und Entwicklung der Kooperation als einheitlichen Wirtschaftsorganismus. Auch bei einem solchen grundlegenden Problem wie die Bildung und Verwendung gemeinsamer ökonomischer Fonds auf der Ebene der Kooperation müssen in der Praxis vielfach pragmatische Lösungen gefunden werden, bei denen sich erst später herausstellen wird, inwieweit sie mit den Eigenheiten des genossenschaftlich-sozialistischen Eigentums in Übereinstimmung stehen, wie damit der Prozeß der Vergesellschaftung der Produktion und des Eigentums beeinflußt wird und welche Auswirkungen auf die Verteilung damit verbunden sind. Diese und eine Reihe anderer Fragen bedürfen dringend der weiteren Analyse, um die notwendigen Verallgemeinerungen für unsere Arbeit vornehmen zu können.

Die heutige Aussprache wird zeigen, daß wir in den Wirtschaftswissenschaftlern zuverlässige Verbündete haben, die mithelfen, die uns von der Partei übertragene Aufgabe – die Ernährung des Volkes stabil zu sichern – zu erfüllen.

[1] Vgl. Bericht des Zentralkomitees der SED an den X. Parteitag der SED, Berichterstatter: E. Honecker, Berlin 1981, S. 70 ff.

[2] Vgl. K. Marx, Grundrisse der Kritik der Politischen Ökonomie, Berlin 1974, S. 592 ff.

[3] Vgl. 7. Tagung des ZK der SED, E. Honecker, In kampferfüllter Zeit setzen wir den bewährten Kurs des X. Parteitages für Frieden und Sozialismus erfolgreich fort, Berlin 1983, S. 38.

[4] 8. Tagung des Zentralkomitees der SED, 24. 5. 1984, Aus dem Bericht des Politbüros an das Zentralkomitee der SED, Berichterstatter: K. Hager, Berlin 1984, S. 36 ff.

Karl-Friedrich Gebhardt

Zu Ergebnissen und Aufgaben der beschleunigten Durchsetzung des wissenschaftlich-technischen Fortschritts bei der umfassenden Intensivierung in der Landwirtschaft

Dieser Beratung ist eine große Bedeutung beizumessen, weil sie ein weiterer Schritt zur Vertiefung der Zusammenarbeit und damit zur Lösung der anstehenden Fragen bei der weiteren Durchsetzung der ökonomischen Strategie der Partei ist.

Als fester Bestandteil der Volkswirtschaft trägt unsere sozialistische Landwirtschaft in enger Verflechtung mit den anderen Zweigen eine große politische Verantwortung für eine stabile, effektive Produktion und Bereitstellung von Nahrungsgütern und agrarischen Rohstoffen zunehmend aus eigenem Aufkommen.

Darin besteht der wichtigste Beitrag der Genossenschaftsbauern und Arbeiter der Landwirtschaft für die Fortsetzung des Kurses der Hauptaufgabe und für den erfolgreichen Kampf um die Erhaltung und Sicherung des Friedens an der Seite der Sowjetunion und den anderen sozialistischen Bruderländer. Die bisher erreichten Ergebnisse bei der Durchführung der Beschlüsse des X. Parteitages der SED, des XII. Bauernkongresses der DDR, vor allem der 7. Tagung des ZK der SED sind, wie die 8. Tagung erneut bestätigte, Ausdruck dafür, daß sich die ökonomische Strategie der Partei auch in der Landwirtschaft als mobilisierendes und tragfähiges Konzept voll bewährt und die Klasse der Genossenschaftsbauern bereit und in der Lage ist, diesen Prozeß erfolgreich zu meistern. Aufbauend auf diesem festen Fundament können wir die Aufgaben, die neue Etappe der ökonomischen Strategie angehen.

Im Mittelpunkt steht dabei:

- Die Erreichung einer pflanzlichen Bruttoproduktion im Durchschnitt der DDR von 46 Getreideeinheiten (GE) je ha landwirtschaftliche Nutzfläche (LN) im Jahre 1985 und von mindestens 49 GE je ha im Jahre 1990.
  Das verlangt eine Verdoppelung des jährlichen Zuwachses in der Pflanzenproduktion.
- In der Tierproduktion besteht die Kernfrage darin, die geplante Produktion über eine Leistungssteigerung je Tier mit einer höheren Futterökonomie bei weiterer Reduzierung des Einsatzes von Getreidekonzentraten zu sichern.

Wie in der gesamten Volkswirtschaft geht es dabei darum, diese Aufgaben bei wesentlicher Verbesserung des Verhältnisses von Aufwand und Ergebnis, vor allem bei Senkung des spezifischen Aufwandes an Energie, Material und aller anderen Fonds je Produkteneinheit zu lösen.

Wie, d. h. mit welchem Tempo und Sicherheiten wir dabei vorankommen, hängt von einer Vielzahl von Faktoren und Bedingungen ab. Mit den Beschlüssen zur Vervollkommnung der Leitung, Planung und wirtschaftlichen Rechnungsführung, zur Agrarpreisreform, zur weiteren Vertiefung der Kooperationsbeziehungen und zur Bewässerung verfügen wir über eine klare Orientierung für unsere politisch-ideologische Arbeit und Leitungstätigkeit.

Aus der Fülle der Aufgaben, die vor uns stehen, möchte ich jene herausgreifen, die nach unserer Auffassung für das Voranschreiten von größter Bedeutung sind und für deren Lösung sich eine noch engere Zusammenarbeit auf wissenschaftlichem Gebiet erschließen läßt.

1. Die Beschleunigung des wissenschaftlich-technischen Fortschritts durch die engere Verbindung der Wissenschaft mit der Produktion und
2. die komplexe Durchsetzung und Erhöhung der Wirksamkeit der sozialistischen Betriebswirtschaft unter den Bedingungen der vertieften Kooperation.

Zum 1. Problem: Als entscheidende Voraussetzung zur Beschleunigung des wissenschaftlich-technischen Fortschritts und damit für den erforderlichen Leistungsanstieg in der Landwirtschaft betrachten wir die immer engere Verbindung von Wissenschaft und Produktion. Mit dem vom Politbüro des ZK der SED und vom Ministerrat der DDR im Dezember 1982 beschlossenen langfristigen Programm der Agrarforschung bis 1990 verfügen wir über ein klares Konzept zur Sicherung des wissenschaftlich-technischen Vorlaufes auf den entscheidenden Gebieten der landwirtschaftlichen Produktion.

Bei der Realisierung des Programms trägt die Agrarwissenschaft in enger Zusammenarbeit mit Wissenschaftlern aus den Bereichen der Akademie der Wissenschaften, des Hoch- und Fachschulwesens und der Industrie eine besonders hohe politische Verantwortung. Sie ergibt sich einfach aus der Tatsache, daß die Versorgungsaufgaben der Bevölkerung mit Nahrungsgütern tagtäglich stabil und zuverlässig zu lösen sind. Von der Erarbeitung neuer wissenschaftlicher Lösungen und ihrer ökonomisch wirksamen Anwendung in der Produktion hängt maßgeblich die Erfüllung der gestellten Aufgaben ab.

Im Februar dieses Jahres haben wir unter Leitung des Mitglieds des Politbüros und Sekretär des ZK der SED, Genossen Werner Felfe, eine gründliche Einschätzung der bisher bei der Durchsetzung des langfristigen Programms erreichten Ergebnisse mit der Leitung der Akademie der Landwirtschaftswissenschaften der DDR vorgenommen.

Im Ergebnis dieser Beratung wurden Maßnahmen festgelegt. Sie sind vor allem darauf gerichtet, die wissenschaftliche Arbeit noch straffer zu leiten, die Forschungszeiten zu verkürzen, neue Forschungsrichtungen wie die Gentechnik, Anwendung der Mikro-Elektronik und Energieforschung nachhaltig zu fördern und den Prozeß der Überleitung der Ergebnisse zu beschleunigen. Dabei lassen wir uns davon leiten, daß, wie in der gesamten Volkswirtschaft, auch in der Landwirtschaft die Durchsetzung des wissenschaftlich-technischen Fortschritts stets an erster Stelle steht und wie es uns gelingt, neue wissenschaftliche Lösungen mit den guten bäuerlichen Erfahrungen zu verbinden. Diese Einheit findet bisher ihren konzentriertesten Ausdruck mit der planmäßigen Durchsetzung folgender komplexer Maßnahmen des wissenschaftlich-technischen Fortschritts. Es geht uns um

- die Anwendung schlagbezogener Höchstertragskonzeptionen auf dem Ackerland sowie für Grasland und Weidewirtschaft,
- die Anwendung stallbezogener Höchstleistungskonzeptionen,
- die Durchführung von Leistungsvergleichen in Verbindung mit der Arbeit nach Bestwerten entsprechend der natürlichen Standorteinheiten bzw. Vergleichsgruppen,
- die Durchsetzung des Leistungsprinzips,
- die territoriale Futterplanung und Bilanzierung einschließlich konzentratfuttersparender Futterregime sowie
- die Anwendung der Transportoptimierung.

Die Erfahrungen einer Vielzahl von LPG und VEG bestätigen, daß besonders mit der schlagbezogenen Höchstertragskonzeption, stallbezogenen Höchstleistungskonzeption und dem Leistungsvergleich durch die komplexe Anwendung des wissenschaftlich-technischen Fortschritts bedeutende Reserven zur Steigerung der Produktion und Effektivität erschlossen werden können. Die Erhöhung ihrer ökonomischen Wirksamkeit erfordert die ständige weitere inhaltliche Ausgestaltung und Vervollkommnung dieser Methoden. Für den nächsten Zeitraum steht deshalb die gründliche Auswertung und Umsetzung der sich aus der Durchführung von Produktionsexperimenten ergebenden Erkenntnisse im Mittelpunkt. Das betrifft vor allem die komplexen Verfahren zur Reproduktion der Bodenfruchtbarkeit als wichtigster Bestandteil der schlagbezogenen Höchstertragskonzeption und der Einführung neuer Ernährungsregime für Rinder und Schweine als wesentliches Moment der stallbezogenen Höchstleistungskonzeption. Durch ihre Anwendung können am wirksamsten alle ertrags- und leistungsbeeinflussenden Faktoren ausgenutzt werden. Die Produktionsexperimente bestätigen, daß es möglich ist, einen Ertragszuwachs von 1 GE/ha Landwirtschaftlicher Nutzfläche bei Senkung des spezifischen Aufwandes an Mineraldünger und anderen Fonds je Produkteneinheit zu erreichen.

Von großer Bedeutung für hohe und stabile Erträge und zur Vermeidung der durch Schaderreger verursachten Verluste, sind die Verfahren der Schaderreger- und Bestandsüberwachung, die gegenwärtig bei 20 pflanzlichen Kulturen und über 300 Schaderregern zur Anwendung kommen.

Die Ausschöpfung aller Möglichkeiten bei der Anwendung dieses Verfahrens erfordert jedoch die Entwicklung und Bereitstellung der entsprechenden Pflanzenschutzmittel (PSM) in Menge, Qualität und zum erforderlichen Termin. Dazu ist die interdisziplinäre Zusammenarbeit zwischen der Landwirtschaft und der chemischen Industrie auf der Grundlage der bestehenden Vereinbarungen weiter zu intensivieren. Das trifft auch für das weitere Zusammenwirken mit dem Landmaschinenbau (Verminderung des Bodendrucks und Senkung der Verluste bei Erntemaschinen) zu.

Bestimmend für die Beschleunigung des wissenschaftlich-technischen Fortschritts sind neben klaren Inhalten und Methoden die Prozesse der Leitung und Planung der Überleitung des wissenschaftlich-technischen Fortschritts. Eine große Verantwortung kommt hier den Wissenschaftlich-technischen Zentren (WTZ) der Räte der Bezirke sowie anderen Einrichtungen zu. Mit dem Aufbau von Außenstellen der WTZ in den Kreisen und die Schaffung eines leistungsfähigen Beratungsdienstes werden dazu weitere wichtige Voraussetzungen für die unmittelbare Unterstützung der Genossenschaftsbauern und Arbeiter geschaffen. Damit wollen wir gleichzeitig einen wirksameren Beitrag zur schnelleren Überwindung der ungerechtfertigten Differenziertheit im Produktions- und Effektivitätsniveau leisten.

Bei der Durchsetzung des wissenschaftlich-technischen Fortschritts hat sich bisher gezeigt, daß das Tempo der Überleitung wesentlich von der Einstellung und dem Wissensstand der mittleren Kader, Brigadiere, Abteilungsleiter in den LPG, VEG und kooperativen Einrichtungen abhängt. Deshalb bereiten wir gemeinsam mit der Wissenschaft ein Schulungsprogramm, insbesondere zur Anwendung der komplexen Verfahren zur Reproduktion der Bodenfruchtbarkeit und zur Erhöhung der Futterökonomie in den Wintermonaten 1984/85 vor. Das wird uns helfen, die Durchsetzung des wissenschaftlich-technischen Fortschritts wirksamer zu leiten und die großen geistigen Potenzen der Klasse der Genossenschaftsbauern und Arbeiter immer besser zu erschließen.

Zum 2. Problem: Die Wirksamkeit des wissenschaftlich-technischen Fortschritts zu erhöhen hängt entscheidend davon ab, wie es uns gelingt, mit Hilfe der sozialistischen Betriebswirtschaft die Genossenschaftsbauern und Arbeiter für die Anwendung des wissenschaftlich-technischen Fortschritts zu motivieren und zu stimulieren. Über diese u. a. Fragen haben wir uns auf einer zentralen Beratung mit den führenden Betriebswirtschaftlern und Agrarökonomen unserer Republik an der Hochschule für LPG in Meißen ausgesprochen. Das Anliegen dieser Beratung bestand darin, die Aufgaben und das Schrittmaß für eine rasche Vervollkommnung der sozialistischen Betriebswirtschaft unter den Bedingungen der neuen Etappe der Verwirklichung der ökonomischen Strategie prinzipiell herauszuarbeiten. Aus der Fülle der vermittelten Erfahrungen, geäußerten Standpunkte und aufgezeigten Lösungswege möchte ich zwei herausgreifen.

Als erstes ist festzustellen, daß, je tiefer wir uns mit den Intensivierungsprozessen beschäftigen, es immer deutlicher wird, daß es in der gegenwärtigen Etappe bei der weiteren Vervollkommnung der sozialistischen Betriebswirtschaft um die Erarbeitung und Bereitstellung solcher Lösungen geht, die zur Entfaltung schöpferischer Initiativen bei unseren Genossenschaftsbauern und Arbeitern, d. h. die zur Mobilisierung aller Triebkräfte des sozialistischen Wirtschaftens und damit zur

Ausschöpfung der Potenzen des genossenschaftlichen Eigentums beitragen. Ausgehend von den gesammelten Erfahrungen hat sich dabei die Erkenntnis vertieft, daß die Mobilisierung dieser schöpferischen Kräfte nicht durch eine Fülle von Einzelmaßnahmen zu realisieren ist, sondern von der komplexen Gestaltung der sozialistischen Betriebswirtschaft abhängt.

Komplexe Gestaltung der sozialistischen Betriebswirtschaft und Erzielung einer hohen Wirksamkeit bis hin zu den Brigaden und jeden einzelnen Genossenschaftsbauern erfordert unter Beachtung der Anforderungen des einheitlichen Reproduktionsprozesses der Pflanzen- und Tierproduktion und der sich ständig weiter vertiefenden Kooperationsbeziehungen die enge Verzahnung und Paßfähigkeit der Lösungen für

- die weitere Ausprägung der genossenschaftlichen Demokratie,
- die Organisation der Produktion und Arbeit,
- die Leitung und Planung,
- die ökonomische Stimulierung sowie
- die Rechnungsführung und Kontrolle.

Wir haben deshalb den Wissenschaftlern die Aufgabe gestellt, dafür kurzfristig die entsprechenden betriebswirtschaftlichen Lösungen zu erarbeiten und in die Praxis zu überführen.

Zweitens ist die weitere Vervollkommnung der Leitung, Planung und wirtschaftlichen Rechnungsführung zu nennen. Die dazu gefaßten Beschlüsse, einschließlich zur Einführung der Agrarpreisreform, erfordern es zwingend, daß die Leistungskennziffern Eigenprodukt, Nettoprodukt, Kostensatz und Gewinn zunehmend einen höheren Stellenwert einnehmen und zu echten Kriterien des sozialistischen Wirtschaftens werden.

Dabei gehen wir davon aus, daß einerseits insbesondere mit den Kennziffern Eigenprodukt und Nettoprodukt erstmalig Bedingungen gegeben sind, um den eigenen Anteil jeder einzelnen LPG, jedes VEG und jeder Kooperation exakt zu erfassen und abzurechnen, im Leistungsvergleich Reserven aufgespürt werden können und andererseits in Übereinstimmung mit der gesamten Volkswirtschaft der echte Beitrag der Landwirtschaft zum Leistungsanstieg und zum Nationaleinkommen zum Ausdruck gebracht werden kann.

Gerade unter den Bedingungen des Übergangs zum fondssparenden Typ der Intensivierung ist es zwingender denn je erforderlich, die ökonomische Verantwortung der Abteilungs- und Brigadekollektive in unseren LPG und VEG weiter zu erhöhen und ihr materielles und moralisches Interesse noch stärker auf die ökonomische Verwertung des wissenschaftlich-technischen Fortschritts zur Sicherung des erforderlichen Leistungsanstieges bei Senkung des Produktionsverbrauches und auf die weitere Verbesserung der Arbeits- und Lebensbedingungen auszurichten. Das erfordert vor allem

- stabile Abteilungen und Brigaden mit fest abgegrenzten Verantwortungsbereichen und eigenen Plänen in allen LPG und VEG,
- die planmäßige Zuordnung des Bodens, der Tierbestände und aller anderen Grund- und Umlaufmittel an die Kollektive,
- die Anwendung der fortgeschrittensten Ertrags- bzw. Leistungs-, Aufwands- und Qualitätsnormative bei der Planung, Plandurchführung und Abrechnung,
- die Herstellung der Einheit von materieller und finanzieller Planung und Gewährleistung einer exakten Abrechnung und Kontrolle sowie
- die Vorgabe der Fonds für die Vergütung und Prämierung an die Kollektive als eine entscheidende Voraussetzung zur Durchsetzung des sozialistischen Leistungsprinzips.

Diese anspruchsvollen Aufgaben können wir erfolgreich meistern, wenn es uns gelingt, alle Intensivierungsfaktoren im Komplex wirksam zu machen und den einheitlichen landwirtschaftlichen Reproduktionsprozeß in seiner Wechselwirkung von Boden–Pflanze–Tier–Boden bis hin zur Nahrungsgüterwirtschaft auf wissenschaftlicher Grundlage mit hoher Effektivität zu leiten, zu planen, zu organisieren und abzurechnen. Damit wird die Agrikultur immer mehr „... bloße Anwendung der Wissenschaft des materiellen Stoffwechsels, wie er am vorteilhaftesten zu regulieren für den ganzen Gesellschaftskörper" ist.[1]

[1] K. Marx, Grundrisse der Kritik der politischen Ökonomie, Berlin 1974, S. 592.

Walter Halbritter

Zu einigen grundlegenden Fragen der Durchsetzung der Agrarpreisreform

Mit der vom X. Parteitag der SED beschlossenen ökonomischen Strategie, die zu den bedeutenden wissenschaftlich-technischen Leistungen unserer Partei gehört, besitzen wir eine auf den allgemeingültigen Gesetzmäßigkeiten des Sozialismus und den Erfahrungen einer langjährigen bewährten Politik beruhende, in sich geschlossene Konzeption für das Voranschreiten in den achtziger Jahren, die voll auch für die sozialistische Landwirtschaft gilt.

Die 8. Tagung des ZK der SED hat nochmals hervorgehoben, daß jetzt eine neue Etappe der Verwirklichung der ökonomischen Strategie begonnen hat, bei der es darauf ankommt, dem Prozeß der Intensivierung umfassenden Charakter zu verleihen.

Unsere Partei läßt sich davon leiten, daß Fortschritte der Produktivkräfte und der gesellschaftlichen Entwicklungsprozesse auf dem Lande unter dem Vorherrschen des genossenschaftlichen Eigentums stets auch neue Formen und Methoden der Wirtschaftsführung erfordern. Daher sind Leitung, Planung und wirtschaftliche Rechnungsführung entsprechend den neu herangereiften Bedingungen und Erfordernissen zu vervollkommnen.

Im Auftrage des X. Parteitages der SED wurden dazu Maßnahmen beschlossen, die auf die Lösung von Grundfragen bei der weiteren Durchsetzung der ökonomischen Strategie in der Landwirtschaft gerichtet sind:

1. der Beschluß über die Durchführung der Agrarpreisreform
2. Maßnahmen zur weiteren Vervollkommnung der Leitung, Planung und wirtschaftlichen Rechnungsführung in der sozialistischen Landwirtschaft und Nahrungsgüterwirtschaft sowie
3. die Konzeption zur Vertiefung und Vervollkommnung der Kooperationsbeziehungen zwischen Pflanzen- und Tierproduktion

Dabei ist hervorzuheben, daß diese beschlossenen Maßnahmen stets in ihrem Zusammenhang zueinander zu sehen sind, sie bedingen sich gegenseitig und sind deshalb nur als zusammengehörige einheitliche Linie bei der Durchsetzung der ökonomischen Strategie in der Praxis der sozialistischen Landwirtschaft zu verwirklichen. Wie die 8. Tagung des ZK der SED unterstrich, bewähren sie sich voll und ganz.

Was hat die Agrarpeisreform unter dem Aspekt der Schaffung wirksamer Maßstäbe für die neue Etappe der ökonomischen Strategie gebracht?

1. Mit der Übernahme der dem realen volkswirtschaftlichen Aufwand entsprechenden Industriepreise in die Kosten der landwirtschaftlichen Betriebe und mit neuen, dem tatsächlichen Aufwand entsprechenden Agrarpreisen für die landwirtschaftlichen Produkte wurden reale Wertmaßstäbe für die Leistungen und den Verbrauch in der sozialistischen Landwirtschaft geschaffen. Das ist eine Grundvoraussetzung dafür, daß das Rechnen mit Aufwand und Ergebnis in den Genossenschaften und landwirtschaftlichen Betrieben mit den volkswirtschaftlichen Rechnungen übereinstimmt.

Mit der Agrarpreisreform wurden also qualitative, von volkswirtschaftlichen Erfordernissen ausgehende Maßstäbe gesetzt für die weitere Vervollkommnung der Leitung, Planung und wirtschaftlichen Rechnungsführung und zur weiteren Vertiefung der Kooperationsbeziehungen in der sozialistischen Landwirtschaft der DDR.

2. Für die Bewertung des Beitrages der sozialistischen Landwirtschaft zum Leistungswachstum unserer Volkswirtschaft und zur Steigerung des Nationaleinkommens sowie für die Leistungsbewertung der landwirtschaftlichen Betriebe haben die neuen, dem volkswirtschaftlichen Aufwand entsprechenden Agrarpreise, eine Schlüsselstellung, weil sie der Ausgangspunkt für das richtige Wirken der Leistungskennziffern Eigenprodukt, Nettoprodukt, Kostensatz und Gewinn sind. So wird jetzt der Beitrag der Landwirtschaft zum volkswirtschaftlichen Leistungswachstum in tatsächlicher Höhe ausgewiesen. Mit der Agrarpreisreform steigt der wertmäßige Ausweis des Bruttoprodukts und der wertmäßige Ausweis des Beitrages der Landwirtschaft zum Nationaleinkommen.

3. Mit der Agrarpreisreform wurde, wie das der X. Parteitag der SED beschlossen hat, die Reproduktionskraft der Genossenschaften und volkseigenen Güter um rund 2,5 Milliarden Mark erhöht und damit das genossenschaftliche Eigentum als ökonomische Grundlage der Klasse der Genossenschaftsbauern wesentlich gestärkt. Das ist für die praktische Entwicklung der Landwirtschaft von prinzipieller politischer und ökonomischer Bedeutung. Für die konsequente Durchsetzung der ökonomischen Strategie in der Landwirtschaft sind damit qualitativ neue, wesentlich günstigere Voraussetzungen geschaffen worden.

Leitung, Planung und wirtschaftliche Rechnungsführung haben jetzt eine bedeutend stärkere finanzielle, wertmäßige Basis. In der Übereinstimmung zwischen materieller und finanzieller Planung, als wesentliche Bedingung zur Nutzung der Quellen der weiteren Steigerung des Nationaleinkommens, ist ein wichtiger Schritt getan worden.

Praktisches Ergebnis ist: in den LPG und GPG hat sich bei Erreichung der dem Plan zugrunde liegenden anspruchsvollen Ziele die Rentabilität weiter erhöht.

Die Anzahl der LPG, die in ihren Betriebsplänen Verlust ausweisen, hat sich bedeutend verringert. Unter diesen Bedingungen muß man die Klassifizierung der LPG mit niedrigem Produktions- und Effektivitätsniveau neu durchdenken.

4. Mit den neuen Agrarpreisen und den anderen ökonomischen Regelungen der Agrarpreisreform, insbesondere der Abgabe, wird die Leistungssteigerung in der Pflanzenproduktion auf dem Wege der Steigerung der Erträge und der vollständigen Nutzung des Bodens wirksam unterstützt. In der Tierproduktion wird das Rentabilitätsniveau grundlegend verbessert. Damit erhöht sich spürbar das ökonomische Interesse an der Leistungssteigerung.

Insgesamt fördern die mit der Agrarpreisreform geschaffenen ausgewogenen Rentabilitätsverhältnisse zwischen Tier- und Pflanzenproduktion sowie zwischen den Kulturen und Erzeugnissen der Tierproduktion wirksam die immer intensivere Nutzung aller Reserven im geschlossenen Kreislauf Boden–Pflanze–Tier–Boden und damit die Vertiefung der Kooperation. Wie die bisherige Plandurchführung zeigt, wird das Grundanliegen der Agrarpreisreform von unseren Genossenschaftsbauern und Arbeitern auf dem Lande immer besser verstanden und löst neue Initiativen aus.

Das kommt in den Ergebnissen der ersten 4 Monate des Jahres 1984 deutlich zum Ausdruck. So z. B. wurde der Plan für das staatliche Aufkommen an Schlachtvieh um 9900 Tonnen überboten. Der Zuwachs zum Vorjahr beträgt 11,0 %. Bei Milch beläuft sich der Planvorsprung auf 171000 Tonnen und der Zuwachs auf 7,3 %. Bei Eiern wurde der Plan um 39 Millionen Stück übererfüllt. Die LPG und VEG realisieren die vorausberechneten und beschlossenen Durchschnittspreise für die Erzeugnisse der Tierproduktion, so z. B. bei Milch von 170,–M/dt, bei Schlachtschwein von 770,–M/dt und bei Hühnereiern von 370,–M/1000 Stück. Die ökonomischen Zielstellungen, die der Agrarpreisreform zugrunde gelegt wurden, werden erreicht.

Obwohl in der Tierproduktion in den Wintermonaten das Futter teurer ist als im Sommer und deshalb in diesem Zeitraum die Effektivität immer ungünstiger ist als im Jahresdurchschnitt, ist es gelungen, bereits in den ersten 3 Monaten eine höhere Rentabilität zu erreichen als es der Jahresplan 1984 vorsieht. Die Akkumulationskraft steigt. Insgesamt ist also zu verzeichnen, daß die Vorzüge der Agrarpreisreform in diesen Ergebnissen voll zum Tragen kommen.

In der Entwicklung der Kredite und Bankguthaben spiegelt sich die mit der Agrarpreisreform beschlossene Stärkung der Reproduktionskraft und die materielle und finanzielle Planerfüllung wider.

Insgesamt sind die Geldfonds in den LPG der Pflanzen- und Tierproduktion per 30. 4. 1984 gegenüber dem gleichen Zeitraum des Vorjahres bedeutend angewachsen und die Kreditanspruchnahme spürbar zurückgegangen.

5. Mit den neuen Industrie- und Agrarpreisen wird der Druck auf die Senkung des Produktionsverbrauchs und der Kosten der landwirtschaftlichen Produktion spürbar erhöht. Der wertmäßige Ausweis des Produktionsverbrauchs erhöhte sich und damit der Anteil des Produktionsverbrauchs am Bruttoprodukt. Die Ökonomie der vergegenständlichten Arbeit gewinnt dadurch für den landwirtschaftlichen Reproduktionsprozeß bedeutend an Gewicht. Die neuen Agrarpreise tragen dazu bei, daß in den Genossenschaften nüchtern und unbestechlich gerechnet wird, was ökonomisch vorteilhaft ist und Gewinn bringt und was Verlust bringt. Mit all diesen Ergebnissen der Agrarpreisreform sind jetzt die Voraussetzungen geschaffen, daß sich die Anstrengungen der Genossenschaften zur Leistungssteigerung und zur Kostensenkung auch im ökonomischen Ergebnis niederschlagen. Viel stärker als bisher spüren sie im ökonomischen Ergebnis, was Gewinn bringt und was Verlust. Das ist eine prinzipiell andere ökonomische Lage in der sozialistischen Landwirtschaft als Teil unserer gesamten Volkswirtschaft. Diese Erkenntnis ist bedeutsam für die gestellte Aufgabe, am dynamischen Wachstum unseres Nationaleinkommens teilzunehmen.

Alle Maßnahmen der Agrarpreisreform (Übernahme der Industriepreise, neue Agrarpreise, neue ökonomische Abgabe an den Staat, neue Kredit- und Versicherungsbedingungen etc.) fördern den einheitlichen Reproduktionsprozeß der Pflanzen- und Tierproduktion und sind darauf gerichtet, Reserven in neuen Größenordnungen zu erschließen. Es entspricht objektiv den Vorzügen des genossenschaftlichen Eigentums, den einheitlichen Reproduktionsprozeß auch einheitlich zu leiten, weil auch jeder Genossenschaftsbauer, auch der in der Tierproduktion, Eigentümer des genossenschaftlich genutzten Bodens ist.

Auch diese neuen ökonomischen Bedingungen und die darauf aufbauenden Denk- und Verhaltensweisen der Genossenschaftsbauern erfordern objektiv die Vertiefung der Kooperation. Es ist das ökonomisch zusammenzuführen, was zusammengehört. Folgerichtig hat das Politbüro des ZK der SED am 18. 10. 1983 deshalb beschlossen, die Kooperationsräte der Pflanzen- und Tierproduktion schrittweise zum wirtschaftsleitenden Organ des einheitlichen Reproduktionsprozesses zu entwickeln.

Die 8. Tagung des ZK der SED konnte feststellen, daß diese Maßnahmen einen breiten Widerhall bei den Genossenschaftsbauern und Arbeitern in der Landwirtschaft gefunden haben und sich im Leben bewähren. Die Kooperation erweist sich in erheblichem Ausmaß als Schlüssel zur Erschließung von Reserven.

Die neuen Kosten- und Erlösverhältnisse und die damit verbundenen Reproduktionsbedingungen sind für die Leitung des einheitlichen Reproduktionsprozesses ein wichtiger Ausgangspunkt für die Entscheidungen des Kooperationsrates. Dazu gehören z. B.

- die Herstellung ausgewogener Proportionen zwischen Pflanzen- und Tierproduktion sowie Absicherung des Eigenaufkommens an Futtermitteln im Territorium der Kooperation zur weiteren Ablösung von Importen
- Ausschöpfung von Kombinationseffekten der spezialisierten Produktion, der Kombination entsprechend des landwirtschaftlichen Reproduktionsprozesses über alle Stufen sowie der Verbindung von wirtschaftsleitender Funktion der Kooperationsräte und staatlicher Leitung im Territorium
- zielgerichtete Anwendung des wissenschaftlich-tech-

nischen Fortschritts, besonders mittels der Höchstertrags- und Höchstleistungskonzeptionen
- Durchsetzung der sozialistischen Betriebswirtschaft auf höherem Niveau beim Zusammenwirken der LPG und VEG in der Kooperation zur Steigerung der Produktion und Senkung des Produktionsverbrauchs und zur Beseitigung ungerechtfertigter Differenziertheit zwischen den LPG
- Ausprägung gemeinsamer gesellschaftlicher und ökonomischer Interessen in der Kooperation mit dem Ziel, die Kooperation immer besser als einen geschlossenen Wirtschaftsorganismus zu leiten, zu planen, zu organisieren und abzurechnen und dabei die Eigenverantwortung der LPG und VEG zu stärken. Dabei ist die Weiterverarbeitung landwirtschaftlicher Produkte zukünftig stärker zu fördern.

Für die effektive Gestaltung der ökonomischen Beziehungen in der Kooperation bilden die gemeinsamen finanziellen Fonds zur Leistungsstimulierung, für Investitionen und Reservefonds eine wichtige Grundlage. Durch die Realisierung gemeinsamer Maßnahmen wie z. B. die Durchführung des sozialistischen Wettbewerbs nach einheitlichen Gesichtspunkten in den Betrieben der Pflanzen- und Tierproduktion erkennen die Kooperationsräte in größerem Maße, daß sie selbst zur Erhöhung der Finanzkraft in der Kooperation beitragen.

Für die planmäßige Durchsetzung der fondssparenden Intensivierung und die neuen Formen der ökonomischen Leitung in der sozialistischen Landwirtschaft genügt es nicht mehr, den Planentwurf in den LPG und GPG nur mit materiellen Kennziffern auszuarbeiten. Es hat sich bei der Einführung der Agrarpreisreform bewährt, auch die finanziellen Kennziffern zu planen. Deshalb wurde beschlossen, den Planentwurf 1985 der LPG, GPG, VEG und kooperativen Einrichtungen unter Einbeziehung finanzieller Kennziffern, wie z.B. Bruttoprodukt, Nettoprodukt, Selbstkosten, Produktionsverbrauch und Abgabe an den Staat auszuarbeiten. Die Planung nach diesen Leistungskennziffern ist die entscheidende Voraussetzung für die Messung des Beitrages der einzelnen Genossenschaften zum Leistungswachstum der Kooperationen auf dem Wege der Intensivierung sowie für Leistungsvergleiche in der Phase der Planausarbeitung und bei der Erfüllung und gezielten Überbietung der Pläne.

Im Prozeß der Vervollkommnung der Leitung, Planung und wirtschaftlichen Rechnungsführung und für die richtige Anwendung des Leistungsprinzips in den Beziehungen der Kooperationspartner untereinander spielen die Vereinbarungspreise für Futter eine entscheidende Rolle.

In den Kooperationen wurden Vereinbarungspreise für Futter ausgearbeitet und bei der Betriebsplanung angewandt, die die Pflanzenproduktion auf eine höchstmögliche Produktion in bester Qualität und die Tierproduktion auf einen rationellen Futtereinsatz orientieren.

Im Prozeß der Ausarbeitung und Bestätigung der Betriebspläne 1984 wurden die Vereinbarungspreise für Futter weiter qualifiziert, damit sie ihre stimulierende Wirkung für die Erhöhung des eigenen Futteraufkommens in der Pflanzenproduktion und für eine weitere Verbesserung der Futterökonomie in der Tierproduktion erfüllen. Damit wurde eine grundlegende ökonomische Voraussetzung geschaffen für ein enges, den beiderseitigen Interessen dienendes kooperatives Arbeiten der Pflanzen- und Tierproduktion im einheitlichen Reproduktionsprozeß und für die Verwirklichung des Beschlusses des Politbüros des ZK der SED vom 18. Oktober 1983.

Die Widerspiegelung des realen volkswirtschaftlichen Aufwandes bleibt auch in den kommenden Jahren das grundlegende Erfordernis für die Ausnutzung der Preise bei der konsequenten Durchsetzung der ökonomischen Strategie in der Industrie, in der Landwirtschaft – kurzum, in unserer Volkswirtschaft insgesamt. Das erfordert, die Aufwandsveränderungen, wie sie für die Volkswirtschaft entstehen, auch in der Landwirtsfchaft ständig wirksam zu machen.

Das Politbüro des ZK der SED hat für die gesamte Arbeit auf dem Gebiet der Kosten und Preise in diesem Zusammenhang am 9. Mai 1984 einen weit in die Zukunft reichenden Beschluß gefaßt. Mit diesem Beschluß wurde das Herangehen an die Gestaltung des Industrie- und Agrarpreissystems der DDR für den kommenden Fünfjahrplanzeitraum, also für die zweite Hälfte der 80er Jahre, markiert. Deshalb wurde dort festgelegt, daß für den Zeitraum des Fünfjahrplanes bis 1990 anzustreben ist, die Industriepreise, die Baupreise und die Agrarpreise für einen Zeitraum von mehreren Jahren beizubehalten und erforderliche Entscheidungen jeweils mit den Jahresvolkswirtschaftsplänen vorzulegen sind. Das bedeutet, daß bereits am Beginn des kommenden Fünfjahrplanzeitraumes 1986–1990 das Industrie- und Agrarpreissystem den objektiven Erfordernissen bei der Verwirklichung der neuen Etappe der ökonomischen Strategie entsprechen muß.

Das bedeutet, daß die ab 1. Januar 1986 wirkenden Agrarpreise realer Maßstab für die Messung der Leistungen, der Senkung des Produktionsverbrauchs und der ökonomischen Stimulierung der Kooperation in der sozialistischen Landwirtschaft bis 1990 sein werden. Das Ziel besteht darin, in der Volkswirtschaft, also in der Landwirtschaft, in der Industrie, im Bau- und Verkehrswesen, einheitliche Maßstäbe für die Leistungen und den Verbrauch zu schaffen.

Alle Erzeugnisse nehmen am volkswirtschaftlichen Kreislauf, in den Verflechtungsbeziehungen zwischen den Zweigen zu einheitlichen Preisen teil. Leistungswachstum und Effektivitätssteigerung sind dann in allen Zweigen der Volkswirtschaft einheitlich entsprechend dem realen volkswirtschaftlichen Aufwand bewertet und werden auf dieser Grundlage wirksam stimuliert. Ich gehe davon aus, daß die Vorbereitung und Durchführung dieser Maßnahmen zum 1. 1. 1986 in enger Gemeinschaftsarbeit aller Beteiligten erfolgt, so wie sich das bei der Agrarpreisreform bewährt hat.

Die Verwirklichung der Aufgabenstellung erfolgt in zwei Schritten:

1. 1985 werden die beschlossenen Industriepreiserhöhungen beispielsweise für metallurgische Erzeugnisse, Energie, Reifen usw., auch gegenüber den Betrieben der Landwirtschaft angewendet. Eine Veränderung der 1984 wirksam gewordenen Agrarpreise erfolgt zum 1. Januar 1985 nicht.

Mit der Agrarpreisreform erfolgte eine bedeutende

Stärkung der Reproduktionskraft der Genossenschaften.

Damit sind jetzt, wie beschlossen, jene ökonomischen Bedingungen herangereift, die es ermöglichen, die planmäßigen Industriepreisänderungen in der Landwirtschaft wirksam zu machen. Das ist ein qualitativ neues Herangehen, weil die Genossenschaften davon ausgehend ökonomisch stimuliert werden, weitere Maßnahmen zur Senkung des Produktionsverbrauchs und der Kosten einzuleiten und durchzuführen.

Mit diesem Herangehen wird dem objektiven Erfordernis entsprochen, die mit der Agrarpreisreform erreichten Wirkungen fortzuführen. Damit wird die weitere Senkung des Produktionsverbrauches als eine unabdingbare Voraussetzung für die Erhöhung des Beitrages der Landwirtschaft zum Wachstum des Nationaleinkommens unterstützt.

2. Zum 1. Januar 1986 erfolgt eine Überarbeitung der mit der Agrarpreisreform beschlossenen Agrarpreise.
In die Überarbeitung werden einbezogen:
- die 1985 zeitweilig ausgesetzten Industriepreiserhöhungen für Baumaterialien, Bauleistungen und Mineraldüngemittel einschließlich Düngekalk,
- die 1986 hinzukommenden Industriepreisänderungen, insbesondere für Erzeugnisse der Landtechnik, einschließlich einer Reserve,
- Korrekturen, die sich aus der Analyse der Wirkung der Agrarpreise 1984 ergeben.

Das macht es erforderlich, sofort die ökonomische Wirksamkeit der gegenwärtig geltenden Agrarpreise zu analysieren und zu überarbeiten, damit sie bereits im Dezember 1984 vorliegen.

Das ist notwendig, um die volkswirtschaftlichen Verflechtungen bis zur Nahrungsgüterwirtschaft zu berücksichtigen.

Mit diesen Maßnahmen insgesamt soll erreicht werden, daß die Agrarpreise und Industriepreise für mehrere Jahre stabil beibehalten werden können. Damit sollen stabile Bedingungen für das Wirtschaften in den landwirtschaftlichen Betrieben geschaffen werden.

Wir haben gesehen, mit der Agrarpreisreform und den Maßnahmen zur Vervollkommnung der Leitung, Planung und wirtschaftlichen Rechnungsführung sowie zur Vertiefung der Kooperation werden die ökonomischen Interessen der Kooperationen, der LPG, GPG und VEG zwingender mit den volkswirtschaftlichen Erfordernissen verbunden, sie sind auf hocheffektives Wirtschaften ausgerichtet. Die materielle Interessiertheit der Genossenschaften und ihrer Kooperationen zur Leistungssteigerung ist gegeben.

Noch nicht durchgängig ausgestaltet ist die Verbindung der persönlichen materiellen Interessiertheit der Genossenschaftsbauern und Arbeiter auf dem Lande mit den volkswirtschaftlichen Erfordernissen. Das ist in der Tat noch ein recht weißer Fleck. Jetzt geht es darum, die mit der Agrarpreisreform geschaffenen Voraussetzungen zur Förderung des Leistungswachstums mit der moralischen und materiellen Interessiertheit der Werktätigen in der Landwirtschaft zu verbinden. Das Hauptkettenglied bei der Lösung dieser Aufgabenstellung ist die Bestimmung der Höhe der Konsumtion. Dabei gilt es, folgende Lösungsrichtungen zu untersuchen:
- Bei der Planung und Inanspruchnahme des Konsumtionsfonds sollte dem Kooperationsrat bzw. LPG ein volkswirtschaftlich begründetes Verhältnis von Leistungssteigerung und Entwicklung der Vergütung übergehen werden. Dieses Verhältnis muß den volkswirtschaftlichen Proportionen zwischen planmäßiger Entwicklung von Kauffonds und Warenfonds entsprechen.
- In Zukunft sollte der Kooperationsrat die Verantwortung tragen für die leistungsabhängige Planung und Inanspruchnahme des Konsumtionsfonds in den LPG.
- Bei Übererfüllung der geplanten Leistungen sollten die Kooperationen bzw. LPG eine anteilige Zuführung zum Konsumtionsfonds erhalten.
- Die materielle Anerkennung der Senkung des spezifischen Material- und Energieverbrauchs ist aus den Kosteneinsparungen zu finanzieren und nicht aus dem Konsumtionsfonds, das ist bereits so beschlossen.

Ein solches Herangehen würde auch den objektiven Bedingungen des genossenschaftlichen Eigentums und den volkswirtschaftlichen Erfordernissen entsprechen, nämlich daß nur das verteilt werden kann, was von den Genossenschaften selbst erwirtschaftet wurde.

Die Agrarpreisreform hat eine Vielzahl von Fragen aufgeworfen auf die es galt, eine Antwort zu finden. Zu einer wesentlichen Frage haben wir auch heute noch keine wissenschaftlich begründete Antwort. Das betrifft die Rolle des Umbewertungsbetrages der materiellen Umlaufmittel im Ergebnis der Agrarpreisreform.

Im Interesse der Förderung der genossenschaftlichen Produktion auf dem Lande wurde entschieden, den aus einem staatlichen Rechtsakt entstehenden Umbewertungsbetrag in Milliardenhöhe den Genossenschaften zur Nutzung zu überlassen. Die Genossenschaften weisen den Umbewertungsbetrag auf einem Sonderkonto des Umlaufmittelfonds aus. Das kommt einer langfristigen zinslosen Unterstützung der Reproduktionskraft der sozialistischen Genossenschaften der Landwirtschaft gleich. Durch diese Behandlung des Umbewertungsbetrages werden die sozialistischen Genossenschaften nicht mit höheren Krediten belastet und die Guthaben wirtschaftsstarker Genossenschaften nicht in Anspruch genommen. (Bei der Finanzierung des Reproduktionsprozesses wird jedoch das Verhältnis von Eigenmitteln zu Kredit verbessert.)

Ob und welche Probleme entstehen, ist gegenwärtig noch nicht zu überblicken, weil wir noch nicht wissen, wie sich die Mittel auf die Reproduktionskraft der Genossenschaften auswirken und welche Wirkungen auf die wirtschaftliche Rechnungsführung eintreten werden. Hier ergeben sich m. E. wesentliche Ansatzpunkte für die ökonomische Forschung auf dem Gebiet der Landwirtschaft. Ich meine, daß es jetzt darauf ankommt, die gute Gemeinschaftsarbeit fortzuführen, die sich zwischen den in der Theorie und Praxis tätigen Ökonomen bereits so fruchtbringend für die Landwirtschaft entwickelt hat.

Adolf Jenke

Zu einigen Ergebnissen und Erfahrungen der Kooperation Marxwalde bei der Durchsetzung der ökonomischen Strategie der SED in der Landwirtschaft

Genosse Erich Honecker charakterisierte auf dem 7. Plenum des ZK der SED den arbeitsteiligen einheitlichen Reproduktionsprozeß der Pflanzen- und Tierproduktion auf dem Wege der Vertiefung der Kooperationsbeziehungen als einen Markstein zur Verwirklichung unserer marxistisch-leninistischen Agrarpolitik. In einer neuen Qualität gilt es, den Kreislauf Boden-Tier-Pflanze-Boden zu beherrschen, wobei die Pflanzenproduktion und die Bodenfruchtbarkeit den Vorrang haben. Denn hohe und stabile Erträge sind und bleiben die Schlüsselfrage der intensiv erweiterten Reproduktion von Pflanzen- und Tierproduktion.

Die über dreißigjährige Geschichte der Entwicklung unserer LPG ist Beweis dafür, wie unter den Bedingungen unserer Republik der Leninsche Genossenschaftsplan schöpferisch in die Praxis umgesetzt wurde. Bei dem im Laufe der Entwicklung erreichten Niveau der Vergesellschaftung und der Arbeitsteilung ist es den juristisch selbständigen LPG und VEG nur möglich, sich durch die vereinten Kräfte aller Partner allseitig zu entwickeln. Es ist der Zeitpunkt gekommen, dem einheitlichen Reproduktionsprozeß in der Landwirtschaft über die Vertiefung und Vervollkommnung der Kooperation eine neue, höhere Qualität zu verleihen. Hierzu ist die Arbeit in der Kooperation durch gemeinsame Beschlüsse weiter zu entwickeln.

Für uns als Marxwalder Genossenschaftsbauern stellen die Aufgaben des Jahres 1984 eine besondere Herausforderung dar. Initiator des Wettbewerbsaufrufs im 35. Jahr der Gründung unserer Deutschen Demokratischen Republik zu sein, ist für uns eine hohe Anerkennung, aber auch in erster Linie Verpflichtung, alles zu tun, um einen raschen Leistungs- und Effektivitätsanstieg auf den Feldern und in den Ställen zu sichern. Deshalb haben wir uns in Umsetzung der Beschlüsse der 7. Tagung des ZK der SED in unserem Kampf- und Wettbewerbsprogrammen sowie auf den Jahresendversammlungen hohe Ziele gestellt. Wir lassen uns in der Parteiarbeit von der Initiative der Eberswalder Kranbauer „Klarer Standpunkt – hohe Leistung" leiten und nutzen sie bereits seit 1981 zur politisch-ideologischen Motivation für einen raschen Leistungsanstieg in den Kollektiven.

Inhalt unserer Arbeit war und ist es, allen Genossenschaftsmitgliedern den Zusammenhang und die Wechselbeziehungen von Politik und Wirtschaft klarzumachen und das Verständnis auszuprägen, daß dafür an jedem Arbeitsplatz ein Beitrag zur Stärkung des Sozialismus und damit zur Sicherung des Friedens geleistet werden muß.

Als Verbündete der Arbeiterklasse können wir heute feststellen, daß wir die gestellten Aufgaben im gemeinsamen Wettbewerb der Kooperation im Karl-Marx-Jahr 1983 mit Erfolg gemeistert haben. Wir als Pflanzenbauern haben 1983 das geplante pflanzliche Bruttoprodukt von 44,3 Getreideeinheit je ha mit einem Kostensatz von 85,60 Mark realisiert. Unsere Partner in den LPG der Tierproduktion konnten gleichfalls positive Ergebnisse abrechnen. Der Plan bei der Milchproduktion wurde bei einer durchschnittlichen Milchleistung je Kuh und Jahr von 3845 kg mit insgesamt 1180 dt und bei Fleisch mit 990 dt übererfüllt.

Da wir bereits seit 1981 den gemeinsamen Wettbewerb in der Kooperation führen und dadurch den Gewinn von Jahr zu Jahr überbieten konnten, waren wir in der Lage, den seit 1975 gebildeten gemeinsamen Fonds, welcher im Interesse der gesamten Kooperation eingesetzt wird, erheblich zu speisen. Bis jetzt wurden – neben den Fondszuführungen in den einzelnen LPG – 19,5 Millionen Mark unserem gemeinsamen finanziellen Fonds zugeführt. Davon wurden bereits 13,5 Millionen Mark für Intensivierungsmaßnahmen und zur Verbesserung der Arbeits- und Lebensbedingungen eingesetzt.

Auf der Grundlage der erreichten Wettbewerbsergebnisse des vergangenen Jahres haben wir uns zu Ehren des 35. Jahrestages unserer Republik erneut höhere Ziele gestellt. Mit 46,4 Getreideeinheiten je Hektar – das sind 2,1 dt/ha mehr als im vergangenen Jahr – wird der Anspruch an unsere Arbeit unterstrichen. Die Zielstellungen unseres gemeinsamen Wettbewerbs sind aus den Veröffentlichungen bekannt. Wir lassen uns stets davon leiten, daß in einer Zeit des intensiven Ringens aller fortschrittlichen Kräfte in der Welt gegen imperialistische Hochrüstung und Kriegsvorbereitung jede Dezitonne Getreide, jedes Kilogramm Futter mehr aus eigenem Aufkommen ein besonderes Gewicht haben. Ein solches Herangehen hat mit dazu beigetragen, daß heute unsere Kollektive im Ergebnis dieses kontinuierlichen politisch-ideologischen Wirkens öffentlich ihren Standpunkt darlegen und einen eigenen hohen Beitrag zur Erschließung noch vorhandener Reserven für den Ertrags- und Leistungszuwachs und die Senkung des Produktionsverbrauchs abstecken. In der öffentlichen Abrechnung unserer Wettbewerbergebnisse sehen wir noch eine entscheidende Reserve zur weiteren Auslösung von Aktivitäten zur Erreichung und Überbietung der Zielstellungen in den einzelnen Kollektiven.

Die Herausforderung der öffentlichen Führung des Wettbewerbs in diesem Jahr durch alle Genossenschaftsmitglieder unserer Kooperation ist aber auch ein deutlicher Ausdruck der gewachsenen Verantwortung.

Dieses wird deutlich in Stellungnahmen von Kollektiven, von Jugendbrigaden, Darlegungen von Standpunkten und Haltungen einzelner Genossen und Kollektive in den verschiedenen Presseorganen. Dabei reihen sich die vielfältigsten Beratungen und Aktivitäten mit den über 140 Jugendlichen in unserer Kooperation zur Übernahme von Jugendobjekten ebenso ein, wie die vielfältigsten Unterstützungen der Genossenschaftsbauern und Arbeiter zur Entwicklung der individuellen Produktion im Rahmen des VKSK und der VdgB.

Die sozialistische Arbeitshaltung messen unsere fleißigen Genossenschaftsmitglieder zunehmend kritischer am Verhalten des einzelnen im Ringen um die tägliche Planerfüllung, an hoher Arbeits- und Erzeugnisqualität sowie an der Unterbietung der Kosten und dem sorgsamen Umgang mit dem genossenschaftlichen Vermögen und den Fonds. Diese Haltungen und Standpunkte haben sich nicht im Selbstlauf herausgebildet, sondern erforderten und erfordern stets eine intensive Parteiarbeit und die zunehmend bessere Leitung des einheitlichen Reproduktionsprozesses der Pflanzen- und Tierproduktion durch den Kooperationsrat.

Dabei hat sich vor allem folgendes bewährt:

1. Die Erarbeitung und zielstrebige Umsetzung anspruchsvoller Kampf- und Wettbewerbsprogramme in allen fünf Grundorganisationen und in allen LPG.

In Umsetzung unserer Kampfprogramme und des gemeinsamen Wettbewerbs stellen wir uns stets die Aufgabe, in allen Produktionsabschnitten und an jedem Arbeitsplatz solche Garantien zu schaffen, um unter allen Bedingungen hohe und stabile Erträge und Leistungen bei niedrigstem Kostenaufwand zu sichern. Es geht uns daher nicht schlechthin um technische und organisatorische Dinge – die müssen natürlich gut durchdacht sein –, sondern darum, erneut deutlich zu machen, welche politische Verantwortung jeder dabei trägt.

2. Es hat sich bewährt, daß wir die Gestaltung unserer Kooperationsbeziehungen nie als einen formellen Akt des juristischen Nebeneinander der fünf Betriebe unseres Territoriums betrachten. Die Vertiefung der Kooperation mit ihrem Inhalt des arbeitsteiligen Produktions- und Reproduktionsprozesses in der Landwirtschaft war uns stets Anlaß, den Blick und die Aktivitäten aller Genossenschaftsbauern für das Gemeinsame zu bewahren und zu fördern.

Die erreichten ökonomischen Ergebnisse unserer Kooperation und die Ziele im gemeinsamen Wettbewerb machen sichtbar, daß es uns darum ging, für jeden Betrieb bei Erreichung einer hohen Effektivität ausgeglichene ökonomische Proportionen der Zusammenarbeit zu organisieren. Die Futterproduktion aus eigenem Aufkommen stellt dabei das entscheidende Kettenglied der effektiven Gestaltung der Kooperationsbeziehungen zwischen Pflanzen- und Tierproduktion dar. Sie ist das Bindeglied im einheitlichen Produktions- und Reproduktionsprozeß des Territoriums und daher die Grundlage für die volle Beherrschung des Kreislaufs Boden–Pflanze–Tier–Boden. Unsere Genossenschaftsbäuerinnen und -bauern haben erneut im Jahr 1984 alle Anstrengungen unternommen, um mit der Frühjahrbestellung den Grundstein für hohe Erträge zu legen. Alle Arbeiten wurden zu den agrotechnisch günstigsten Terminen abgeschlossen. Die Bestände zeigen, daß ein guter Ertrag heranwächst. Gemeinsam mit unseren Kooperationspartnern haben wir die erste Ernteetappe der Winterzwischenfrüchte und einen Teil des Feldfutters für die technische Trocknung abgeschlossen. 69% der vorgesehenen Menge Anwelksilage, das sind 18000 dt und 83% des geplanten Trockengutes (gleich 11000 dt) sind in guter Qualität produziert und eingelagert. Auch unsere Partner der Tierproduktion haben ihre Zielstellung im sozialistischen Wettbewerb erreicht und überboten. Sie können per 31.5.1984 alle anteiligen Pläne als erfüllt bzw. überboten abrechnen. So wurde bei Schlachtvieh ein Planplus von 807 dt und bei Milch von 1815 dt erreicht. Auch in der Viehbestandsentwicklung haben wir eine positive Bilanz. Dies wurde erreicht, weil die Parameter zur Senkung der Tierverluste bei Ferkel, Läufer und Kälber unterboten werden konnten.

Grundlage für diese positive Bilanz in der tierischen Produktion bildet die Futterproduktion. Bereits mit Beginn der Arbeitsteilung wurden die politisch erfahrensten und fachlich qualifiziertesten Kader aus der Pflanzen- und Tierproduktion in der Futterproduktion eingesetzt. Das hat sich für die politische, ökonomische und soziale Entwicklung jeder LPG und der gesamten Kooperation ausgezahlt. Ein positives Ergebnis können wir auch beim Nettoprodukt abrechnen. Hier wurde der anteilige Plan der Kooperation mit 3,8 Millionen Mark überboten und somit ein Kostensatz von 90,10 Mark erreicht.

Die Ergebnisse in allen Betrieben sind der Gradmesser für eine betriebswirtschaftliche Beurteilung der kooperativen Zusammenarbeit. Die Ausgestaltung der sozialistischen Betriebswirtschaft spielt hierbei eine entscheidende Rolle. Ein besonderes Augenmerk haben wir daher den Vereinbarungspreisen für Futtermittel gewidmet. Sie stellen bei uns einen leistungsstimulierenden Faktor für die Kollektive in der Pflanzen- und Tierproduktion dar. Sie sind bei uns nicht schlechthin eine neue ökonomische Kategorie im Abrechnungsprozeß. In unseren Futterpreisen drücken sich die gemeinsamen Interessen der Pflanzenbauer und Tierproduzenten an einer hohen qualitätsgerechten Produktion und der effektiven Verwendung der Futtermittel aus. Diese Preise zwingen die Pflanzenproduzenten zu einer hohen, energiereichen und qualitätsgerechten Futterproduktion, weil die damit verbundenen Kriterien als wirksame ökonomische Stimuli in den Bereichs- und Brigadeplänen für jedes Kollektiv und jeden Genossenschaftsbauern wirken.

Das bereitgestellte Futter effektiv in Milch, Fleisch und Eier umzusetzen, ist gleichfalls zwingendes Erfordernis der Kollektive in der Tierproduktion. Für sie ist Futterverbrauch gleich Materialeinsatz, und dieser ist ebenfalls fester Bestandteil der Brigadepläne in der Tierproduktion.

Um den einheitlichen Produktions- und Reproduktionsprozeß mit hoher Effektivität zu gestalten, erarbeiteten wir uns gemeinsame Normative, welche auch wiederum ihren Niederschlag in unserem gemeinsamen Wettbewerb gefunden haben.

Im Mittelpunkt unserer Arbeit stand und steht der ständige Leistungsvergleich zwischen den Kollektiven und den Betrieben mit dem Ziel eines raschen Abbaus der auch bei uns vorhandenen ungerechtfertigten Differenziertheit. Zur besseren Ausschöpfung aller Reserven steht daher auch die umfassende Anwendung der neuesten wissenschaftlich-technischen Erkenntnisse und die Vermittlung der Erfahrungen der Besten im Zentrum unserer Bemühungen. Hier nutzen wir besonders die Erfahrungen in der Arbeit mit schlagbezogenen Höchstertrags- und stallbezogenen Höchstleistungskonzeptionen. Hierbei sind die Erfahrungen und die Initiativen insbesondere unserer Bauern gefragt. Als Erfahrung ist deshalb hier die umfassende Einbeziehung unserer Genossenschaftsbauern auf der Grundlage des Kooperationsvertrages und der Statuten der einzelnen Genossenschaften in die planmäßige Entwicklung unserer Kooperation darzulegen. Von den 912 Genossenschaftsmitgliedern wirken 323 in den verschiedensten Gremien mit. So arbeiten 103 in den Vorständen der LPG und in dem Kooparationsrat. Weitere 220 Genossenschaftsmitglieder leisten eine aktive Arbeit in den 15 Kommissionen der Vorstände der LPG und des Kooperationsrates. Somit sind 35,4% unserer Genossenschaftsbäuerinnen und Genossenschaftsbauern allein in den Leitungsprozeß unserer Kooperation mit einbezogen. Dies bildet die Grundlage der weiteren Entwicklung der innergenossenschaftlichen Demokratie und der Entfaltung unserer Mitglieder zu sozialistischen Persönlichkeiten.

Die Fragen des engen Zusammenwirkens der Genossenschaftsmitglieder, von Pflanzen- und Tierproduktion, standen und stehen stets im Mittelpunkt unserer Arbeit, denn die Kooperation beinhaltet immer die Zusammenarbeit von Menschen. Dabei haben wir bedacht, daß Arbeitsvermögen und Leistungsbereitschaft in hohem Maße auch davon abhängen, wie der Mensch die gesellschaftliche Wertschätzung seiner Arbeit bei sich persönlich spürt. Deshalb haben wir uns auch in der Kooperation einheitliche Maßstäbe für die Beurteilung und Anerkennung der Leistungen geschaffen, wie Kostensatz, Nettoprodukt, aber auch materielles Bruttoprodukt und erzielten Gewinn. Auch unsere Betriebsordnungen sind voll aufeinander abgestimmt. Gleiches trifft auch für die Entwicklung der Arbeits- und Lebensbedingungen in den Produktionsanlagen und in den Dörfern zu. Die Vergangenheit hat uns gelehrt, daß der Entwicklungsstand und die erreichten Leistungen nur richtig beurteilt werden können, wenn man sie mit den Bestwerten vergleicht. Das zwingt uns zur Stellungnahme und Auseinandersetzung, zur Kritik und Selbstkritik. Es hilft Erscheinungen von Selbstzufriedenheit zu überwinden und ist manchmal alles andere als bequem. Daher ist es wichtig, durch die politisch-ideologische Arbeit allen zu verdeutlichen, welchen Einfluß die Tätigkeit des einzelnen auf eine hohe volkswirtschaftliche Produktion und Effektivität hat. In den monatlichen Kooperationsratssitzungen werden die erreichten Leistungen gründlich analysiert und danach in den einzelnen Kollektiven aller LPG ausgewertet. So wird der Leistungsvergleich und Erfahrungsaustausch zwischen den Betrieben organisiert. Hauptanliegen dabei ist es, die geplanten Leistungen zu realisieren und zielgerichtet zu überbieten. Damit wird der entscheidende Schritt getan, um ungerechtfertigte Differenziertheiten weiter abzubauen bzw. gar nicht erst auftreten zu lassen.

Was wir erreicht haben, ist Spiegelbild dafür, wie wir die Agrarpolitik der SED verstanden haben. Das spiegelt sich auch in den Aufgaben unseres gemeinsamen Wettbewerbsprogramms wider. Wir haben als eine der 88 Kooperationen, die den Beschluß unserer Parteiführung vom 18.10.1983 in der Praxis erproben, eine besonders hohe Verantwortung. Durch die Nachwahl auf den Jahreshauptversammlungen für unseren Kooperationsrat haben wir Voraussetzungen für eine planmäßige und langfristig angelegte Zusammenarbeit geschaffen. Die überarbeitete Kooperationsvereinbarung sowie die Arbeitsordnung des Kooperationsrates sind weitere Leistungsdokumente, auf deren Grundlage wir die künftige Zusammenarbeit in der Kooperation intensivieren werden.

Die Kommunisten und alle Genossenschaftsbauern der Kooperation Marxwalde werden auf der Grundlage der Initiative „Klarer Standpunkt – hohe Leistung“ ihre Verpflichtungen zum 35. Jahrestag der DDR in Ehren erfüllen.

Wolfgang Heinrichs/Walburga Wicke

Der Ernährungskomplex in der intensiv erweiterten Reproduktion

Einführung

Im Referat und in der Diskussion der heutigen Ratstagung wurde von den verschiedensten Aspekten auf die Erfordernisse der umfassenden Intensivierung in der landwirtschaftlichen Produktion verwiesen. Es ist höchst bedeutsam für die Entwicklung unserer Volkswirtschaft, daß die landwirtschaftliche Produktion und der Ernährungskomplex zum gleichen Zeitpunkt wie die Industrie, die Bauwirtschaft und andere Bereiche zur umfassenden Intensivierung übergehen. Auch für die Zusammenarbeit der Agrarökonomen mit anderen Disziplinen der Wirtschaftswissenschaft ist dies von Gewicht, da nunmehr die Volkswirtschaft nach einheitlichen Kriterien der umfassenden Intensivierung bewertet werden kann und die Besonderheiten, die zweifellos in diesem oder anderen Bereich auftreten, sich diesen einheitlichen Kriterien unterordnen müssen. Agrarökonomen und andere Richtungen der Wirtschaftswissenschaften gehen jetzt von gleichen Kriterien und Erfordernissen der intensiv erweiterten Reproduktion aus und bemühen sich, einen Beitrag zu leisten, damit der Intensivierung umfassender Charakter verliehen und im volkswirtschaftlichen Maßstab auf stabile Grundlagen gestellt wird. Das sind günstige Bedingungen für eine ebenso effektive wie kameradschaftliche Zusammenarbeit.

In der Diskussion wurde bereits mit Recht darauf verwiesen, daß im jetzigen Entwicklungsstadium, in dem sich unsere Volkswirtschaft befindet, der Beitrag der Landwirtschaft zur Intensivierung nicht allein an quantitativen Kennziffern und Maßstäben zu bewerten ist. Qualitative Wirkungen kommen immer mehr zum Tragen und bedürfen der volkswirtschaftlichen Bewertung, die ihrerseits wiederum in bestimmte praktische und sozialökonomische Entwicklungsbedingungen eingebettet ist. Ein beträchtlicher Einfluß dieser qualitativen Wirkung geht von den Verflechtungsbeziehungen aus, die beim Ressourceneinsatz für die Befriedigung von Bedürfnissen innerhalb bestimmter Bedürfniskomplexe, darunter auch des Ernährungskomplexes, entstehen.

Ein wichtiges Instrument zur Analyse der Dynamik der Ressourcenbindung und der Spielräume für mögliche Umverteilungen von Ressourcen im längerfristigen Zeitverlauf auf die einzelnen Bedürfniselemente (Bedürfniskomplexe) ist die Verflechtungsbilanz. Auf der Grundlage einer mehr oder weniger aggregierten Matrix von Erzeugnisgruppen können die direkten bzw. vollen Aufwände für jene Erzeugnisse und materiellen Leistungen gebündelt werden, die für die einzelnen Bedürfniskomplexe jeweils typisch sind. Das Zentralinstitut für Wirtschaftswissenschaften der Akademie der Wissenschaften der DDR nutzt schon seit mehreren Jahren dieses Instrument für reproduktionstheoretische Forschungen. In interdisziplinärer Arbeit mit Ernährungswissenschaftlern, Agrarökonomen, Ökonomen der Lebensmittelindustrie, Soziologen, Handelsökonomen und Marktforschern beteiligt es sich an der Vervollkommnung der wissenschaftlichen Grundlagen für die Ernährungsstrategie der SED.

1. Zum erreichten Stand in der Ernährung des Volkes und zu den künftigen Aufgaben

Wegen des engen Zusammenhangs zwischen weiteren Fortschritten bei der Gestaltung der entwickelten sozialistischen Gesellschaft und der Herausbildung eines dieser Gesellschaftsentwicklung adäquaten Bedürfnissystems, wegen der besonderen Bedeutung, die die Ernährungsbedürfnisse und ihre Befriedigung für die Verbesserung des materiellen und kulturellen Lebensniveaus überhaupt spielen, ging in der DDR die weitere Gestaltung der entwickelten sozialistischen Gesellschaft gleichzeitig mit bedeutenden Fortschritten bei der Lösung der Ernährungsfrage als ein soziales Grunderfordernis einher. Dazu zählen

- die mengenmäßige Befriedigung wichtiger Ernährungsbedürfnisse, die sich in der Dynamik des Pro-Kopf-Verbrauchs zeigt (vgl. Tabelle 1);
- die Veränderung der Ernährungsstruktur zugunsten hochwertiger Ernährungsbedürfnisse im Rahmen der Veränderung der Verbrauchsstruktur insgesamt (vgl. Tabelle 1);
- die weitere soziale Annäherung der Ernährungsweise durch den Abbau des differenzierten Verbrauchsniveaus zwischen unterschiedlichen Einkommensgruppen infolge stabiler Einzelhandelsverkaufspreise für Grundnahrungsmittel (vgl. Tabelle 2).

Hinter diesen Entwicklungstendenzen verbergen sich bedeutende gesellschaftliche Veränderungen in der Produktions- und Lebensweise. Sie lassen sich auf die sozialistische Umgestaltung der Landwirtschaft, auf das wachsende Leistungsvermögen der Industrie sowie auf die Wirkung und Funktionsweise des gesellschaftlichen Eigentums, darin das genossenschaftliche Eigentum eingeschlossen, zurückführen. Der Pro-Kopf-Verbrauch der Bevölkerung nahm in den 70er Jahren bei

Tabelle 1: Pro-Kopf-Verbrauch[1] ausgewählter Nahrungs- und Genußmittel

Erzeugnis	Einheit	1970	1975	1980	1982
Fleisch und Fleischerzeugnisse[2]	kg	66,1	77,8	89,5	91,0
Fisch- und Fischerzeugnisse[3]	kg	7,9	8,5	7,4	7,4
Eier und Eierzeugnisse	St.	239	269	289	301
Nahrungsfett, Fettwert	kg	27,7	25,5	26,8	25,7
Trinkmilch, 2,5 % Fettgehalt	l	98,5	100,8	98,7	100,9
Fett- und Magerkäse	kg	4,6	5,5	7,5	7,9
Mehl und Nährmittel	kg	97,3	94,8	94,5	97,1
Speisehülsenfrüchte	kg	1,5	1,1	1,1	1,0
Speisekartoffeln[4]	kg	153,5	142,1	142,7	144,9
Gemüse[5]	kg	84,8	90,0	93,8	95,6
Obst[5,6]	kg	55,5	66,6	71,1	70,2
Zucker und Zuckererzeugnisse[7]	kg	34,4	36,8	40,6	44,0
Kakaoerzeugnisse	kg	2,4	3,0	3,4	3,4
Bohnenkaffee, geröstet	kg	2,2	2,4	2,8	3,2
Zigaretten	St.	1 257	1 451	1 720	1 788
Alkoholfreie Getränke	l	40,8	70,3	81,3	91,6
Wein und Sekt[8]	l	5,0	7,4	9,6	9,7
Bier	l	95,7	119,7	139,1	147,0

[1] Gesamtverbrauch ergibt sich aus der Inlandserzeugung zuzügl. des Außenhandelssaldos unter Berücksichtigung der Bestandsveränderungen sowie der Verluste bei Lagerung, Transport und Weiterverarbeitung.
[2] Umgerechnet auf Fleisch mit Knochen.
[3] Effektives Warengewicht.
[4] Ohne zu Stärkeerzeugnissen weiterverarbeitete Kartoffeln.
[5] Umgerechnet auf Frischware.
[6] Einschließlich Südfruchtsäfte sowie Nüsse und Nußkerne.
[7] Umgerechnet auf Weißzucker.
[8] Nur industrielle Herstellung.
Quelle: Statistisches Jahrbuch der DDR 1983, S. 278.

Tabelle 2: Leistungen für die Sicherung stabiler Lebensmittelpreise aus gesellschaftlichen Fonds

		1971	1975	1980	1982
EHU Lebensmittel	(Mio M)	36 813	42 493	50 179	52 757
Preisstützungen Lebensmittel	(Mio M)	4 673	5 593	8 157	10 447
Anteil Preisstützung am EHU		12,7	13,2	16,3	19,8

Quelle: Berechnet nach dem Statistischen Jahrbuch der DDR 1972, S. 330; 1976, S. 314; 1981, S. 272; 1983, S. 230, 258 und 279.

verschiedenen Lebensmitteln unterschiedlich zu. Bei einigen Nahrungsmitteln ist sogar eine Tendenz abnehmender Zuwachsraten festzustellen, was nicht mehr auf die mengenmäßigen Begrenzungen des Aufkommens, sondern eben schon auf bestimmte mengenmäßige Sättigungserscheinungen des Verbrauchs zurückzuführen ist. Außerdem haben sich in der Feinstruktur der Ernährung z. T. beträchtliche Wandlungen in Richtung auf den Verbrauch hochwertiger Nahrungsmittel und v. a. der Genußmittel vollzogen. Nicht zuletzt hat sich die Angebotspalette qualitativ und quantitativ erweitert, woraus zusätzliche, verbrauchsstimulierende Impulse in einer Weise ausgelöst werden, die für sich genommen nicht automatisch mit der gesunden Ernährung im Einklang stehen. Legt man die vom Zentralinstitut für Ernährung der Akademie der Wissenschaften der DDR ausgearbeiteten ernährungspsychologischen Richtsätze des täglichen Verzehrs von Nahrungsenergie und Grundnährstoffen zugrunde, so wurde im zurückliegenden Jahrzehnt in der DDR folgende prozentuale Erfüllung pro Kopf und Tag in der tatsächlichen Ernährung erreicht:

Tabelle 3

	1975	1980 (in %)	1983
Nahrungsenergie	125	129	136
Eiweiß	103	107	109
Fett	143	149	154
Kohlehydrate	105	107	108

Mit diesen Werten nimmt die DDR nach einer FAO-Statistik auch im internationalen Vergleich einen der vordersten Plätze ein.

Diese Daten deuten ferner auf eine mengenmäßig ausreichende Ernährung hin, bei der strukturell auch das noch zu Beginn der 70er Jahre aufgetretene Eiweißdefizit mehr als ausgeglichen wurde. Gleichzeitig konnten die sozialen Unterschiede in der Ernährungsweise, insbesondere durch die seit mehr als 20 Jahren gültigen stabilen Einzelhandelsumsatzpreise für Grundnahrungsmittel, weiter abgebaut werden. Im Jahre 1980 wurden von den Haushalten der mittleren Einkommensgruppe jährlich beispielsweise 102 %, in der oberen Einkommensgruppe 105 % für Fleisch im Vergleich zur unteren Einkommensgruppe (= 100) ausgegeben. Setzt man die jährlichen Ausgaben für Fleisch bei Arbeitern = 100, so gaben Angestellte 97 % und Rentner 94 % für Fleisch aus.

Bei der Festigung dieser Errungenschaften entwickelten sich aber gleichzeitig einige widersprüchliche Erscheinungen, deren Lösung sowohl kurz-, mittel- als auch längerfristig anzustreben ist. Dazu zählen gewisse Tendenzen einer Überernährung bei Teilen der Bevölkerung, gemessen an der ernährungsphysiologisch begründeten täglichen Aufnahme von Nahrungsenergie und Grundnährstoffen. Die überhöhte tägliche Zufuhr von Nahrungsenergie resultiert insbesondere aus der ernährungsphysiologisch überhöhten Fettaufnahme, die – wie die relativ stagnierenden Pro-Kopf-Verbrauchszahlen für Butter und Margarine bestätigen – auf den verstärkten Verzehr verdeckter Fette (bei Fleisch, Fleischwaren und Backwaren) zurückzuführen ist. Neben diesen Veränderungen im Ernährungsverhalten muß auch auf die die Volksgesundheit ebenfalls beinflussende überdurchschnittliche Zunahme von Genußmitteln verwiesen werden.

Bei der Bewertung der Aufwandsdynamik für die Befriedigung der Ernährungsbedürfnisse spielen die wesentlich veränderten Reproduktionsbedingungen für Energieträger und Rohstoffe, darunter für landwirtschaftliche Rohstoffe, eine besondere Rolle. Die DDR verfügt – verglichen mit anderen europäischen RGW-Ländern – über den geringsten Anteil landwirtschaftlicher Nutzfläche pro Einwohner. Entfallen in Bulgarien beispielsweise 0,7 ha landwirtschaftlicher Nutzfläche auf einen Einwohner, so in Ungarn 0,62 ha, in Rumänien 0,67 ha, in der ČSSR 0,45 ha und in der DDR gar nur 0,37 ha landwirtschaftlicher Nutzfläche. Davon werden ebenfalls die erhöhten Anforderungen an die Landwirtschaft zur Befriedigung der wachsenden Ernährungsbedürfnisse von der Leistungssteigerung, insbesondere der pflanzlichen und auf dieser Grundlage der tierischen Produktion, bestimmt.

In der DDR konnten in der tierischen Produktion durch Erhöhung der Tierbestände und durch die Leistungserhöhung pro Tier Fortschritte erzielt werden. Bei Getreide wurden die durchschnittlichen Hektarerträge in dem längerfristigen Zeitverlauf ebenfalls erhöht, während die Erträge bei Kartoffeln und Zuckerrüben den Stand des Jahres 1960 nicht wesentlich überschritten haben. Aus diesem Grunde wuchs der Import von Getreide und Extraktionsschrot. Wurden z.B. im Jahr 1960 1,77 Millionen t Getreide und 0,074 Millionen Extraktionsschrot importiert, so waren es 1980 schon 4,201 bzw. 0,94 Millionen t.[1] Geht man von einer etwaigen Verdreifachung der Exportpreise für Getreide auf kapitalistischen Weltmärkten aus[2], dann wird ein Teil der volkswirtschaftlichen Belastung deutlich, die aus dem Import von Getreide und anderen landwirtschaftlichen Rohstoffen vorwiegend für Futterzwecke resultierte. Verglichen mit anderen landwirtschaftlichen Rohstoffen, wie Obst und Gemüse, Südfrüchte, Kaffee, Kakao, Nüsse usw., die die DDR traditionell importieren muß, haben die Importe für Futterzwecke gerade in diesem Zeitraum eine besonders rasche Entwicklung erfahren. Diese Entwicklung bedarf aus volkswirtschaftlichen Gründen der Umkehrung. Seit 1981 konnten bei der Importablösung von Getreide zwar bereits Erfolge erzielt werden. Dennoch sind zielstrebige Anstrengungen bei der Intensivierung der landwirtschaftlichen Produktion notwendig, um das Eigenaufkommen an pflanzlicher Produktion entschieden zu erhöhen. Auf die Lösung dieser für die volkswirtschaftliche Gesamtentwicklung entscheidenden Aufgabe ist das verfügbare wissenschaftlich-technische Potential zu konzentrieren. Expertenberechnungen wiesen eine Erhöhung der Hektarerträge auf etwa 58 dt/ha als Voraussetzung für ein Eigenaufkommen aus, das nahezu den Bedarf der Landwirtschaft selbst sowie der Volkswirtschaft insgesamt stabil decken könnte.

Der X. Parteitag der SED und der XII. Bauernkongreß stellten deshalb die Aufgabe,

- auch weiterhin eine stabile Versorgung der Bevölkerung mit Grundnahrungsmitteln zu gewährleisten;
- in Abhängigkeit von den volkswirtschaftlichen Möglichkeiten Fortschritte in der gesünderen Ernährung sowohl durch qualitativen Wandel der Erzeugnisstruktur in der landwirtschaftlichen Produktion und der Lebensmittelindustrie als auch durch Wandel der Verbrauchsstruktur selbst zu erzielen;
- auf dem Wege der Intensivierung den gesellschaftlichen Aufwand, darunter den Produktionsverbrauch, entschieden zu senken; hierbei spielt die schrittweise Ablösung von Importen an Getreide und sonstigen Futtermitteln und die zunehmende Bedarfsdeckung auf der Grundlage wachsender eigener Pflanzenproduktion eine Schlüsselrolle.[3]

Hieraus leiten sich eine Reihe von für Theorie und Praxis bedeutsame Fragen ab, die mit der weiteren Integration ernährungsstrategischer Überlegungen in die Wirtschaftsstrategie zusammenhängen. Von der entschiedenen Verbesserung des Verhältnisses von Aufwand und Nutzen bei der Erzeugung, Verarbeitung und beim Verbrauch von Nahrungsgütern sowie von Rohstoffen für die Volkswirtschaft müssen in den 80er Jahren neue Impulse ausgehen, die auf die umfassende Intensivierung der Volkswirtschaft gerichtet sind. Gleichzeitig werden mit der weiteren Vertiefung des Intensivierungsgrades der Volkswirtschaft günstige Bedingungen für die sozialistische Intensivierung der landwirtschaftlichen Produktion und für die vollständige Ausschöpfung der dem genossenschaftlichen Eigentum innewohnenden Vorzüge geschaffen.

2. Zum Platz des Ernährungskomplexes im Bedürfnissystem

Der wechselseitige Zusammenhang zwischen dem Reproduktionsverlauf der Volkswirtschaft und seines Intensivierungsgrades einerseits und dem in der Landwirtschaft, der Lebensmittelindustrie und des Lebensmittelhandels (einschließlich des Transports und der Lagerung) andererseits beruht vor allem auf der Dynamik der direkten und vollen volkswirtschaftlichen Aufwendungen (einschließlich des Grundfondseinsatzes) für die Ernährung und für die anderen Bedürfniskomplexe. Dabei nimmt der Anteil der Ressourcenbindung für den Bedürfniskomplex Ernährung im Gesamtsystem der Bedürfnisse einen wichtigen Platz ein. Davon hängt die Dynamik volkswirtschaftlicher Aufwendungen und damit die volkswirtschaftliche Effektivität maßgeblich ab (vgl. Tabelle 4). Das Ausmaß dieses Anteils an Ressourcen, die die sozialistische Gesellschaft von anderen Bedürfniskomplexen für die Befriedigung der Ernährungsbedürfnisse abzweigt, kann nur dann hinreichend volkswirtschaftlich bewertet werden, wenn diese Vergleiche der Ressourcenbindung für verschiedene Bedürfniskomplexe stets mit einer qualitativen Bewertung des jeweiligen Bedürfniskomplexes im Bedürfnissystem eng verknüpft werden. Denn eine Aussage, etwa daß der Anteil der Ressourcenbindung für diesen Bedürfniskomplex höher als für einen anderen sei, verliert sozialökonomisch ihren Sinn, wenn sie nicht auf einer sozialökonomischen Bewertung der Rolle dieses Bedürfniskomplexes im Bedürfnissystem selbst beruht.

Der Ernährungskomplex nimmt einen bedeutenden Platz im Bedürfnissystem der sozialistischen Gesell-

Tabelle 4: Proportionen des Ernährungskomplexes in der Volkswirtschaft 1977 (in %)

Verteilung der Produktion und ihrer Faktoren	Produktion für die Konsumtion			Produktion für die Investitionen		
	Volkswirtschaft insgesamt	Ernährungskomplex	alle anderen Bedürfniskomplexe	Volkswirtschaft insgesamt	Ernährungskomplex	alle anderen Bedürfniskomplexe
Endprodukt	100	42	58	100	29	71
voller Aufwand dafür						
Bruttoprodukt	100	47	53	100	29	71
darunter						
Material	100	50	50	100	29	71
Arbeitskräfte	100	47	53	100	29	71
Grundfonds	100	43	57	100	30	70
Durchschnittliche volle Aufwandsintensitäten je Einheit Endprodukt (Volkswirtschaft = 1)						
Bruttoprodukt	1	1,11	0,92	.–.	–	–
Material	1	1,18	0,86	–	–	–
Arbeitskräfte	1	1,10	0,93	–	–	–
Grundmittel	1	1,0	0,995	–	–	–

Quelle: Berechnungen von einem Kollektiv des Zentralinstitutes für Wirtschaftswissenschaften der Akademie der Wissenschaften der DDR unter Leitung von Dr. G. Knobloch

schaft ein. Sein Platz wird von einer Reihe spezifischer, zum Teil auch historischer Faktoren beeinflußt. Deshalb variiert er in den einzelnen europäischen Ländern des RGW. Gleichwohl wird der Platz des Ernährungskomplexes von allgemeingültigen ökonomischen und sozialen Gesetzmäßigkeiten bestimmt, die sich aus objektiven Prozessen des sozialistischen Aufbaus, aus der Ausprägung aller dem Sozialismus eigenen Wesensmerkmale herleiten. Gesellschaftswissenschaftliche Forschungen zur qualitativen Bewertung der Ernährungsbedürfnisse im Bedürfnissystem stecken noch in den Anfängen. Dennoch lassen sich schon heute einige Thesen zur Diskussion stellen, die den Platz der Ernährung im Bedürfnissystem der sozialistischen Gesellschaft in ihrem entwickelten Stadium grob umreißen.

Die praktischen Erfahrungen der Gestaltung der entwickelten sozialistischen Gesellschaft in der DDR lehren, daß jede höhere Stufe des sozialen Fortschritts ein bestimmtes qualitatives und quantitatives Niveau der Befriedigung der Ernährungsbedürfnisse voraussetzt. Denn in welchem Umfang und in welcher qualitativen Struktur die Ernährungsbedürfnisse befriedigt werden, davon hängt die Funktionsfähigkeit des sozialistischen Leistungsprinzips, die vollständige Ausschöpfung des Leistungspotentials des gesellschaftlichen Arbeitsvermögens, wie überhaupt die politische Stabilität und das soziale Klima der Gesellschaft entscheidend ab. Ernährungsbedürfnisse werden täglich mehrmals, ohne Ausnahme von allen Bürgern, unabhängig von Alter und Geschlecht, der Höhe des Einkommens und davon, ob vorwiegend körperlich oder geistig mit mehr oder weniger großer körperlicher Bewegungsintensität gearbeitet wird, befriedigt. Eine kontinuierliche, von Tag zu Tag stabile Versorgung mit Nahrungsgütern in allen Territorien des Landes hat deshalb einen hohen Stellenwert. Eine längerfristig anhaltende Ernährungsweise, die u. a. von Traditionen, aber auch von dem Nahrungsgüterangebot beeinflußt wird, wirkt maßgeblich auf den Gesundheitszustand des Volkes ein. Mehr noch: Treten zwischen der wissenschaftlich begründeten und der tatsächlichen Ernährungsweise dauerhaft größere Unterschiede auf, so wird davon die gesellschaftliche Wirksamkeit des sozialistischen Gesundheitswesens (Prophylaxe und Therapie) zum Teil beträchtlich geschmälert. Ein Teil zusätzlicher Leistungen der sozialistischen Gesellschaft für das Gesundheitswesen wird in diesem Fall von vornherein für die Bekämpfung von Krankheiten absorbiert, die vorwiegend aus der ungenügenden Ernährungsweise resultieren bzw. ihr Entstehen begünstigen. Falsche Ernährungsweise gehört zu Risikofaktoren von Herz-Kreislauf-Erkrankungen, Diabetes und anderen.

Von dem erreichten Niveau der Befriedigung der Ernährungsbedürfnisse gehen Impulse auf die Herausbildung und Befriedigung anderer Bedürfniskomplexe aus. Nimmt z. B. die soziale Annäherung im Verbrauch von Grundnahrungsmitteln zu, so verlagert sich die von der Anwendung des Leistungsprinzips ausgehende Verbrauchsdifferenzierung von Grundnahrungsmitteln, die zum täglichen Leben notwendig sind, auf Nahrungsgüter in veredelter Form und vor allem auf hochwertige industrielle Konsumgüter. Im Hinblick auf die langfristige Veränderung der Verbrauchsstruktur birgt dies günstige Effekte für die volkswirtschaftliche Reproduktion (z. B. günstigere Energie-, Rohstoff- und Materialintensität des Nationaleinkommens) in sich. Daraus ergibt sich, daß Veränderungen in der Ernährungsweise Veränderungen in der gesamten Lebensweise direkt oder indirekt nach sich ziehen. Länger anhaltende Schwierigkeiten der Versorgung der Bevölkerung mit Grundnahrungsmitteln bergen negative Folgen für die Herausbildung der sozialistischen Lebensweise in sich. Eine bestimmte Ernährungsweise bildet deshalb gewissermaßen den „Unterbau" der Lebensweise.

Fortschritte in der Ernährungsweise (und damit in der sozialistischen Lebensweise) sind auf die Dauer allein auf der Grundlage des wissenschaftlich-technischen Fortschritts und seiner ökonomischen Verwertung, insbesondere bei der entschiedenen Verbesserung des Verhältnisses von Aufwand/Nutzen bei der Erzeugung,

Verarbeitung und nicht zuletzt auch beim Verbrauch der Nahrungsgüter, möglich. Sie werden maßgeblich vom erreichten Intensivierungsgrad in der Volkswirtschaft und vom Beitrag der landwirtschaftlichen Produktion bestimmt. Dieser Beitrag wird in der gegenwärtigen Etappe in besonderem Maße davon geprägt, in welchen Anteilen der volkswirtschaftliche Bedarf durch das Eigenaufkommen der Pflanzenproduktion gedeckt wird.

Nur auf der Grundlage dieser (sicher noch zu erweiternden) qualitativen Wertung der Ernährungsbedürfnisse im Bedürfnissystem kann eine ökonomisch sinnvolle Analyse der Aufwandsstrukturen und der Ressourcenbindung auf den Ernährungskomplex erfolgen.

3. Zur Ressourcenbindung durch den Ernährungskomplex

Die Analyse der volkswirtschaftlichen Ressourcenbindung durch Bedürfniskomplexe ist zunächst mit dem methodologischen Problem konfrontiert, genauer den Begriff „Ressource" für diesen Untersuchungszweck zu klären, und zwar in einer Weise, bei der sowohl reproduktionstheoretischen Erfordernissen Rechnung getragen wird, als auch Gesichtspunkte berücksichtigt werden können, die die Möglichkeiten und Grenzen der Aussagen von Verflechtungsbilanzen einbeziehen. Beide Anforderungskriterien stimmen nicht überein. Wird von der Ressourcenbindung für einen Bedürfniskomplex, hier also für den Ernährungskomplex, ausgegangen, dann sind mehrere Verfahren möglich, je nachdem, welchem Aufwandsfaktor bei der Analyse jeweils der Vorzug gegeben werden soll. Zunächst wird die anteilige (stets bezogen auf das Bedürfnissystem) Ressourcenbindung des Ernährungskomplexes sichtbar an dem Aufwand am Endprodukt, das die Volkswirtschaft für den Ernährungskomplex aufbringen muß. Diesem Endprodukt entspricht ein bestimmtes Bruttoprodukt, in dem der Aufwand an Grund- und Hilfsmaterial einbezogen ist, gleichzeitig wird im Verhältnis von Brutto- und Endprodukt der Grad der volkswirtschaftlichen Verflechtung reflektiert, womit die Haupterzeugnisse der Lebensmittelindustrie (Nahrungs- und Genußmittel), der Landwirtschaft (pflanzliche und tierische Erzeugnisse) und die Handelsleistungen (Handelsrabatte) mit den jeweils vorgelagerten oder folgenden Produktionsstufen verflochten sind. Der Aufwand an Bruttoprodukt zur Bereitstellung eines bestimmten Endprodukts (Nahrungs- und Genußmittel, materielle Dienste) ist somit ein anderer Ausdruck für die Energie-, Rohstoff- und Materialintensität des Endprodukts für den Ernährungskomplex. Damit ist zugleich die Vergleichbarkeit zur volkswirtschaftlichen Energie-, Rohstoff- und Materialintensität hergestellt und dadurch eine Bewertung darüber möglich, in welcher Weise Wandlungen in der Verbrauchsstruktur zugunsten bzw. zu Lasten des Ernährungskomplexes gleichzeitig zu volkswirtschaftlichen Entlastungen oder gar zu zusätzlichen Belastungen in der Ressourcenbindung insgesamt führen können. Analog kann die anteilige Ressourcenbindung auch nach Arbeitskräften bzw. nach eingesetzten Grundfonds ausgewiesen und ihr Zusammenhang (auch über Arbeitsintensität bzw. Grundfondsintensität) zu den volkswirtschaftlichen Aufwandsgrößen hergestellt werden.

In diesem Zusammenhang sind Untersuchungen von Interesse, ob und inwiefern unsere Bemühungen, die Produktion qualitativ hochwertiger Konsumgüter für die Versorgung der Bevölkerung und für den Export zu steigern, schließlich auch in eine stabile, langfristige Strukturveränderung des Verbrauchs und des Einzelhandelsumsatzes zugunsten von Industriewaren und zuungunsten von Nahrungs- und Genußmitteln einmünden (vgl. Tabelle 5) und wie sich diese Strukturveränderung auf die volkswirtschaftliche Ressourcenverteilung auswirken würde. Die Berechnungen unseres Instituts haben ergeben, daß eine Verschiebung der Verbrauchsstruktur zugunsten von Industriewaren sich auf den volkswirtschaftlichen Effektivitätszuwachs günstig auswirkt. Denn die Intensität sowohl des vollen Grundfondsaufwandes als auch des vollen Arbeitskräfteaufwandes pro Einheit Endprodukt der Konsumtion weisen ein niedrigeres Niveau als die gleichen Aufwandskennziffern für das volkswirtschaftliche Endprodukt der Landwirtschaft und Lebensmittelindustrie als den für den Ernährungskomplex typischen Erzeugnisgruppen aus.

Mit dem Produktionsaufwand für die Herstellung des Endprodukts des Ernährungskomplexes werden die laufenden Aufwendungen erfaßt. Damit wird aber nicht vollständig die Ressourcenbindung für den Ernährungskomplex reflektiert. Einen bedeutenden Aufwandsfaktor des Ernährungskomplexes stellt der volkswirtschaftliche Produktionsaufwand für die Investitionen dar, die in allen produzierenden Bereichen für die Reproduktion des Ernährungskomplexes notwendig sind. Hier

Tabelle 5: **Struktur des Einzelhandelsumsatzes nach Lebensmitteln und Industriewaren (in %)**

Jahr	insgesamt	Lebensmittel insges.	Nahrungsmittel	Genußmittel	Industriewaren insges.	Schuhe	Textilien u. Bekleidung	Sonstige Industriewaren
1960	100	55,4	38,3	17,1	44,6	2,3	16,1	26,2
1970	100	55,8	37,5	18,3	44,2	2,7	13,7	27,7
1975	100	51,9	34,1	17,8	48,1	2,7	14,0	31,4
1980	100	50,2	32,1	18,1	49,8	2,8	13,4	33,7
1981	100	50,4	32,1	18,3	49,6	2,8	13,0	33,8
1982	100	51,0	32,3	18,6	49,0	2,8	12,4	33,9

Quelle: Statistisches Jahrbuch der DDR 1983, S. 230.

Tabelle 6: Struktur der direkten und indirekten Investitionen für den Ernährungskomplex 1977 (in %)

	Investitionen gesamt	dar. Ausrüstungen	Bauten	Sonstige Leistungen
Direkte Investitionen	53,6	45,5	64,0	32,3
Landwirtschaft	35,4	27,2	48,8	16,6
Lebensmittelindustrie	14,2	18,0	10,2	11,5
Handel	4,0	3,0	5,0	4,2
Indirekte Investitionen	46,4	52,1	36,0	67,7
für die Konsumtionsmittelproduktion	29,5	33,2	22,9	42,7
für Investgüter	16,9	18,9	13,1	25,0
Investitionen Insgesamt	100	100	100	100

Quelle: Berechnungen von einem Kollektiv des Zentralinstitutes für Wirtschaftswissenschaften der Akademie der Wissenschaften der DDR unter Leitung von Dr. G. Knobloch.

sind nicht nur die direkten Investitionen für die Produktion, Lagerung und den Transport der Erzeugnisse der Landwirtschaft, des Lebensmittelhandels, sondern auch jene eingeschlossen, die indirekt über den Ersatz- und Erweiterungsfonds von Investitionsgütern und teilweise Konsumgüter von anderen vorgelagerten produzierenden Bereichen in Anspruch genommen werden. Aus der Tabelle 6 ist ersichtlich, mit welchem Anteil der Ernährungskomplex an den gesamten Investitionen beteiligt ist. Berechnungen des Zentralinstituts für Wirtschaftswissenschaften ergaben, daß die indirekten Investitionen für den Ernährungskomplex zumindest genauso groß sind wie die direkten Investitionen. Sie wachsen in der Tendenz auch schneller. Gerade was diese Tendenz im Ernährungskomplex betrifft, weist sie Gemeinsamkeiten mit denen im Energie- und Rohstoffkomplex auf. In diesem Komplex haben die indirekten Investitionen bereits die direkten Investitionen übertroffen. Sie steigen in der Tendenz schneller als die Investitionen, die direkt in den Zweigen eingesetzt werden, die mit der Förderung, Aufbereitung und Veredlung von Energieträgern, mit der Umwandlung und dem Transport und der Verteilung von Gebrauchsenergie beschäftigt sind. Diese Tendenz werten wir als einen wichtigen Indikator wachsender Vergesellschaftung von Produktion und Arbeit, die sich auch durch direktere Verflechtungsbeziehungen zwischen industrieller und landwirtschaftlicher Produktion äußert.

Ein außerordentlich wichtiges Element der volkswirtschaftlichen Ressourcenbindung für den Ernährungskomplex, dem in der zurückliegenden Zeit durch Theorie und Praxis nicht die gebührende Aufmerksamkeit geschenkt wurde, besteht im volkswirtschaftlichen Importäquivalent. Dieses Element bedarf vor allem dann der volkswirtschaftlichen Bewertung, wenn der jeweilige Bedürfniskomplex auf einem Importüberschuß von Erzeugnissen und Leistungen beruht, die Voraussetzung für die Bereitstellung des Endprodukts sind. Dies ist z. Z. für den Ernährungskomplex noch der Fall. Mit den Angaben der Verflechtungsbilanz wird allerdings diese Veränderung nicht sichtbar, da deren Angaben bekanntlich zu Inlandspreisen ausgewiesen werden. Legt man aber die aktuellen Weltmarktpreise für den In- und Export in Valuta-Mark zugrunde, wird wegen der bekannten Preistendenz für Getreide und Futtermittel auf den Weltmärkten das reale volkswirtschaftliche Importäquivalent für den Ernährungskomplex deutlich. Die Sicherstellung dieser volkswirtschaftlichen Importäquivalente bindet Ressourcen, die für die Reproduktion anderer Bedürfniskomplexe nicht oder nicht mehr zur Verfügung stehen. Schon aus diesem Grunde müssen sie als Aufwandsfaktor dem Ernährungskomplex zugeordnet werden. Importäquivalenz bildet nicht nur einen maßgeblichen Aufwandsfaktor für die Bewertung der volkswirtschaftlichen Effektivität von Importen von Getreide und Futtermitteln für die tierische Produktion, sondern auch von Exporten von Nahrungsgütern, soweit in ihnen Getreide bzw. Futter verarbeitet (veredelt) wurden.

Zusammenfassend zeigt die Ressourcenbindung für den Ernährungskomplex in der DDR, daß

- angesichts seines hohen Anteils am Bruttoprodukt und der dafür gebundenen Produktionsressourcen (Arbeitskraft, Energie, Rohstoffe, Material und Grundfonds) vom Grad des intensiven Wachstums der landwirtschaftlichen Produktion, der Lebensmittelindustrie und der materiellen Dienste (Transport, Handel) bedeutende entlastende oder belastende Wirkungen auf die Entwicklung anderer Bedürfniskomplexe und ihrer Aufwandsstrukturen ausgehen;
- angesichts der in den letzten 20 Jahren bedeutend gewachsenen Intensität des Produktionsverbrauchs und des Grundfondseinsatzes, nunmehr einer bedeutenden Ökonomisierung des Produktionsverbrauchs, des Grundfondseinsatzes und der Grundfondsnutzung eine zentrale Bedeutung zukommt, und dies unter den komplizierten Bedingungen der Importablösung von Getreide und Futtermitteln. Gerade in diesen Richtungen liegt der Beitrag der landwirtschaftlichen Produktion und der Lebensmittelindustrie für weitere Fortschritte in der Vertiefung des intensiven Reproduktionstyps in der Volkswirtschaft insgesamt;
- der Ernährungskomplex auch künftig in Breite und Tiefe einem zunehmenden Vergesellschaftungsprozeß mit allen anderen Produktions- und Reproduktionsbereichen der Volkswirtschaft als Ausdruck der Vergesellschaftung von Produktion und Arbeit unterworfen ist. Hieraus erwächst u. a. das Erfordernis, die volkswirtschaftlichen Bewertungsmaßstäbe für den Einsatz und die Verteilung von Ressourcen, die im Ernährungskomplex gebunden sind, weiter zu vervollkommnen. Hieraus leiten sich eine Reihe reproduktionstheoretischer Aufgaben ab, für die die heutige Ratstagung wertvolle Anregungen vermittelte.

[1] Vgl. Statistisches Jahrbuch der DDR 1983, S. 240.

[2] Monthly Bulletin of Statistics, United Nations, New York 1980, Nr. 5, S. 150/161.

[3] Vgl. Bericht des ZK der SED an den X. Parteitag der SED, Berichterstatter: E. Honecker, Berlin 1981, S. 70 ff.

Ingrid Neitzke

Zu Ergebnissen langjähriger kooperativer Entwicklung – Ausdruck erfolgreicher marxistisch-leninistischer Agrarpolitik der SED

Einige Bemerkungen zur Charakterisierung der Kooperation Woeten: In ihr arbeiten 1 VEG Pflanzenproduktion, 1 VEG Tierproduktion – zentral geleitet – und 2 LPG Tierproduktion seit nunmehr 16 Jahren zusammen. Die Kooperation umfaßt eine landwirtschaftliche Nutzfläche von rund 4400 ha, darunter 3650 ha Ackerland und 750 ha Wiesen und Weiden. Insgesamt existiert ein Viehbestand von 2230 Stück Rindern, darunter 1600 Kühe, sowie 400 Schafe und 16000 Schweine. Sie werden schon seit mehreren Jahren voll aus eigenem Aufkommen mit Grobfutter versorgt. In den vergangenen 16 Jahren konnten wir die Produktion – berechnet nach Getreideeinheiten – in der Pflanzenproduktion auf das 1,5fache steigern. Bei Getreide betrug die Steigerung das 1,3fache, bei Zuckerrüben das 1,5fache und bei Kartoffeln das 1,7fache. In der tierischen Produktion stieg die Leistung bei Fleisch auf das 2fache und bei Milch auf das 1,3fache. In diesem Zeitraum erhöhten sich auch erheblich die finanziellen Aufwendungen für die Verbesserung der Arbeits- und Lebensbedingungen in den Betrieben und Gemeinden unseres Territoriums. Das findet seinen Ausdruck im Bau von mehr als 70 Wohnungseinheiten, im Neubau bzw. in der Rekonstruktion aller Verkaufsstellen- und Gaststätteneinrichtungen sowie der Kindergärten. Weiterhin findet das seinen Niederschlag in der kontinuierlichen Verbesserung der ärztlichen Betreuung unserer Bürger. Auch die Produktionsanlagen wurden im großen Umfange erweitert und rekonstruiert. So wurden in diesem Zeitraum zwei industrielle Anlagen der Tierproduktion gebaut, fast alle größeren Stallanlagen rekonstruiert und modernisiert. Mit dem Bau von 18 Kilometern Wirtschaftswegen verbesserten wir erheblich die verkehrsmäßigen Bedingungen unseres Territoriums.

Zur Erhöhung der Produktion und ihrer ordnungsgemäßen Einlagerung wurden für mehr als 10 Millionen Mark Meliorationsmaßnahmen durchgeführt, stieg die Ausstattung mit Mechanisierungsmitteln um mehr als das 3fache und die Lagerwirtschaft wurde durch den Bau einer Siloanlage und Lagerhallen erweitert. Wir können also festellen, daß die 16jährige kooperative Entwicklung alle Lebens- und Arbeitsbereiche verändert hat. Grundlage für diese positive und revolutionäre Entwicklung war und ist die weitsichtige, kontinuierliche marxistisch-leninistische Agrarpolitik unserer Partei.

Mit der ersten gemeinsam durchgeführten Intensivierungskonferenz im Herbst 1983 wurde eine neue Qualität in der kooperativen Zusammenarbeit eingeleitet. Durch die weitere Einbeziehung erfahrener Arbeiter und Genossenschaftsbauern in die Kommissionsarbeit und den Kooperationsrat wurde die gemeinsame Arbeit weiter qualifiziert und Grundlagen für die Umsetzung des Politbürobeschlusses vom 18. 10. 1983 zur weiteren Vertiefung der Kooperation geschaffen. In den vergangenen Monaten haben sich die Parteigruppe des Kooperationsrates und der Kooperationsrat darüber verständigt, wie der Stand der Durchsetzung dieses Beschlusses ist und welche Probleme dabei zu beachten sind. Es ist in diesem Zusammenhang einzuschätzen, daß die gemeinsame Verantwortung aller Kooperationspartner für die effektivere Gestaltung des einheitlichen Reproduktionsprozesses sich nicht zuletzt auch mit der Durchführung der Agrarpreisreform weiter erhöht hat. Das gemeinsame Wettbewerbsprogramm der Kooperation ist Maßstab für die erbrachten Leistungen und Abrechnungsgrundlage jedes einzelnen Partners. Weiterhin ist es Grundlage für die Führung des monatlichen Leistungsvergleiches.

In den letzten Jahren ist es schon besser gelungen, durch die konkretere Gestaltung der vertraglichen Beziehungen und das gegenseitige Verständnis Schwerpunktaufgaben, wie zum Beispiel die Absicherung der Rübenpflege, die Heuernte, die Produktion von schweinegerechtem Grünfutter bzw. entsprechender Silagen, die Transportoptimierung, die Stallvertretung u. a. zu lösen. Und nicht zuletzt haben auch die gemeinsam durchgeführten Erntefeste wieder alle enger zusammengeführt. Mit der Erarbeitung und Durchsetzung der schlagbezogenen Höchstertrags- und der stallbezogenen Höchstleistungskonzeptionen wurde das Verständnis füreinander weiter vertieft, weil schon bei der Erarbeitung sichtbar wurde, daß nur abgestimmte Programme in der Tier- und Pflanzenproduktion das Ziel realisieren können, höchste Erträge auf dem Feld und höchste Leistungen im Stall zu erbringen. Da diese Konzeptionen keine starren Programme sind, sondern ständig aktualisiert und den neuen Aufgaben und Bedingungen entsprechend präzisiert werden, ist eine enge Zusammenarbeit der Partner auch in dieser Hinsicht notwendig.

Mit der Aktivierung der Kommissionsarbeit wurde eine breitere Einbeziehung unserer Arbeiter und Genossenschaftsbauern in die Leitung und gleichzeitig eine fundiertere Vorbereitung der Kooperationsratssitzungen sowie der Empfehlungen zur Beschlußfassung erreicht. Gegenwärtig bestehen folgende Kommissionen: Futterkommission; Kommission zur effektiveren Bodennutzung; Kommission Rekonstruktion und Rationalisierung sowie Neuererwesen; Kommission sozialistischer Wettbewerb sowie Arbeits- und Lebensbedingungen; Kommission Ökonomik; Kommission Aus- und

Weiterbildung sowie Nachwuchsgewinnung; Kommission individuelle Produktion.

Alle Kommissionen arbeiten wie der Kooperationsrat nach einem Jahresarbeitsplan und berichten über ihre Tätigkeit quartalsweise im Kooperationsrat. Selbstverständlich ist, daß die verantwortlichen Kader der Pflanzenproduktion an den Brigadeversammlungen der Tierproduktion und umgekehrt teilnehmen. Bewährt hat sich auch, die Schulungen der mittleren Kader gemeinsam durchzuführen. Durch diese gemeinsame Arbeit haben wir erreicht, daß die beiden in früheren Jahren instabilen LPG im Jahr 1983 ein positives Ergebnis abrechnen konnten und jetzt das Niveau im Kreis mitbestimmen.

Durch unterschiedliche Planauflagen ist noch besser zu sichern, daß die natürlichen Standortbedingungen für eine effektive tierische Produktion genutzt werden. Die zur Zeit vorhandenen Tierbestände, die durch eine hohe Konzentration an Schweinen bestimmt sind, bedingen ein äußerst ungünstiges Anbauverhältnis auf dem Acker und entsprechen nicht dem relativ hohen Grünlandanteil von 17,5 % der landwirtschaftlichen Nutzfläche. Die Situation sieht konkret so aus, daß durch den Anteil von Mähdruschfrüchten in Höhe von rund 70 % und den notwendigen Hackfruchtanbau die erweiterte Reproduktion der Bodenfruchtbarkeit z. Zt. nicht gesichert und damit der Kreislauf Boden – Pflanze – Tier – Boden nicht geschlossen ist.

In den gemeinsamen Beratungen zur Durchsetzung des Beschlusses vom 18. 10. 1983 wurde besonders auch von den Genossenschaftsbauern in den LPG Tierproduktion die guten und teilweise hervorragenden Leistungen in der Produktion, die hohe Effektivität und die zielstrebige Anwendung der neuesten wissenschaftlichen Erkenntnisse in den VEG anerkannt. Sicherlich gibt es in dieser Hinsicht noch weitere Reserven zu erschließen, die sich auch in der Entwicklung der sozialistischen Lebensweise in den Dörfern widerspiegeln.

Einige Bemerkungen zur Zusammenarbeit von Wissenschaft und Praxis bei der Durchsetzung des wissenschaftlich-technischen Fortschritts. Die 8. Tagung des ZK der SED hat nochmals bekräftigt, daß zur weiteren Durchsetzung der Hauptaufgabe in ihrer Einheit von Wirtschafts- und Sozialpolitik eine weit höhere Agrarproduktion bei steigender Effektivität und besonders bei sinkendem Fondseinsatz notwendig ist. Diese Zielstellung ist nur durch die umfassende Anwendung der neuesten wissenschaftlichen Erkenntnisse zu realisieren. Es sei hier nur das Problem des effektiven Dieselkraftstoffeinsatzes genannt. Die Arbeit nach betrieblichen Normativen und die Durchsetzung von Besttechnologien haben dazu geführt, daß wir den absoluten Verbrauch allein in der Pflanzenproduktion um über 100000 Liter senken konnten.

Ohne die noch zu erschließenden Reserven zu verkennen, ist jedoch festzustellen, daß gerade auf dem Gebiet der weiteren Durchsetzung des wissenschaftlich-technischen Fortschritts uns die Wissenschaftler und die Landtechniker noch wirksamer als bisher unterstützen müssen. Es sind zum Beispiel energieökonomisch günstigere Maschinensysteme und aktuellere Möglichkeiten der Normativkontrolle sowie wissenschaftlich fundierte Normative notwendig. Die dafür vorhandenen günstigen Möglichkeiten sind in enger Gemeinschaftsarbeit von Theorie und Praxis noch schneller und konsequenter zu nutzen.

Abschließend sei hier versichert, daß die 500 Arbeiter und Genossenschaftsbauern unserer Kooperation unter Führung der Grundorganisationen unserer Partei die Herausforderung der 80er Jahre angenommen haben und durch ihr tägliches Wirken ihren Beitrag zur allseitigen Stärkung unserer Republik leisten in der Gewißheit, daß eine starke DDR ein wichtiger Garant für den Frieden in der Welt ist.

Siegfried Funke

Zu einigen Ergebnissen und Erfahrungen bei der umfassenden Intensivierung in der Agrar-Industrie-Vereinigung (AIV) Querfurt

In der AIV Querfurt leiten und planen 20 LPG und Kooperative Einrichtungen – auch unter Einbeziehung wissenschaftlicher Einrichtungen – die politische, ökonomische und soziale Entwicklung nach einheitlichen Grundsätzen.

Seit 1977 hat dieses kameradschaftliche und kooperative Zusammenwirken nicht nur zu guten ökonomischen Ergebnissen, vor allem durch die Anhebung des Leistungsniveaus aller Partner geführt, sondern auch das Vertrauen der Genossenschaftsbauern in die Richtigkeit der Agrarpolitik der SED weiter gestärkt. Es ist gelungen, die Eigen- und Mitverantwortung aller Genossenschaftsbauern durch eine breitere Entfaltung der genossenschaftlichen Demokratie auszuprägen und damit auch die ökonomische Leistungsfähigkeit weiter zu erhöhen. So konnten in den letzten sieben Jahren die pflanzliche Bruttoproduktion von 63,6 GE/ha auf 71,4 GE/ha, also um 12,3 % gesteigert werden. Das Nettoprodukt entwickelte sich von 1,313 M/ha auf 1,625 M/ha, das heißt auf 124,5 %. Der Gewinn wurde um 60,6 % und die Arbeitsproduktivität auf 124,2 % erhöht. Durch eine zweijährige Zusammenarbeit mit der Tierproduktion in der AIV konnte insbesondere durch die Leistungssteigerung in der Pflanzenproduktion und eine bessere Futterverwertung das Eigenprodukt in der Tierproduktion durchschnittlich um 12 % je Tier erhöht werden. Sicher sind diese Ergebnisse zur umfassenden Verwirklichung der ökonomischen Strategie unserer Partei noch nicht ausreichend. Diese Erkenntnis ergibt sich sowohl aus der Notwendigkeit der Steigerung des Beitrages der Landwirtschaft zum volkswirtschaftlichen Leistungsanstieg insgesamt als auch aus dem Wissen um die noch nicht ausreichend erschlossenen Reserven.

Unter diesem Aspekt möchte ich einige Probleme darlegen, die auch mit Hilfe einer umfassenderen wissenschaftlichen Durchdringung zu einer Beschleunigung der Intensivierung führen werden.

Im Zentrum der wissenschaftlichen Arbeit und der praktischen Tätigkeit muß die Erforschung, praktische Überleitung und massenhafte Anwendung aller Möglichkeiten stehen, die eine Steigerung des materiellen Eigenproduktes der Pflanzen- und Tierproduktion sichern.

Das sollten insbesondere sein:

- Höchstertrags- und Höchstleistungskonzeptionen der Pflanzen- und Tierproduktion bei geringem Produktionsverbrauch;
- Anwendung der Betriebsprojektierung zur optimalen Nutzung der natürlichen und ökonomisch vorteilhaften Standortbedingungen;
- Arbeit nach langfristigen Entwicklungskonzeptionen, um ausgewogene Proportionen im landwirtschaftlichen Reproduktionsprozeß zu erreichen und die Vorteile der Konzentration, der Spezialisierung und der Kombination voll zu nutzen.

Welche Probleme sind besonders aktuell? Es muß noch besser gelingen, den notwendigen untrennbaren Zusammenhang von Wirtschafts- und Sozialpolitik und die nachhaltige Stimulierung des Leistungsniveaus und des Leistungszuwachses in der AIV zu sichern. Dabei ist davon auszugehen, daß bei der Durchsetzung des fondssparenden Typs der Intensivierung in der Landwirtschaft Fortschritte erreicht wurden, aber bei der Realisierung dieser Aufgabe ein höheres Tempo notwendig ist. Es muß insbesondere gesichert werden, daß in der Pflanzenproduktion bei verringertem Fondseinsatz stets ein Ertragszuwachs erzielt wird.

Unser wertvollster Fonds bei der Durchsetzung dieser Aufgaben sind die Menschen. Gerade deshalb ist es notwendig, verständliche, leicht handhabbare und für den einzelnen Genossenschaftsbauern auch überschaubare Lösungen zu erarbeiten und anzuwenden, die seine gesellschaftliche und speziell ökonomische Aktivität stimulieren.

Das ist eine sehr ertragsträchtige Komponente der Herstellung der Interessenübereinstimmung, der Mobilisierung der inneren Faktoren, der Erschließung von inneren Reserven für eine wachsende Leistungs- und Effektivitätssteigerung in der Landwirtschaft. Im praktischen Leben bedeutet das vor allem, die aus der Stellung des Genossenschaftsbauern zum genossenschaftlichen Eigentum resultierenden notwendigen genossenschaftlichen Verteilungsprinzipien konsequent durchzusetzen. Damit würden auch den biologischen und metereologischen Besonderheiten des landwirtschaftlichen Produktionsprozesses und den daraus resultierenden Besonderheiten für dessen Leitung und Organisation besser Rechnung getragen.

Bei gleichbleibenden bzw. teilweise rückläufigen Fonds hat sich die Pflanzenproduktion in der AIV vorgenommen, bis 1990 nochmals die Leistung je Hektar um 10 GE, das heißt 14,4 % gegenüber 1983 zu steigern und das Eigenprodukt Pflanzen- und Tierproduktion weiter um 20 % zu erhöhen. Das ist ohne wirksame Maßnahmen der moralischen und materiellen Stimulierung nicht zu erreichen.

Eine zweite wichtige Problematik sehen wir in der wissenschaftlichen Durchdringung der Möglichkeiten der Ausbildung und Erziehung von Kadern, besonders der ersten und mittleren Leitungsebene in der AIV, die bereit und fähig sind, auch unter komplizierter gewordenen volkswirtschaftlichen Reproduktionsbedingungen hohe Verantwortung zu übernehmen. Kader, die sich konsequent den höheren Leistungsanforderungen stellen, ständig nach neuen und effektiveren Lösungen suchen und dabei die Durchsetzung des wissenschaftlich-technischen Fortschritts als eine erstrangige politische und ideologische Aufgabe betrachten. Auf Grund der stärkeren territorialen Orientierung der Produktion und durch die Erhöhung der Verantwortung der LPG für das Dorf als Heimstatt der Bauern sind auch das notwendige Verständnis und die Fähigkeiten für die Bewältigung der kommunalpolitischen Aufgaben auszuprägen bzw. zu entwickeln.

Ein weiterer Schwerpunkt wird in der Entwicklung und Wirksamkeit der Kooperation gesehen. Grundsätzlich ist davon auszugehen, daß Lösungen benötigt werden, die langfristig eine hohe Allgemeingültigkeit besitzen. Das verlangen schon die biologischen Bedingungen innerhalb des Ablaufs einer Fruchtfolge bzw. das Reproduktionsverhalten der Tierbestände. Dieser Grundsatz ist besonders auf komplexe betriebswirtschaftliche Lösungen zu beziehen, die auf die Erhöhung der Leistungsfähigkeit der einzelnen LPG zielen, damit sie starke Partner innerhalb der Kooperation sind. Ökonomische Regelungen und der Leistungsvergleich müssen das störungsfreie Zusammenspiel aller am Reproduktionsprozeß beteiligten Partner, besonders aber von Pflanzen- und Tierproduktion, als Zielfunktion haben. Die Erfahrungen der AIV Querfurt besagen, daß die Konzentration auf dieses Ziel, die Vertiefung der Kooperation bis hin zu ihrer derzeitig höchsten Form, der Agrar-Industrie-Vereinigung, am wirkungsvollsten voranbringt. Die Wirtschaftswissenschaftler sind aufgerufen dazu beizutragen, daß im einheitlichen Reproduktionsprozeß sowohl der stoffliche als auch der ökonomische Kreislauf optimal gesichert werden kann.

Unsere Tätigkeit in der Agrar-Industrie-Vereinigung verstehen wir als einen Beitrag für künftige Lösungen zur schöpferischen Anwendung des von Lenin begründeten Genossenschafsplanes unter unseren konkreten Bedingungen. Hohe Leistungen sind hierbei das beste Argument und der schlüssige Beweis für die erfolgreiche Landwirtschaftspolitik der SED. Das erfordert, effektive betriebs- und agrarökonomische Lösungen kollektiv zu erarbeiten und noch schneller als bisher zu verallgemeinern. Das schließt aber auch gezielte Forschungstätigkeit zur Rolle, Stellung und zur inhaltlichen Ausgestaltung der Agrar-Industrie-Vereinigungen unter Nutzung gesammelter Erfahrungen als eine wichtige Aufgabe mit ein. Für die Ausschöpfung innerer Leistungsreserven der Landwirtschaft sind auch die konsequente Ausnutzung und weitere Erforschung der Möglichkeiten der Arbeitsteilung, Konzentration und Spezialisierung erforderlich. Dazu gehört – unter Beachtung der stärkeren Hinwendung zum Territorialprinzip – die konkrete Bestimmung der Funktionen und der Organisation zwischenbetrieblicher Einrichtungen, besonders des Leistungsbereichs, wie z.B. die zwischenbetrieblichen Bauernorganisationen, Meliorationsgenossenschaften, Agrochemische Zentren u.a. Durch die einheitliche Leitung dieser Prozesse in den verschiedenen Formen der Kooperation können Vorteile noch besser ausgeschöpft und Kombinationseffekte noch schneller wirksam gemacht werden. Es besteht ein unabdingbarer Zusammenhang von Qualität der Durchsetzung der sozialistischen Betriebswirtschaft, der wirtschaftlichen Rechnungsführung und der Anwendung der EDV. In nicht wenigen LPG und anderen landwirtschaftlichen Betrieben wird betriebsnahe Rechentechnik eingeführt. Das ist eine gute Sache. Dafür sind jedoch Lösungen notwendig, die den Leitern der verschiedensten Ebenen eine einfache Handhabbarkeit und Zugänglichkeit sichern. An den Universitäten und Hochschulen müssen unsere Kader auch dafür entsprechend ausgebildet werden.

Wir wissen um die hohe Verantwortung der Landwirtschaft für die sichere Versorgung der Bevölkerung mit Nahrungsgütern und der Industrie mit Rohstoffen zunehmend aus der eigenen Produktion. Eine hochentwickelte Landwirtschaft ist das Resultat einer auf hohem Niveau produzierenden Industrie. Das verdanken wir der Arbeiterklasse. Als engste Bündnispartner werden die Genossenschaftsbauern zuverlässig ihren Beitrag zur Stärkung unserer Republik und zur Friedenssicherung leisten.

Roland Köhler

Wissenschaftlich-technischer Fortschritt – Verflechtung zwischen Industrie und Landwirtschaft beim weiteren Ausbau der materiell-technischen Basis in der Landwirtschaft der DDR

Wie auf der 7. Tagung des ZK der SED unser Generalsekretär, Genosse Erich Honecker, mit Nachdruck betonte und auf der 8. Tagung wiederum bestätigt wurde, werden wir durch die weitere Intensivierung der Produktion, durch entscheidende Verbesserung des Verhältnisses von Aufwand und Ergebnis und eine sparbare Senkung des Materialverbrauches die ökonomische Strategie der 80er Jahre erfolgreich fortsetzen. Die Mobilisierung aller Potenzen unserer Werktätigen und damit verbunden die Erhöhung der Wirksamkeit von Wissenschaft und Technik, ist sowohl in der Landwirtschaft als auch in der Industrie die wichtigste Aufgabe.

Auf der Grundlage des Beschlusses des Politbüros des ZK der SED vom 2.2.1982 zur „langfristigen Konzeption der Entwicklung des Landmaschinenbaus bis 1985 und danach" trägt der VEB Kombinat Fortschritt Landmaschinen in der Volkswirtschaft der DDR die Verantwortung für die Bereitstellung von Maschinen und Ausrüstungen sowie der erforderlichen Ersatzteile für die komplexe Mechanisierung der sozialistischen Landwirtschaft der DDR, für einen hohen Beitrag zum SW-Export im Rahmen der abgestimmten internationalen Arbeitsteilung mit den Ländern des RGW, insbesondere mit der UdSSR, sowie für die Entwicklung des Exportes devisengünstiger Erzeugnisse in das NSW.

Schwerpunkt unserer wissenschaftlich-technischen Arbeit ist die Neu- und Weiterentwicklung von Erzeugnissen und ihre beschleunigte Überleitung in die Produktion mit dem Ziel der weiteren Vervollkommnung der materiell-technischen Basis der Landwirtschaft zur Erhöhung der Effektivität der landwirtschaftlichen Produktion auf der Basis weltstandsbestimmender Technologien und Maschinen.

Dazu enthält der Plan Wissenschaft und Technik des VEB Kombinat Fortschritt im Zeitraum 1981–1985 mehr als 200 Forschungs- und Entwicklungsthemen. Ständig erhöht sich dabei unsere Zusammenarbeit mit den Wissenschaftlern der Akademie der Landwirtschaftswissenschaften der DDR und der landwirtschaftlichen Hoch- und Fachschulen, die einen wertvollen Beitrag zur ständigen Erhöhung des Niveaus der DDR-Landtechnik leisten.

Reserven haben wir jedoch noch in der Verbesserung der Zusammenarbeit mit den Neuerern der Land- und Nahrungsgüterwirtschaft. Zur Sicherung des weiteren hohen Leistungsanstieges in der Landwirtschaft ist es erforderlich, die Zusammenarbeit zwischen dem Landmaschinenbau und der Landwirtschaft auf allen Ebenen noch enger zu gestalten. Dazu liegt seit dem 3.11.1983 die durch die Minister unterschriebene Vereinbarung über die Zusammenarbeit der Ministerien für Allgemeinen Maschinen-, Landmaschinen- und Fahrzeugbau und Land-, Forst- und Nahrungsgüterwirtschaft auf den Gebieten Forschung, Entwicklung, Produktion und Lieferung von Maschinen, Ausrüstungen, Rationalisierungsmitteln und Ersatzteilen vor. Sie enthält die arbeitsteiligen Grundsätze der Zusammenarbeit und Aufgabenverteilung zwischen dem Ministerium für Allgemeinen Maschinen-, Landmaschinen- und Fahrzeugbau und dem Ministerium für Land-, Forst- und Nahrungsgüterwirtschaft für Forschung und Entwicklung, Produktion, Lieferung sowie Ersatzteilwirtschaft und legt die Verantwortlichkeit sowie die Kooperationspartner in bezug auf die Maschinensysteme fest und steckt damit auch den Rahmen für die Beteiligung des Kombinates Fortschritt Landmaschinen für die Durchsetzung der ökonomischen Strategie in der Landwirtschaft ab.

Zwischenzeitlich haben wir gemeinsam auf der Grundlage der Agrarforschungskonzeption und den Anforderungen unserer Exportpartner die Forschungskonzeption des Kombinates Fortschritt Landmaschinen für den Zeitraum bis 1990 ausgearbeitet. Die wichtigste Aufgabe zur Unterstützung der Maßnahmen der sozialistischen Landwirtschaft zur Durchsetzung der ökonomischen Strategie sehen wir darin, daß wir als Landmaschinenbauer unseren Partnern in der sozialistischen Landwirtschaft

- Maschinen und Ausrüstungen bereitstellen, die mit den erforderlichen Gebrauchswerten zur optimalen Durchführung der Arbeitsprozesse in der Landwirtschaft ausgestattet sind,
- Voraussetzungen schaffen, daß die Verluste im Arbeitsprozeß rapide gesenkt werden,
- es ermöglichen, die Aufwendungen für das Betreiben der Maschinen und Ausrüstungen durch hohe Nutzungsdauer und höchste Verfügbarkeit zu senken.

Dazu werden, begonnen bei der Ausarbeitung der Pflichtenhefte, die agrotechnischen Anforderungen der Entwicklung unserer Erzeugnisse zugrunde gelegt. Alle Zielstellungen, die in den Pflichtenheften verankert sind, werden gemeinsam mit den entsprechenden Einrichtungen der sozialistischen Landwirtschaft beraten und festgelegt. Erforderliche Aufgaben werden in diesem Zusammenhang z. B. zur Senkung der Ernte- und Verarbeitungsverluste konzipiert und realisiert.

Ausgehend von einer Optimierung der Verfahren werden die Verlustquellen an den Mechanisierungsmitteln besonders durch Anwendung der Mikroelektronik verringert.

Neben dem Verlustmeßgerät für die Mähdrescher sind das z. B.

- Senkung des Beschädigungsgrades der Kartoffeln

durch Steuerung der Fallhöhe bei der Übergabe von der Erntemaschine auf das Transportfahrzeug
- die wirksame Erkennung von Fremdkörpern am Feldhäcksler, mit deren Hilfe die Schäden und Havarien, insbesondere der Häckseltrommel, entscheidend reduziert werden können.

Weitere Aufgaben sind
- Gemeinsame Forschung zur Tiererkennung mit der TU Dresden sowie dem Institut für Rinderproduktion Iden-Rohrbeck.
  Forschungsarbeiten zur Tiererkennung auf elektronischer Grundlage haben zum Ziel, über eine leistungsgerechte automatische Futterdosierung den Futtereinsatz zu optimieren und damit entscheidende Rationalisierungseffekte in der Tierproduktion zu erzielen.
- Ab 1985 ist der Einsatz von Bordcomputern zur Messung der Verluste, der Leistung und zur Optimierung der Arbeitsprozesse in Mähdreschern und anderen Landmaschinen vorgesehen.
- Gemeinsam arbeiten wir auch daran, die unzulässig hohen Verluste bei der Rübenernte zu beseitigen und haben dazu ein gemeinsames Kollektiv zur Erarbeitung und Umsetzung einer entsprechenden Konzeption zur Senkung der Verluste mit dem FZM Schlieben-Bornim gebildet.
- Weitere wichtige Schwerpunktthemen der Forschung und Entwicklung, insbesondere unter dem Gesichtspunkt der Erhöhung der Bodenfruchtbarkeit, betreffen die Erzeugnisse der Bodenbearbeitung und Aussaat, der Spätstickstoffdüngung bis hin zur Weiterentwicklung der Traktoren und Mähdrescher, die Automatisierung und Erhöhung der Rohstoffausbeute in landwirtschaftlichen Anlagen.
- Darüber hinaus entwickeln wir unser Erzeugnissortiment so weiter, daß wir die Palette der Leistungsklassen unserer Maschinen erweitern, um für die jeweiligen Arbeitsaufgaben die ökonomischste Variante einsetzen zu können und auch Rationalisierungsmittel für bisher nur mit hohem Aufwand zu realisierende Aufgaben bereitzustellen. Ich erinnere dabei an eine nach Leistungsklassen abgestufte Pressenbaureihe oder z.B. auch an die Stallarbeitsmaschine und Kleinsttraktoren, einschließlich der erforderlichen Adapter für die Bearbeitung von Splitterflächen.

Eine entscheidende Aufgabe besteht darin, die Maßnahmen der sozialistischen Landwirtschaft zur Erhöhung der Grundfondsökonomie wirksam durchzusetzen.

Das betrifft insbesondere die Erhöhung der Einsatzfähigkeit und die Verlängerung der Nutzungsdauer der Technik. Wir haben eine Konzeption erarbeitet, die darauf gerichtet ist, die Zuverlässigkeit und Verschleißfestigkeit unserer Erzeugnisse weiter zu verbessern und vor allem die Ersatzteilwirtschaft insgesamt zu qualifizieren. Dabei ist die Erhöhung der Bereitstellung von Ersatzteilen durch Neuproduktion nur ein Weg. Unter volkswirtschaftlichen, insbesondere material-ökonomischen Gesichtspunkten spielt die Aufarbeitung und Regenerierung verschlissener Teile eine besonders wichtige Rolle. Unser Kombinat hat bisher der landtechnischen Instandsetzung 1380 Regenerierungsdokumentationen übergeben. Wie abgestimmt, werden weitere 200 bis 1985 erarbeitet.

Es ist weiterhin vereinbart, daß wir für 13 Erzeugnistypen Instandsetzungselemente für 716 Positionen bereitstellen. Die eigenen Regenerierungsleistungen des Kombinates beziehen sich vor allem auf solche Positionen, die komplizierte, in der Serienproduktion vorhandene technologische Ausrüstungen verlangen.

Sehr ernst nehmen wir auch unsere Bündnisverpflichtung, den sich rasch entwickelnden Rationalisierungsmittelbau der Landwirtschaft mit serienmäßig erzeugten Baugruppen und Einzelteilen zu unterstützen. Der Lieferumfang des Kombinates beträgt z.Z. bereits rd. 20 Mio Mark, und wir werden ihn entsprechend der Steigerung des Rationalisierungsmittelbaues in der Landwirtschaft steigern. Im Rahmen unserer Möglichkeiten werden wir den Rationalisierungsmittelbau der Landwirtschaft darüber hinaus konstruktiv unterstützen. Das geschieht u.a. durch Übergabe von Werkstandards, gemeinsames Erarbeiten und Auswerten von Patentrecherchen sowie Durchführung von Ausstellungen von Erzeugnissen und Ideenkonferenzen.

In der bereits erwähnten Vereinbarung der Zusammenarbeit vom 3.11.1983 haben wir abgestimmt, daß durch den Landmaschinenbau zu festgelegten Bedingungen, z.B.
- schrittweise Konstruktionskapazität in den Kombinaten und Betrieben der Landtechnik aufgebaut wird,
- erfahrene Kader für die Durchführung von Weiterbildungslehrgängen für Landmaschinenkonstruktion im Bereich des Ministeriums für Land-, Forst- und Nahrungsgüterwirtschaft zur Verfügung gestellt werden,
- für ausgewählte Schwerpunktvorhaben des Rationalisierungsmittelbaues, insbesondere bei der arbeitsteiligen Entwicklung von Erzeugnissen und der dazugehörigen Adapter, gemeinsame Kollektive, ggf. unter Einbeziehung weiterer Kooperationspartner gebildet werden,
- die Serienbetreuung sowie die Weiterentwicklung der im Rahmen der Kooperation produzierten Einzelteile und Baugruppen auch in bezug auf Senkung des spezifischen Materialaufwandes entsprechend den volkswirtschaftlichen Zielstellungen erfolgt,

um nur einige zu nennen.

Neben dieser langfristig angelegten Unterstützung und Zusammenarbeit wurden in enger Gemeinschaft zwischen der Landwirtschaft und dem Kombinat eine Vielzahl kurzfristig wirkender Maßnahmen zur Energieeinsparung bearbeitet, die sehr schnell zu Ergebnissen in der Praxis führten. Als Beispiele für die Kraftstoffeinsparung möchte ich in diesem Zusammenhang herausstellen:
- den 1982 eingeführten Schwadmäher E 302, der durch eine optimale Motorenanpassung im Durchschnitt eine 8%ige Kraftstoffeinsparung bringt,
- die 10%ige Kraftstoffeinsparung durch Einführung einer optimierten Motorendrehzahl im Rahmen der Weiterentwicklung des Mähdreschers E 516. Dazu stellte der VEB Kombinat Fortschritt die Umrüstsätze zur Nachrüstung der bereits vorhandenen Mähdrescher bereit.
- Die Senkung des spezifischen Energiebedarfes um etwa 38% gegenüber den Vergleichserzeugnissen für die Einführung des Rodetrennladers E 686.

Das betrifft auch solche Maßnahmen zur Einsparung

von DK, wie die Bereitstellung der Baugruppen für die Umrüstung des Laders T 174 auf Elektroantrieb.

Zur Realisierung der Maßnahmen arbeitet unser Kombinat mit sehr viel Kraft daran, den notwendigen Neuerungsprozeß auch in wichtigen Zulieferbereichen der Volkswirtschaft durchzusetzen. Dabei geht es darum, neue Erkenntnisse in Forschung und Entwicklung an in der Landwirtschaft vorhandenen Maschinen umzusetzen. Dazu gibt der VEB Kombinat Fortschritt Unterstützung durch die Vermittlung der gewonnenen Erkenntnisse sowie durch Lieferung von Teilen und Baugruppen. Das betrifft z.B. die Sicherung des Gummigleisbandes für Traktoren und für Maschinen zur Futterproduktion auf wenig tragfähigen Böden, die Bereitstellung von Sensoren für die Prozeßautomatisierung und die Bereitstellung der Elektromotoren und Kabel für den Elektroantrieb mobiler Maschinen, um nur einige Beispiele zu nennen.

Mit diesen Beispielen wird sichtbar, daß wir uns der Anforderung nach weiterer Erhöhung der Schlagkraft der Technik, der Erhöhung der Arbeitsqualität und der Senkung der Verluste sowie des Energiebedarfes stellen. Im Rahmen der wenigen hier aufgezeigten Beispiele bei der Zusammenarbeit und Unterstützung des VEB Kombinat Fortschritt mit Einrichtungen der Landwirtschaft spielt der Gedankenaustausch und Informationsfluß eine große Rolle. Durch die vielfältigsten Formen der Arbeit und der Aufgaben im Rahmen der Wissenschaftskooperation ist es möglich, Erfahrungen zur Erhöhung der Wirksamkeit von Wissenschaft und Technik umzusetzen und zu nutzen.

Es ist unsere gemeinsame Aufgabe, die Sicherung einer leistungsfähigen Landwirtschaft der DDR zu gewährleisten. Für alle Mitarbeiter des Kombinates und der Landwirtschaft gibt es damit ein lohnendes Aufgabengebiet.

Arno Winkel

Zu einigen Grundproblemen der Forschungskooperation bei der weiteren Erhöhung der Wirksamkeit des wissenschaftlich-technischen Fortschritts bei der Getreideproduktion

Die weitere Verwirklichung der Hauptaufgabe unter den vom X. Parteitag der SED gestellten Bedingungen wird im hohen Maße von der bedeutenden Leistungssteigerung unserer Landwirtschaft bestimmt. Weitere Fortschritte sind von der komplexen Durchsetzung der sozialistischen Intensivierung abhängig. Die Pflanzenproduktion schafft als primärer Rohstoffproduzent gleichzeitig wesentliche Voraussetzungen für eine effektive Tierproduktion. Dem Getreide kommt dabei eine Schlüsselposition zu. Das Getreidekorn ist verhältnismäßig leicht lagerfähig und gut transportfähig. Es besitzt eine hohe Nährstoffkonzentration und ist vielseitig einsetzbar. Der Getreideanbau bietet den Vorteil, daß er in hohem Maße mechanisiert durchführbar ist und eine hohe Arbeitsproduktivität gewährleistet. Getreide wird auf mehr als 50 % unserer Ackerfläche produziert. Die Erhöhung des Getreideaufkommens ist eine entscheidende Voraussetzung für die weitere Entwicklung unseres Lebensstandards. Sie ist eine Macht- und Klassenfrage. Das Wesen der sozialistischen Intensivierung der Getreideproduktion wird wie das der gesamten Volkswirtschaft durch die gleichen Merkmale gekennzeichnet, d. h. die Produktionsmittel sind mit dem Ziel besser zu nutzen, die Produktion und die Produktivität zu steigern.

Dabei ist zu berücksichtigen:

1. Gegenwärtig vollzieht sich der Übergang vom fondsintensiven Typ der erweiterten Reproduktion zum fondssparenden Typ der intensiven Reproduktion. Die sozialistische Rationalisierung gewinnt zunehmend an Bedeutung. Durch allseitige Nutzung des wissenschaftlich-technischen Fortschritts ist das Verhältnis von Aufwand und Nutzen zu verbessern. Das bestimmt sowohl die Zielstellung in der Getreidezüchtung, z. B. durch Bereitstellung resistenter und standfester Sorten, den Fondseinsatz zu reduzieren als auch die rationelle Gestaltung der Produktionsverfahren, um für jedes Ertragsniveau standortspezifische fondssparende Lösungen durchzusetzen.

2. Die bestmögliche Nutzung des Bodens ist die Grundfrage der sozialistischen Intensivierung. Er ist nicht vermehrbar, unbeweglich und räumlich nicht auszudehnen. Daraus leitet sich die Notwendigkeit ab, die Erhöhung des Getreideaufkommens vorrangig über die Steigerung der Hektarerträge zu erreichen und die Intensivierung sowie den wissenschaftlich-technischen Fortschritt auf eine langfristige und stabile Erhöhung der Bodenfruchtbarkeit zu richten. Welche Möglichkeiten gegeben sind, bewiesen sehr eindrucksvoll die Genossenschaftsbauern in der Kooperation Plate (Kr. Schwerin-Land), die es verstanden, durch zielgerichtete Anreicherung ihres Bodens mit Humus und geschickter Steuerung des Wachstumsfaktors Wasser auf ihrem sehr leichten Sandboden den höheren Ansprüchen des Winterweizens zu entsprechen und respektable Erträge zu erreichen. Die konsequente Anwendung der neuesten wissenschaftlichen Erkenntnisse unter Berücksichtigung der eigenen Ergebnisse und Erfahrungen zur Erhöhung des Humusgehaltes, zur Durchsetzung langfristiger Fruchtfolgen, einer schonenden Bodenbearbeitung, der großflächigen Melioration und nicht zuletzt einer gut durchdachten Chemisierung führten auch bei Winterroggen in dieser Kooperation zu einem kontinuierlichen Ertragsanstieg.

3. Bei der sozialistischen Intensivierung der Landwirtschaft als Zweig der materiellen Produktion ist zu beachten, daß auch für sie die allgemeinen Grundzüge der sozialistischen Intensivierung gelten. Die notwendige Verflechtung des ökonomischen mit dem biologischen Reproduktionsprozeß bedeutet, den Erfordernissen der Naturgesetze zu entsprechen, deren wirkungsvolle Nutzung die ökonomische Effektivität der Produktion bestimmen. Schlechte Arbeit, verpaßte Termine leiten meist irreversible Prozesse ein. Diese Fehler lassen sich nicht wiedergutmachen. Wurde z. B. die Aussaat nicht qualitäts- und termingerecht durchgeführt oder die Stickstoffdüngung nicht zum rechten Zeitpunkt in der richtigen Menge gegeben, bedingt dies Ertragsausfälle.

Die Schwierigkeit liegt in der möglichst zuverlässigen Bestandsführung, die ausgehend vom erreichten Entwicklungszustand der Pflanzen unter Beachtung eines möglichen Witterungsverlaufs die verfügbaren Fonds zur größten Effektivität zu bringen hat.

In den hochentwickelten Agrar-Industrieländern Westeuropas hat sich unter dem Einfluß der großen Industriekonzerne ein Typ der Intensivierung durchgesetzt, der unter allen Bedingungen den Ertragszuwachs gewährleistet. Er setzt die vollständige Absicherung des Nährstoffangebots, der Pflanzenschutzmittel und Halmstabilisatoren für jede Ereignissituation und nicht zuletzt eine große Schlagkraft der Landmaschinen voraus. Es wird z. B. nicht erst ein bestimmter Schwellenwert im Befall mit Pflanzenkrankheiten oder Schädlingen abgewartet, sondern es wird grundsätzlich vorbeugend das Pflanzenschutzmittel zum Einsatz gebracht. Das verspricht den Konzernen den höchsten Gewinn unabhängig von den Kosten für die Landwirtschaft. Der sozialistische Weg der Intensivierung in der Getreideproduktion verlangt fondssparende Lösungen zur Erreichung von Höchsterträgen. Er stellt deshalb höhere Anforderungen an Wissenschaft und Produktion, um die Getreideproduktion von negativen Natureinflüssen unabhängiger zu machen und möglichst optimale Wachstumsbedingungen für die Pflanzen bei geringstem Aufwand zu schaffen. Mit Hilfe der Forschungskooperation müssen wir zur weiteren Erhöhung der Wirksamkeit des wissenschaftlich-technischen Fortschritts in der Getreideproduktion beitragen. Das setzt die bessere Einbeziehung der Gesellschaftswissenschaften und insbesondere der wirtschaftswissenschaftlichen Kapazitätn voraus.

Ich möchte mich auf Probleme konzentrieren, die sich aus der auf die Perspektive ausgerichtete Gemeinschaftsarbeit von Wissenschaft und Produktion zur umfassenden Intensivierung der Getreideproduktion gegenwärtig ergeben.

Ausgehend von unseren Erfahrungen stimme ich Koziolek zu, der in der Zeitschrift „Einheit" die Aufmerksamkeit auf 3 Fragen der umfassenden Intensivierung lenkt, die auch für unsere Arbeit wirkungsvoll sind. Sie betreffen:

- Die Beziehungen zwischen ökonomischem Wachstum und umfassender sozialistischer Intensivierung als grundlegende Bedingung für die weitere Gestaltung der entwickelten sozialistischen Gesellschaft, d.h., die Produktion muß schneller wachsen als die Inanspruchnahme von Ressourcen.
- Die volle Nutzung des durch die Bildungspolitik der Partei geschaffenen Potentials.
- Die Verbindung der Vorzüge des Sozialismus mit der wissenschaftlich-technischen Revolution, um eine große Beschleunigung der Ausbreitungsgeschwindigkeit von Neuerungen zu erreichen.[1]

Wenn ich unter diesen Gesichtspunkten die mit unseren Kooperationspartnern in der Praxis abgeschlossenen Vereinbarungen betrachte, die auf höchstmögliche ökonomische Verwertung der Ergebnisse von Wissenschaft und Technik zum Nutzen der DDR abzielen und von der Notwendigkeit bestimmt sind, den Zyklus Wissenschaft–Technik–Produktion–Absatz zu beschleunigen, so muß ich einschätzen, daß wir noch nicht alle diese Fragen ihrem ganzen Inhalt entsprechend berücksichtigt haben. Zwar sind in der letzten Zeit beachtliche Fortschritte zu verzeichnen, den gesellschaftlichen Auftrag des Zusammenwirkens von Wirtschafts-, Natur- und technischen Wissenschaften durchzusetzen, aber es bleibt auch noch einiges zu tun, um den volkswirtschaftlichen Maßstäben und Anforderungen bei der Verwirklichung einer qualitativ neuen Stufe der Intensivierung der Landwirtschaft voll zu entsprechen. Das betrifft die bessere Verflechtung der Forschung zur Sicherung der notwendigen Einheit von naturwissenschaftlichen, technisch-technologischen, ökonomischen und gesellschaftlichen Prozessen. Jetzt gilt es, die effektive Durchsetzung im eigenen Verantwortungsbereich zu sichern und da werden einige Probleme sichtbar:

- Die Steigerung der Getreideerträge wird wesentlich vom richtigen Einsatz der Fonds bestimmt. Wissenschaftlich-technische Lösungen tragen zunehmend komplexen Charakter. Ertragssteigerungen werden am wirkungsvollsten erzielt, wenn der im Minimum befindliche Faktor erhöht wird. Ist beispielsweise die Bodenfruchtbarkeit nicht in Ordnung, führen gesteigerte Stickstoff-Gaben bestenfalls zu einem Ausgleich des Ertragsausfalls.
  Die besten LPG und VEG haben in den letzten Jahren bewiesen, daß durch gezielte Anwendung spezifischer Pflanzenschutzmittel der Getreideertrag am stärksten beeinflußbar ist. Mit einem verhältnismäßig geringen zusätzlichem Aufwand konnten deutliche Mehrerträge erzielt werden. Der Fondseinsatz – bezogen auf das Endprodukt – ging erheblich zurück.
- Neben der komplexen Anwendung aller Intensivierungsmittel kommt es während der gesamten Vegetationszeit auf die Einhaltung der optimalen agrotechnischen Termine an. Ein Stickstoffdüngemittel oder ein Pflanzenschutzmittel zu früh oder zu spät eingesetzt, verursacht Kosten, bringt nicht den notwendigen Effekt. Eine weitere Schwierigkeit besteht darin, daß die jeweiligen Maßnahmen dem Entwicklungsstand des Getreides und den Witterungsbedingungen anzupassen sind.
- Wir brauchen insgesamt ein ausgeprägteres pflanzenbezogenes Denken bei der Anwendung der Technik und dem Einsatz der Chemie und vor allem aber eine größere Flexibilität, die den standortspezifischen und jahresbedingten Witterungsbedingungen besser entspricht. Hier liegen noch beachtliche Ertragsreserven, die es nicht zuletzt durch die Breitenanwendung der Computertechnik zur Steuerung pflanzenbaulicher Prozesse zu erschließen gilt.
  Im Heft 5/84 der Einheit wird von Gräfe u.a. die Flexibilität im Interesse der erfolgreichen Verwirklichung der Marktstrategie für die Kombinate gefordert. Ich möchte dies auf die erfolgreiche Durchsetzung des Produktionsverfahrens Getreide übertragen, das den jeweiligen Bedingungen Rechnung tragen muß. Nur anpassungsfähige Systeme können wirklich stabil sein[2]. Wir brauchen auch eine größere Disponibilität der Technik, um den Zyklus Wissenschaft–Technik–Produktion besser zu beherrschen und die Höchstertragskonzeptionen in der Praxis zu verwirklichen.
- Eine der nächsten Aufgaben der Forschungskooperation ist darin zu sehen, die ökonomischen Wirkungen einzelner Maßnahmen weiter zu analysieren, die für neue wissenschaftlich-technische Entwicklungen charakteristisch sind, progressive Ertragssteigerungen auf lange Sicht ermöglichen und durch komplexe Anwendung die bedarfsgerechte Produktion der Gebrauchseigenschaften sichern. Die Erzeugung neuer Produkte ist dabei besonders bedeutungsvoll. Wichtig ist, daß die Wissenschaft stets mehrere Lösungsvarianten anbietet, um es dem Getreideproduzenten zu ermöglichen, auf seine aktuellen Bedingungen bezogen, optimale Lösungen zu finden. Das ist eine wesentliche Voraussetzung, um die Ergebnisse der Wissenschaft wirkungsvoll mit den Erfahrungen der besten Arbeiter und Genossenschaftsbauern zum Nutzen unserer Volkswirtschaft zu verbinden. Damit erreichen wir zugleich eine effektivere Nutzung der verfügbaren Fonds einschließlich des gesellschaftlichen Arbeitsvermögens, das durch ein hohes Bildungsniveau unserer landwirtschaftlichen Kader geprägt ist.
- Ein weiteres Problem möchte ich ansprechen. Wir haben die Nachwuchswissenschaftler noch nicht ausreichend in die Forschungskooperation einbezogen. Un-

sere Konsultations- und Beratungszentren z. B. die LPG Pflanzenproduktion in Plate und Saal helfen zwar Forschungsergebnisse mit Zeitgewinn in die Praxis überzuleiten, ihre Bildungsfunktion muß aber zielstrebig weiter ausgebaut werden. Wir nutzen diese LPG noch zu wenig für die gezielte Ausbildung der Studenten und für die Weiterbildung des wissenschaftlichen Nachwuchses. Die aktive Mitwirkung von Wissenschaftlern der Sektion Melioration und Pflanzenproduktion der Wilhelm-Pieck-Universität Rostock in unserer Forschungskooperation schafft gute Voraussetzungen, an die wir weiter anknüpfen müssen. Als vorteilhaft erwies sich bereits die Delegierung junger Wissenschaftler in diese Konsultationsbetriebe. Reserven liegen aber noch im effektiveren Zusammenwirken mit den gesellschaftswissenschaftlichen Disziplinen.

Die heutige Tagung hat bisher und wird sicher weiter eine Reihe von Anregungen vermitteln, die in unserer weiteren Arbeit zu berücksichtigen sind. Die vertraglichen Vereinbarungen bieten eine gute Grundlage für die Herausbildung stabiler Kooperationsbeziehungen, um in einer gut koordinierten Zusammenarbeit mit Wissenschaftlern anderer Disziplinen und unseren Praxispartnern eine höhere ökonomische Wirksamkeit unserer Forschungsergebnisse zu erreichen.

[1] Vgl. Helmut Koziolek, Unsere Planwirtschaft auf dem Wege umfassender Intensivierung, in: Einheit 1/1984, S. 39–43.

[2] Vgl. Claudia Gräfe/Dieter Liebing/Harry Nick/Heinz Willems, Zur Leitung des wissenschaftlich-technischen Fortschritts in den Kombinaten, in: Einheit 5/1984, S. 410 ff.

Kurt Groschoff

Die Vertiefung der Kooperation – ein wichtiger Faktor der weiteren Intensivierung der Landwirtschaft der DDR

Die Durchsetzung der vom X. Parteitag der SED entwickelten ökonomischen Strategie zur erfolgreichen Weiterführung der Hauptaufgabe in ihrer Einheit von Wirtschafts- und Sozialpolitik unter den volkswirtschaftlichen Reproduktionsbedingungen der 80er Jahre erfordert, wie im Referat dargelegt, auch in der sozialistischen Landwirtschaft unserer Republik eine allseitig intensiv erweiterte Reproduktion, d.h. die weitere Intensivierung in neuer Qualität. Zu den qualitativen Faktoren, die es dafür besser zu erschließen und umfassender zu nutzen gilt, gehört die gesellschaftliche Organisation der Produktion. Dabei geht es in dieser Zeit speziell um die Entfaltung, Vertiefung und Festigung der Kooperation sowie die Nutzung von Kombinationseffekten. Entwicklung der Kooperation – das ist faktisch der Dreh- und Angelpunkt für hohe Erträge auf dem Feld und hohe Leistungen im Stall, für rationellsten Einsatz der Grundmittel, sparsamsten Umgang mit Material und Energie, effektive Ausschöpfung des Arbeitsvermögens sowie für die Ausprägung der schöpferischen Initiative und breiten demokratischen Mitarbeit der Genossenschaftsbauern und Arbeiter der Landwirtschaft.

Im Rahmen der Gesamtaufgabe, die Kooperation zwischen den landwirtschaftlichen Betrieben und mit anderen weiterzuentwickeln, bildet die Vertiefung und Festigung der Kooperation zwischen den Betrieben der Pflanzen- und Tierproduktion, die engere, vielseitigere und verbindlichere Zusammenarbeit zwischen den Kollektiven der im jeweiligen Territorium kooperierenden LPG bzw. LPG und VEG dieser Landwirtschaftszweige den Schwerpunkt. Das resultiert aus der Stellung von Boden und Tieren im landwirtschaftlichen Reproduktionsprozeß – sie sind die Hauptproduktionsmittel im jeweiligen Zweig –, und aus der Notwendigkeit, die objektiven, vielfältigen und naturgegebenen Beziehungen des Stoffkreislaufs Boden–Pflanze–Tier–Boden nun unter den Bedingungen der gesellschaftlichen Arbeitsteilung zwischen Pflanzen- und Tierproduktionsbetrieben rationell zu verwirklichen. Die Erfahrungen bestätigen eindeutig: Je enger die Kooperation zwischen Pflanzen- und Tierproduktion, desto effektiver ist der einheitliche Reproduktionsprozeß in unserer sozialistischen Landwirtschaft zu verwirklichen. Das gilt für eine jede der bestehenden 1170 Kooperationen Pflanzenproduktion-Tierproduktion, unabhängig von der unterschiedlichen Anzahl der daran beteiligten Betriebe.

Die Arbeit des Kooperationsrates, des in jeder Kooperation bestehenden gemeinsamen Organs der Kooperationspartner, ist, wie es im Beschluß des XII. Bauernkongresses der DDR (1982) heißt, die „Schlüsselfrage der weiteren Vertiefung der Kooperation"[1]. Um eine den neuen Anforderungen entsprechende Wirksamkeit dieser Organe zu gewährleisten, wird es für notwendig gehalten, die Rechte und Pflichten der Kooperationsräte zu erhöhen und eine für die Kooperationspartner größere Verbindlichkeit der Arbeitsweise und Entscheidungen zu entwickeln; darauf orientierte faktisch bereits der Beschluß des XII. Bauernkongresses der DDR und konkret orientierend ein Beschluß des Politbüros der SED vom Oktober 1983.

Lösungen für diese Problematik werden gegenwärtig in einigen Kooperationen jedes Bezirks und in einem ganzen Bezirk erprobt. Dabei bleibt der Kooperationsrat ein demokratisch gebildetes Organ der kooperierenden LPG, VEG und anderer an der Kooperation beteiligten Betriebe, ihr gemeinsames und ihnen rechenschaftspflichtiges Organ.

Die Erhöhung der Aufgabenstellung und Verantwortung des Kooperationsrates, die freiwillige Übertragung von Rechte und Pflichten auf ihn durch in den kooperierenden Betrieben gefaßte Beschlüsse muß verbunden sein mit der Wahrung der juristischen und ökonomischen Selbständigkeit und Eigenverantwortung der Betriebe, der Erhöhung ihrer Verantwortlichkeit füreinander und mit der Entfaltung der genossenschaftlichen Demokratie auch auf der Ebene der Kooperation. Es wäre zweifellos eine Hilfe für diese Entwicklung, wenn seitens der Politischen Ökonomie des Sozialismus, der Agrarökonomie, der Sozialistischen Betriebswirtschaft oder einer anderen unserer Wissenschaftsdisziplinen theoretisch fundiert ausgearbeitet würde, welche Rechte und Pflichten und wie weit diese – bei Wahrung der Selbständigkeit und der Eigenverantwortung der kooperierenden Betriebe für den betrieblichen Reproduktionsprozeß und die Gewährleistung erweiterter Reproduktion im Betrieb – auf den Kooperationsrat übertragen werden können. Von seiten der Wissenschaft ist – zumindest für den Bereich des genossenschaftlich-sozialistischen Eigentums – der theoretische Erkenntnisvorlauf zu beschleunigen.

In der Konzeption zur Vertiefung und Vervollkommnung der Kooperationsbeziehungen zwischen Pflanzen- und Tierproduktion werden die Kooperationsräte vor allem – bei weiterer Steigerung der Produktion und Senkung des Produktionsverbrauchs – auf eine Reihe Schwerpunkte orientiert, wie sie im Bericht des Politbüros an das Zentralkomitee der SED auf seiner 7. Tagung angeführt wurden, so auf die

„– Herstellung ausgewogener Proportionen zwischen Pflanzen- und Tierproduktion, Ausschöpfung von Kombinatseffekten der spezialisierten Produktion sowie Absicherung des Eigenaufkommens an Fut-

termitteln im Territorium der Kooperation zur weiteren Ablösung von Importen,
- zielgerichtete Anwendung des wissenschaftlich-technischen Fortschritts, besonders mit Hilfe der Höchstertrags- und Höchstleistungskonzeptionen,
- Durchsetzung der sozialistischen Betriebswirtschaft auf höherem Niveau beim Zusammenwirken der LPG und VEG in der Kooperation zur Steigerung der Produktion und Senkung des Produktionsverbrauchs sowie zur Beseitigung ungerechtfertigter Differenziertheit innerhalb und zwischen den LPG und VEG,
- Ausprägung gemeinsamer gesellschaftlicher und ökonomischer Interessen mit dem Ziel, die Kooperation immer besser als einen geschlossenen Wirtschaftsorganismus zu leiten, zu planen, zu organisieren und abzurechnen und die Eigenverantwortung der LPG und VEG zu stärken."[2]

Die Kooperation als einen geschlossenen Wirtschaftsorganismus zu leiten, zu planen, zu organisieren und abzurechnen – darin besteht nun die grundsätzliche Aufgabe des Kooperationsrates. Auf der Grundlage der ihm durch Beschluß der Mitgliederversammlungen der an der Kooperation beteiligten LPG bzw. durch das VEG übertragenen Rechte und Pflichten sowie in Abstimmung mit den zuständigen örtlichen Staatsorganen übt er zunehmend wirtschaftsleitende Funktionen in der Kooperation aus. Das ist eine sehr bedeutende Positionsveränderung des Kooperationsrates. Hierbei sei auf einen großen Unterschied zur Entwicklung der Wirtschaftsorganisation in der Industrie, wie sie in den letzten Jahren vollzogen wurde, hingewiesen. Mit der Kombinatsbildung entstand für die Betriebe in der Kombinatsleitung eine neue, aber keine zusätzliche Leitungsebene (beispielsweise in der zentralgeleiteten Industrie fielen dafür die VVB fort); auch wenn man den Kooperationsrat in der neuen Position nicht als eine solche *Leitungsebene* werten will, so schiebt er sich doch mit der Wahrnehmung wirtschaftsleitender Funktionen in das bisher bestehende Leitungssystem der sozialistischen Landwirtschaft der DDR ein. Das wird gewiß Probleme dort mit sich bringen, wo diese Kooperationsräte im Bereich von Agrar-Industrie-Vereinigungen bestehen. Die Herausarbeitung wissenschaftlicher Erkenntnisse über die wirtschaftsleitenden Funktionen des Kooperationsrates muß daher auch auf die Wertung seiner Position in bezug auf das Leitungssystem der Landwirtschaft gerichtet sein.

Seine wirtschaftsleitenden Funktionen verwirklicht der Kooperationsrat vor allem, indem er folgende Aufgaben in Angriff nimmt:
- gemeinsame Erarbeitung einer Intensivierungskonzeption und Festlegung der Hauptwege und Hauptmaßnahmen zur ihrer Realisierung. Die Konzeption muß darauf gerichtet sein, daß ein hoher Leistungsanstieg vor allem durch Steigerung der Erträge auf dem Acker- und Grünland und der Leistungen in den Ställen, durch höhere Wirksamkeit der Fonds und der lebendigen Arbeit, insbesondere durch Anwendung des wissenschaftlich-technischen Fortschritts und Rationalisierung, erreicht wird;
- gemeinsame Erarbeitung der Perspektiventwicklung der Betriebe zur Sicherung ausgewogener Proportionen zwischen der Pflanzenproduktion (speziell der Futterproduktion) und der Tierproduktion im Territorium, die eine Transportminimierung ermöglichen;
- Festlegung der gegenseitigen Lieferungen und Leistungen nach Art, Menge, Qualität und Zeitpunkt sowie der Vereinbarungspreise dafür;
- gemeinsame Erarbeitung und Festlegung der Grundsätze für die Bildung und Verwendung gemeinsamer Fonds sowie die Planung und Regelung ihres Einsatzes;
- Organisierung und Durchführung des systematischen Leistungsvergleichs der Kooperationspartner auf der Grundlage der dafür verbindlichen Kennziffern (Eigenprodukt, Nettoprodukt, Kostensatz und Gewinn) und Messung der Leistung der Kooperation insgesamt.

Entsprechend der dem Kooperationsrat übertragenen Verantwortung arbeitet er eng mit den staatlichen Organen in allen Fragen der Planung, der Plandurchführung und -abrechnung der Kooperation zusammen.

Besondere Aufmerksamkeit muß der Kooperationsrat der Herstellung, Sicherung und Gewährleistung der erforderlichen Dynamik der Proportionalität zwischen den Gliedern und Elementen des landwirtschaftlichen Reproduktionsprozesses im Territorium zuwenden. Davon hängt die Effektivität der Kooperation maßgeblich ab. Gegenwärtig wird es oft erst einmal um die Herstellung der notwendigen Proportionalität gehen. K. Marx wies darauf hin, daß Teilung der Arbeit stets eine bestimmte „qualitative Gliederung und quantitative Proportionalität gesellschaftlicher Produktionsprozesse, also eine bestimmte Organisation gesellschaftlicher Arbeit"[3] hervorbringt und für ihr effektives Fortbestehen bedingt. Ausgewogene Proportionen zwischen Pflanzen- und Tierproduktion – das ist ein Grunderfordernis für die Intensivierung in neuer Qualität. Wird die Proportionalität zwischen der Tier- und Pflanzenproduktion im Territorium nicht erreicht, sind Effektivitätsverluste, also verringertes Ergebnis der Intensivierung unvermeidlich. Die Herstellung dieser Proportionalität ist daher eine Kernfrage der Kooperation.

Die Proportionalität zwischen Pflanzen- und Tierproduktion im Territorium ist durch folgende Proportionen zu gewährleisten (sie seien hier z. T. nur genannt, nicht umfassend in ihrer Struktur erläutert; zu einzelnen werden einige Bemerkungen gemacht):

1. Proportion zwischen Futterbedarf und Futteraufkommen

Diese Proportion besitzt eine erstrangige energieökonomische Bedeutung. Nur diejenige Futterenergie, die über den Erhaltungsfutterbedarf der Tiere hinausgeht, kann sich in tierisches Eigenprodukt verwandeln, d. h. in Produkt, das die Gesellschaft konsumieren kann. Je geringer die bereitgestellte Futterenergiemenge je futterorientierte Großvieheinheit (fGV) ist, um so größer ist der Anteil der energetischen Umwandlungsverluste bei der „Veredlung" der pflanzlichen Erzeugnisse in der Tierproduktion, und um so geringer ist die Energieeffektivität der Tierproduktion.

Erforderlich ist im Territorium ein Futteraufkommen je fGV – nach wissenschaftlichen Erkenntnissen – von mindestens 2,6 Mill. energetische Futtereinheiten (MEF). Rechnet man nach Angaben von Helmich[4] u. a., die Beziehungen zwischen Leistung und Futterverbrauch in 1184 LPG Tierproduktion analysierten, so ergibt sich in 21 % dieser Betriebe eine Futterbereitstellung je fGV in MEF in Höhe von nur 2,33, in 59 % von 2,50 und in 20 % von 2,66. Nur in einem Fünftel dieser LPG Tierproduktion steht ungefähr eine Futtermenge in Höhe jener Kennziffer 2,60 MEF/fGV zur Verfügung, die eine Voraussetzung für hohe Leistungen ist. Zu beachten ist außerdem, daß in der Futtermenge jener analytischen Angaben das gesamte eingesetzte Futter, nicht nur das im Territorium der Kooperation produzierte enthalten ist.

Da die hohen Tierbestände unserer Landwirtschaft gehalten werden müssen und jeweils ihre Versorgung in der Regel mit Futter aus dem Futteraufkommen des Territoriums erfolgen soll, kann im Grunde die Herstellung der optimalen Proportion Futterbedarf – Futteraufkommen nur – neben höherer Ökonomie und Futtereinsatz – über die Steigerung der Futterproduktion (Steigerung der Erträge, Senkung der Ernte-, Lagerungs- und Konservierungsverluste) erfolgen. Das ist oft ein langer Weg.

Wie erfolgreich und schnell auf diesem Wege vorangekommen wird, hängt in vielen Kooperationen von einer besseren Nutzung der Naturgegebenheiten, der Technik und des Arbeitsvermögens der Betriebe ab; in vielen Kooperationen auch davon, daß nicht so sehr *mehr*, sondern vor allem *bessere* Produktionsmittel (Maschinen, Düngemittel, Pflanzenschutzmittel) bereitstehen und das Arbeitsvermögen vergrößert wird. Solange die Proportion Futteraufkommen – Futterbedarf im Territorium nicht optimal ist, müssen Effektivitätsverluste von dieser Seite aus in Kauf genommen werden. Das beeinträchtigt das Aufwand-Ergebnis-Verhältnis und hemmt so auch die Realisierung der Intensivierung in neuer Qualität. Der Kooperationsrat muß – wie die einzelnen Betriebe und die staatlichen Organe – der Entwicklung der Pflanzenproduktion, speziell der Futterproduktion besondere Aufmerksamkeit und Förderung zuwenden.

2. Proportion zwischen dem Entzug und der Zuführung organischer Substanz

Diese Proportion erfordert, daß in der Fruchtfolge durch die von den einzelnen Kulturen dem Boden verbleibenden organischen Stoffe (Wurzeln u. a.), durch Zuführung organischer Stoffe aus der Tierproduktion (Stallmist, Gülle) und aus anderen Quellen eine Bedarfsdeckung an organischer Substanz für die Reproduktion der Bodenfruchtbarkeit zwischen 80 bis 110 % gewährleistet wird.[5] Das zu erreichen, erfordert viele Maßnahmen, die zwischen Pflanzen- und Tierproduktionsbetrieben sowie dem Kooperationsrat abgestimmt sind. Zu ihnen gehören zweckmäßige Gestaltung von Fruchtfolgen und Zwischenfruchtanbau wie auch ein angemessener hoher Viehbesatz, gute Stalldung- und Güllewirtschaft. Von zunehmendem Einfluß auf die Sicherung dieser Proportion ist aber auch eine zweckmäßige Bestimmung der Vereinbarungspreise für Stroh, Stalldung und Gülle, worauf der Kooperationsrat großen Einfluß hat.

3. Proportion zwischen Produktionsorganisation und Transport

Die Herstellung einer günstigen Proportion Produktionsorganisation – Transport im Territorium der Kooperation verlangt einerseits vor allem unter der Einflußnahme des Kooperationsrates eine gute Abstimmung der territorialen und betrieblichen Anbauverhältnisse und Fruchtfolgerotationen mit den Standorten der Tierproduktion und dem jeweils dort bestehenden Futterbedarf, die Optimierung der Silo- und anderer Futterlagerstandorte. Von den etwa 340 Millionen Tonnen Gütern, die in einem Jahr von der Landwirtschaft der DDR transportiert werden müssen, entfallen 100 Millionen Tonnen auf Stalldung und Gülle sowie 90 Millionen Tonnen auf Futtermittel. Diese jeweils nur im Territorium der Kooperation zu transportierenden Güter machen fast 60 % der landwirtschaftlichen Transportmenge aus.

Erforderlich ist andererseits eine für jene Proportion zweckmäßige territoriale Gliederung der Betriebe in Abteilungen und Brigaden. Die transport- und produktionsökonomisch günstigsten Ergebnisse erreicht man gegenwärtig, wenn die Stalldung-, Gülle- und Großfuttermengen in einem Territorium von 5 bis 6 km Durchschnittsentfernung erzeugt und verwendet werden. Dem entsprechen territoriale Produktionsbereiche von 1500–2500 ha LN[6]. Bereiche dieser Größenordnung sind bei der produktionsorganisatorischen Untergliederung einer LPG bzw. eines VEG Pflanzenproduktion auch in der Regel ohne weiteres möglich. Es sind daher keine Änderungen von Betriebsgrößen erforderlich.

Der Kooperationsrat muß auf die Gestaltung der produktionsorganisatorischen Gliederung aller Betriebe der Kooperation Einfluß nehmen, damit durch gut aufeinander abgestimmte Untergliederung in dem Pflanzenproduktionsbetrieb und den Tierproduktionsbetrieben zwischen ihren Abteilungen und Brigaden stabile Direktbeziehungen zueinander und enge Beziehungen zu den jeweiligen Gemeinden bzw. Dörfern möglich sind, zugleich auch ein Minimum an Transportaufwand bei hoher Effektivität der gesellschaftlichen Organisation der Produktion erreichbar wird. Die Orientierung auf ein Transportminimum darf keinesfalls so starr sein, daß das eine vorteilhafte Dynamik der Produktionsorganisation verhindert. Hinzu kommt, daß größte Dezentralisierung im Erzeugnisaufkommen und -verbrauch, um möglichst geringe Transportentfernung zu erreichen, nicht unbedingt den geringsten Transportaufwand zur Folge hat; konzentrierte Transportmengen können oftmals mit leistungsfähigeren Mitteln umgeschlagen und transportiert werden, was in der Regel auch transportaufwandsenkend wirkt. Allerdings muß der Kooperationsrat beachten, daß nicht nur die Energieträger, sondern auch leistungsfähige Transportmittel begrenzt zur Verfügung stehen.

4. Proportion zwischen Arbeitskräftebedarf der einzelnen Pflanzen- und der Tierproduktionsbetriebe und seiner Deckung durch die im Territorium der Kooperation verfügbaren Arbeitskräfte

Der Bedarf des einzelnen Pflanzenproduktionsbetriebes an lebendiger Arbeit verändert sich bekanntlich im Verlauf des Jahres in Abhängigkeit vom Produktionsablauf und schwankt auch in Abhängigkeit von veränderlichen Bedingungen sowohl während des Jahres als auch von Jahr zu Jahr. In weit geringerem Maße trifft das auch für den Tierproduktionsbetrieb zu.

Zur Deckung des jeweiligen Arbeitskräftebedarfs in der Pflanzen- oder in der Tierproduktion kann ein unter Leitung des Kooperationsrates planmäßig gestalteter zeitweiliger Arbeitskräfteaustausch zwischen Pflanzenproduktionsbetrieb und Tierproduktionsbetrieben bedeutend beitragen. Das hilft die Produktionsaufgaben in agrotechnisch günstigen Zeiträumen zu bewältigen und in der Kooperation die zeitlichen Arbeitsbedingungen für die Genossenschaftsbauern und Arbeiter der Landwirtschaft günstiger zu gestalten. Die Möglichkeiten zu einer solchen Arbeitshilfe, werden noch zu wenig ausgeschöpft. Über diese Arbeitshilfe zwischen Pflanzen- und Tierproduktion hinaus müssen, insbesondere in den Arbeitsspitzenzeiten der Pflanzenproduktion, auch Arbeitskräfte aus kooperativen Einrichtungen des Vorleistungsbereiches direkt in der Pflanzenproduktion eingesetzt werden, soweit das dort zur Deckung des Arbeitskräftebedarfs in den agrotechnisch wichtigsten Zeiträumen und zur besseren Einhaltung der agrotechnisch günstigen Termine erforderlich ist. Auch darauf sollte der Kooperationsrat Einfluß nehmen.

Diese Quelle zeitweiliger Arbeitskräfte vor allem für die Pflanzenproduktion müßte weit über das jetzige Maß hinausgehend besonders dort genutzt werden, wo in den Pflanzenproduktionsbetrieben das unzureichende Arbeitsvermögen auch bei hoher überplanmäßiger Arbeitsstundenzahl und Arbeitshilfe aus der Tierproduktion nicht ausreicht, die natürlichen und ökonomischen Produktionsgrundlagen umfassend und hocheffektiv auszuschöpfen. Es müßte möglich sein, daß bestimmte kooperative Einrichtungen bzw. Teile solcher Einrichtungen in ihren Leistungen von vornherein nur für beispielsweise 10 Monate im Jahr ausgeplant werden und das jeweilige Kollektiv planmäßig und regelmäßig bis 2 Monate in der Pflanzenproduktion tätig ist. Dazu wären entsprechende Änderungen der Planungsordnung, eine Entscheidung in der Bevollmächtigtenversammlung der kooperativen Einrichtungen, eine Abstimmung zwischen den Kooperationen, da in der Regel mehrere im Bereich der Einrichtung bestehen und die entsprechende und rechtzeitige fachliche sowie die ideologische Vorbereitung jener Beschäftigten notwendig.

Von Bedeutung für die proportionale Entwicklung der Pflanzen- und Tierproduktion im Territorium sind auch weitere Momente.

Dazu gehört, daß für Pflanzen- und Tierproduktionsbetriebe der Zusammenhang zwischen Wertbildung und -realisierung auch für Futter und andere voneinander bezogene Erzeugnisse sichtbar ist, was mit der Agrarpreisreform auch weit besser als zuvor der Fall ist. Die Vereinbarungspreise für Futter werden nun in der Regel so gebildet, daß sie nicht nur kostendeckend sind, sondern die Futtermittel auch mit Gewinn produziert werden: verstärkt werden auch Vereinbarungspreise für Stroh, Stalldung und Gülle festgelegt. Das verbessert wesentlich die wertmäßigen Voraussetzungen dafür, daß sich im Pflanzenproduktionsbetrieb die Relation zwischen der Produktion von Futter für die Tierproduktionsbetriebe der Kooperation und der Produktion der anderen Erzeugnisse vorteilhaft für die proportionale Entwicklung von Pflanzen- und Tierproduktion im Territorium gestaltet.

Ebenfalls gehört dazu das Zusammenwirken der Kooperationspartner bei der Verbesserung der Arbeitsbedingungen, der Vervollkommnung der Versorgung und Betreuung der Beschäftigten, der Gestaltung eines vielseitigen geistig-kulturellen und sportlichen Lebens in den Dörfern sowie bei der Verbesserung anderer Lebensbedingungen.

Das Wirkungsfeld des Kooperationrates geht bei den heutigen Anforderungen über den Produktionsbereich hinaus. Es muß sich auf alles erstrecken, was zur Erhöhung der Leistung der Betriebe der Kooperation und der Kooperation als Gesamtheit beiträgt. Das Kerngebiet seines Wirkens muß die Sicherung des einheitlichen Reproduktionsprozesses der Landwirtschaft in der Kooperation bei hoher und weiter steigender Effektivität sein. Die weitere Entfaltung der Kooperation in unserer Landwirtschaft, speziell die Vertiefung der Kooperation zwischen den Pflanzen- und Tierproduktionsbetrieben im Territorium und die damit verbundene erhöhte Verantwortung des Kooperationsrates muß wesentlich die Intensivierung der Produktion fördern. Am Fortschritt der Intensivierung in neuer Qualität und am Wachsen des materiellen und finanziellen Ergebnisses der Intensivierung muß ihre Wirksamkeit ablesbar sein. Auf der 8. Tagung des ZK der SED konnte erfreulicherweise bereits erklärt werden: „Die Ergebnisse in der Landwirtschaft nach der 7. Tagung zeigen, daß sich die Kooperation in erheblichem Ausmaße als Schlüssel zur Erschließung von Reserven erweist...

Heute kann man bereits sagen, daß sich die grundlegende Orientierung der 7. Tagung des Zentralkomitees für alle Kooperationen voll und ganz bewährt. Die Einordnung der gesellschaftlichen Entwicklungsprozesse auf dem Lande in die ökonomische Strategie unserer Partei sowie die schrittweise Übernahme von wirtschaftsleitenden Funktionen durch die Kooperationsräte, bei Wahrung der Selbständigkeit der LPG und VEG, entsprechen dem Vorherrschen der genossenschaftlichen Produktion und setzen die vorhandenen Potenzen der Klasse der Genossenschaftsbauern für die Leistungssteigerung frei."[7]

[1] Beschluß des XII. Bauernkongresses der DDR, In: XII. Bauernkongreß der DDR, Protokoll, Berlin 1982, S. 54.
[2] 7. Tagung des Zentralkomitees der SED, 24./25. 11. 1983, Aus dem Bericht des Politbüros an das Zentralkomitee der SED, Berichterstatter: Genosse Werner Felfe, Berlin 1983, S. 34.
[3] K. Marx, Das Kapital, Band 1, in: Marx/Engels, Werke, Bd. 23, S. 386.
[4] B. Helmich u. a., Kooperation, Berlin 17 (1983), 7, S. 514.
[5] Vgl. P. Kundler, Der Boden zahlt alles mit Zinsen zurück, in: Neue Deutsche Bauernzeitung, Berlin (1982) 41, S. 7.
[6] Vgl. G. Erk, Durch höhere Wirksamkeit der Kooperationsräte im Planungsprozeß zu effektiverem Zusammenwirken zwischen Pflanzen- und Tierproduktion, in: Kooperation, Berlin (1983) 17, S. 296.
[7] 8. Tagung des Zentralkomitees der SED, 24. 5. 1984, Aus dem Bericht des Politbüros an das Zentralkomitee der SED, Berichterstatter: Genosse Kurt Hager, Berlin 1984, S. 37.

Klaus Schmidt

Zur weiteren Erhöhung des Wirkungsgrades des gesellschaftlichen Arbeitsvermögens und seiner Reproduktion in der Landwirtschaft

Die Verwirklichung der ökonomischen Strategie der SED in der Landwirtschaft erfordert, in den nächsten Jahren stabile Wachstumsraten der Produktion von über 1 % jährlich, darunter in der Pflanzenproduktion von annähernd 1,7 % gegenüber dem Mittel der Jahre 1980/82. Eine der entscheidenden Voraussetzungen für das notwendige Produktions- und Effektivitätswachstum beim Übergang zum allseitig fondssparenden Typ der Reproduktion ist die Erhöhung des Wirkungsgrades des gesellschaftlichen Arbeitsvermögens in der sozialistischen Landwirtschaft. Diese Entwicklung muß bei veränderter Struktur der Produktion entsprechend den Erfordernissen bedeutender Importablösungen und der dadurch bedingten Ausdehnung fonds- und arbeitsintensiver Kulturen erfolgen. Dabei ergibt sich die komplizierte Aufgabe, eine Steigerung des Eigenproduktes der Landwirtschaft bis 1990 von ca. 20 % gegenüber dem erreichten Mittel von 1980/82 bei absolut verminderten Investitionen zu verwirklichen.

Ausgehend von den Besonderheiten der landwirtschaftlichen Produktion wirken in unserem Bereich die Naturfaktoren besonders stark auf Produktionswachstum und den Wirkungsgrad der lebendigen Arbeit.

Bei der weiteren Intensivierung geht es deshalb vor allem darum, durch rationellen Einsatz des Arbeitsvermögens und der vorhandenen materiellen Fonds, durch die breite Umsetzung des wissenschaftlich-technischen Fortschritts, die Durchsetzung der WAO und durch noch wirksamere Wettbewerbsführung und Leistungsstimulierung, die aus der besseren Nutzung der Naturbedingungen an jedem Standort resultierenden Quellen des Wachstums zu erschließen. Dafür sind die notwendigen Maßnahmen in mehr als 5000 LPG, VEG und deren Kooperationseinrichtungen auszuarbeiten und durchzusetzen.

Ausgehend von der Marxschen Bestimmung der Produktivkraft der Arbeit ergibt sich beim Übergang zu einer neuen Qualität der Intensivierung in der Landwirtschaft, daß die Arbeitsproduktivitätssteigerung vorrangig aus der Erschließung folgender Quellen resultieren muß:

- komplexe Nutzung aller Faktoren, die zur Ertrags- und Leistungssteigerung je ha und je Tier sowie zur Senkung der Verluste führen. Dabei gilt es künftig den Möglichkeiten der Arbeitsproduktivitätssteigerung, die sich aus der Verkürzung der Produktionszeit für Pflanze und Tier ergeben, mehr Aufmerksamkeit zu schenken;
- rationellere Nutzung des Arbeitsvermögens durch eine straffere Organisation und Leitung arbeitswirtschaftlicher Prozesse, die konsequente Anwendung der sozialistischen Betriebswirtschaft vor allem zur Durchsetzung des Leistungsprinzips sowie die Erhöhung der Verfügbarkeit und Auslastung der Technik zur Erreichung einer hohen Arbeitsqualität und zur Einhaltung der agrotechnischen Termine;
- ganzjährig produktive Nutzung des territorial vorhandenen Arbeitspotentials sowohl zur Bewältigung von Arbeitsspitzen als auch in arbeitsarmen Perioden der Pflanzenproduktion durch gegenseitige Hilfe in der Kooperation und im Territorium;
- qualifikationsgerechter Einsatz der Genossenschaftsbauern und Arbeiter zur Nutzung des erreichten hohen Bildungspotentials und der bäuerlichen Erfahrungen sowie zielgerichtete Aus- und Weiterbildung;
- zunehmende Ablösung von Handarbeit im Rahmen der Erhöhung des Mechanisierungs- und Chemisierungsgrades sowie der Einführung arbeitssparender Produktionsverfahren insbesondere bei Hackfrüchten, Gemüse und Obst sowie für die Entmistung und Fütterung;
- Vervollkommnung der Produktionsstruktur in Übereinstimmung mit den territorialen Bedingungen und der Herstellung optimaler Proportionen zwischen Pflanzenproduktion und Tierproduktion im Territorium.

Seit der sozialistischen Umgestaltung der Landwirtschaft in der DDR wurde die Produktion von Nahrungsmitteln und landwirtschaftlichen Rohstoffen ständig erhöht und intensiviert. Bisher war der Reproduktionsprozeß der Landwirtschaft durch Erhöhung der Flächenproduktivität sowie durch arbeitssparende und zugleich fondsintensive Prozesse charakterisiert. Vor allem Mechanisierung und Chemisierung haben in den 70er Jahren zu beachtlichen Steigerungen in der Produktion und Arbeitsproduktivität geführt und den Arbeitskräfterückgang von 1960 bis 1980 um rd. 426000, vor allem bis Mitte der 70er Jahre weitgehend ausgeglichen. Damit wurden wesentliche Bedingungen für den Leistungsanstieg in anderen Zweigen der Volkswirtschaft geschaffen.

Ausdruck für die Erhöhung der Arbeitsproduktivität ist die Steigerung der Produktion im Naturalausdruck (Getreideeinheit) auf rd. 190 % in diesem Zeitraum. Diese Entwicklung war auf der Grundlage grundsätzlicher Veränderungen in der gesellschaftlichen Organisation der Produktion, einer qualitativ neuen materiell-technischen Basis verbunden mit vielfältigen Innovationsprozessen möglich. In bedeutendem Umfang konnte Handarbeit durch Maschinenarbeit substituiert und die Wirksamkeit der lebendigen Arbeit erhöht werden. Das entsprach auch dem internationalen Trend fortschreitender Mechanisierung, Chemisierung und Elektrifizierung der landwirtschaftlichen Primärproduktion. Bedeutendes Produktionswachstum und zunehmende Ökonomisierung der Arbeit wurden durch Erhöhung der Leistungsfähigkeit der biologischen Systeme Boden, Pflanze und Tier erreicht. Bei insgesamt großen Fortschritten und bedeutenden Ergebnissen verlaufen jedoch diese Prozesse zweiglich, territorial und betrieblich differenziert. Gemessen an den vorhandenen natürlichen und ökonomischen Produktionsbedingungen, d. h. dem Boden, den vorhandenen Arbeitskräften mit ihrer hohen Qualifikation und der materiell-technischen Basis, verfügt die Landwirtschaft über weitere Möglichkeiten der Leistungsentwicklung. Im wachsenden Maße wird dabei ihre volle Nutzung immer mehr von der subjektiven Beherrschung des sehr komplexen und komplizierten landwirtschaftlichen Produktionsprozesses sowie von der Proportionalität und Qualität des Produktionsmitteleinsatzes bestimmt.

Die aus den bisherigen Ergebnissen der Intensivierungsforschung abgeleitete Zielsetzung zur Steigerung der Arbeitsproduktivität verlangt außerordentlich hohe Anstrengungen in der gesamten Landwirtschaft zur Nutzbarmachung der von Marx herausgearbeiteten Faktoren der Erhöhung des Wirkungsgrades der lebendigen Arbeit. Die Produktivkraft der Arbeit ist nach Marx u. a. gleichermaßen bestimmt durch die Entwicklungsstufe der Wissenschaft und ihrer technologischen Anwendbarkeit, durch den Umfang und die Wirkungsfähigkeit der Produktionsmittel.
Diese Faktoren wirken in der Landwirtschaft sehr differenziert. Wir gehen davon aus, daß in der Anwendung von Erkenntnissen der Wissenschaft, insbesondere im Hinblick auf die Erhöhung der Bodenfruchtbarkeit, die intensivere Bodennutzung, die bessere Ausschöpfung des Potentials der Pflanzen und Tiere, der rationellen Futterverwertung u. a. noch erhebliche Reserven zur Steigerung der Arbeitsproduktivität bestehen. Das gilt auch für die Anwendung vervollkommneter Verfahren. Dabei zeigt die Entwicklung, daß der Einfluß qualitativ hochwertigerer, auf neuen Wirkprinzipien beruhender Produktionsmittel auf das Entwicklungstempo der Arbeitsproduktivität in der Landwirtschaft wesentlich erhöht werden muß. Trotz steigender Anstrengungen im eigenen Rationalisierungsmittelbau und in der Industrie haben Neuerungsprozesse, insbesondere auf dem Wege von vervollkommneter Technik und neuer Erzeugnisse der Agrochemie, immer noch ein zu geringes Gewicht. Damit wird im Hinblick auf das technologische Niveau nur ein begrenzter Fortschritt erreicht.

Daraus wird deutlich, daß sich die großen Anstrengungen in der Landwirtschaft mit hohen Anforderungen an die Qualität und Struktur der bereitzustellenden Produktionsmittel aus der Industrie verbinden müssen. Zur Zeit gibt es z. B. eine Reihe von Problemen, die aus einem ungünstigen Masse-Leistungsverhältnis der Landmaschinen und der nicht ausreichenden Qualität entscheidender Arbeitswerkzeuge resultieren.

Die Zielstellung, schrittweise zum allseitigen fondssparenden Typ der erweiterten Reproduktion überzugehen, erfordert bei neuen Maschinen Parameter, die den Wirkungsgrad der lebendigen Arbeit in Größenordnungen erhöhen. Die Leistungsfähigkeit der vorhandenen Maschinen wird durch ihre jährliche Beanspruchung im Arbeitsprozeß und ihr Alter beeinflußt. Die erreichte quantitative und qualitative Ausrüstung der Landwirtschaft mit mobiler Technik erfordert zur Sicherung einer hohen Fondsökonomie die Auslastung der Maschinen zu erhöhen und ihre Lebensdauer differenziert zu verlängern. Dabei zeigt sich, daß den Fragen der Erneuerung und der Umsetzung des wissenschaftlich-technischen Fortschritts im Prozeß der Instandhaltung zunehmend Bedeutung zugemessen werden muß. Die Erneuerung und Instandhaltung ist verstärkt zu nutzen, um möglichst im Zuge der einfachen wertmäßigen Reproduktion Elemente der erweiterten gebrauchswertmäßigen Reproduktion einzuführen.

Engels weist in den Umrissen zu einer Kritik der Nationalökonomie darauf hin, daß die Ertragsfähigkeit des Bodens und damit die Leistungsfähigkeit der Landwirtschaft insgesamt, durch die Anwendung von Kapital, Arbeit und Wissenschaft ins Unendliche zu steigern ist.[1]

Diese drei Faktoren sind immer die Grundbedingung jeglicher Intensivierung. Dabei hängen Tempo und Wirksamkeit der Intensivierung wesentlich davon ab, wie es gelingt, den Wirkungsgrad eines jeden Faktors zu erhöhen und die Proportionalität dieser Faktoren entsprechend den volkswirtschaftlichen Bedingungen und Erfordernissen zu gestalten. Diese Proportionalität wird in hohem Maße von den Besonderheiten des landwirtschaftlichen Produktionsprozesses, dem erreichten Niveau der Technik und Technologie und dem Umfang sowie der Struktur des gesellschaftlichen Arbeitsvermögens bestimmt.

Aus den Besonderheiten ergibt sich auch, daß durch Disproportionen verursachte, nicht termin- und qualitätsgerecht erledigte Arbeiten in der Landwirtschaft gar nicht oder nur mit höherem Material-, Energie- und Zeitaufwand nachgeholt werden können und fast immer zu Ertrags- und Leistungseinbußen sowie steigenden Verlusten führen. Eine wesentliche Verbesserung der Ausnutzung der Naturbedingungen und des Ertragspotentials ist deshalb vor allem durch die Einhaltung der agro- und zootechnischen Termine zu erreichen.

Untersuchungen zu den Bedingungen des Leistungswachstums weisen auf die gesetzmäßigen Beziehungen zwischen Leistungsniveau in der Pflanzen- und Tierproduktion, ihrem Wachstum je Einheit Bodenfläche und Arbeitskraft und der Ausstattung mit Grundfonds, Umlaufmitteln und Arbeitsvermögen hin. In der Pflanzenproduktion ist nachzuweisen, daß unter vergleichbaren natürlichen Bedingungen die Erhöhung des Arbeitskräftebesatzes eine Steigerung der GE-Produktion zur Folge hat. In der Tierproduktion haben Betriebe mit einem um 4 % höheren Arbeitskräftebesatzes unter vergleichbaren Bedingungen ein um 20 % höheres Eigenprodukt je fGV erreicht. Fortgeschrittene Betriebe beweisen, daß sie die Probleme der Erschließung von Ertragsreserven auf der Grundlage eines technologisch ausreichenden Arbeitskräftebestandes und durch Absicherung der Arbeitsspitzen in der Pflanzenproduktion unter den konkreten Reproduktionsbedingungen lösen können.

Insgesamt muß jedoch davon ausgegangen werden, daß noch etwa 30 % der landwirtschaftlichen Nutzfläche und 50 % der fGV mit einem unter dem technologischen

Bedarf liegenden Arbeitskräftebesatz bewirtschaftet werden. Die Aufgaben zur Importablösung und Erhöhung der Eigenversorgung stellen in einer Reihe von Betrieben steigende Anforderungen an Umfang und Struktur des Arbeitskräftebestandes sowie den Fondseinsatz. So ist es notwendig, in den nächsten Jahren arbeitsintensive Produktionszweige wie den Obst-, Gemüse-, Rüben- und Sonderkulturenanbau auszudehnen.

Zur Senkung von Verlusten und zur höheren Veredlung landwirtschaftlicher Produkte sind auch die Be- und Verarbeitungskapazitäten, vor allem für Obst, Gemüse und Kartoffeln zu erweitern. Die angestrebte verlängerte Nutzungsdauer der Technik stellt neue Anforderungen an die Instandhaltung. Die Durchführung der Rationalisierung und Rekonstruktion ist nur auf der Basis eines umfangreicheren eigenen Rationalisierungsmittelbaus zu realisieren. Damit sind auch die Voraussetzungen zur Schließung von Mechanisierungslücken zu schaffen. Beim erreichten Stand der Technologie und den volkswirtschaftlichen Bedingungen zur Vervollkommnung der materiell-technischen Basis ist es jedoch nicht möglich, diese Aufgaben ausschließlich auf dem Weg der Steigerung der Arbeitsproduktivität zu lösen. Deshalb ist es notwendig, Maßnahmen zur Steigerung der Arbeitsproduktivität im Interesse der volkswirtschaftlichen Stabilität der Eigenversorgung mit Agrarprodukten, gleichzeitig mit erforderlichen Schritten zur gezielten Erhöhung des Arbeitskräftebestandes zu verbinden. Die örtlich notwendige Erhöhung des Arbeitsvermögens in der Landwirtschaft wirft natürlich Probleme des Tempos der Entwicklung der Arbeitsproduktivität im Prozeß der arbeitszeit- und fondssparenden Intensivierung auf. Die sichere Versorgung mit Agrarprodukten auf der Basis der eigenen Pflanzenproduktion und die kontinuierliche Steigerung der biogenen Rohstoffproduktion sind jedoch grundlegende Beiträge zur Durchsetzung der ökonomischen Strategie.

Solange die Eigenversorgung, die als volkswirtschaftliches Ziel gestellt ist, noch nicht gesichert ist, sollte der Abdeckung des Arbeitskräftebedarfes der Landwirtschaft eine bestimmte Priorität eingeräumt werden. Dabei gewährleisten die Zielsetzungen im Produktionswachstum, daß in den meisten jetzt arbeitskräfteschwachen Betrieben und Territorien der Produktionszuwachs höher sein wird, als der Zuwachs an Arbeitskräften.

Es findet also im Sinne von Marx keine Erweiterung des Arbeitsfeldes statt, sondern eine zur Steigerung der Produktion notwendige Erhöhung des Einsatzes von Arbeit und Kapital auf einer in der DDR insgesamt geringer werdenden Bodenfläche. Dazu kommt, daß ein Teil der erforderlichen Zuführung von Arbeitskräften eindeutig Strukturveränderungen zwischen den Zweigen der Volkswirtschaft geschuldet ist. Das betrifft wie bereits dargestellt vor allem die Ausdehnung des Rationalisierungsmittelbaus in der Landwirtschaft, die Übernahme und den weiteren Aufbau von Lagerungs-, Be- und Verarbeitungskapazitäten sowie die Ausführung von Handelsfunktionen durch die landwirtschaftlichen Betriebe mit dem Ziel, den Veredlungsgrad landwirtschaftlicher Rohstoffe zu erhöhen, ihre vollkommene Verwertung zu sichern, die Versorgung in den Territorien zu verbessern und den volkswirtschaftlichen Importaufwand zu verringern.

Insgesamt geht es dabei nicht um eine generelle Erhöhung des Arbeitskräftebestandes, sondern um gezielte Maßnahmen in jenen Betrieben und Territorien, die auf Grund eines zu geringen Arbeitskräftebesatzes die vorhandenen natürlichen und ökonomischen Ressourcen nicht mehr voll nutzen können.

In den vergangenen Jahren konnten bei der Stabilisierung des Arbeitsvermögens durch die Anstrengungen der Genossenschaftsbauern und staatlicher Leitungen, besonders auch durch die FDJ-Initiative „Tierproduktion", auf der Grundlage des Beschlusses des X. Parteitages der SED,[2] daß es „für eine stabile und effektive landwirtschaftliche Produktion (ist es) notwendig ist, den Arbeitskräftebestand nicht weiter zurückgehen zu lassen", erste Erfolge erreicht werden. Die Erfahrungen lehren, daß bei zielstrebiger Leitung dieser Prozesse weitere Fortschritte möglich sind. Dabei zeigt sich, daß in Betrieben mit hohem Arbeitskräftebesatz und Mechanisierungsgrad durch Rationalisierung auch bereits bestimmte Freisetzungseffekte für den ökonomisch wirksamen Einsatz von Arbeitskräften in anderen Abschnitten des Reproduktionsprozesses im Betrieb oder der Kooperation erreicht werden. In diesen Betrieben rücken bei der Leitung, Planung und Abrechnung der arbeitswirtschaftlichen Prozesse Fragen des normativen Arbeitskräftebesatzes stärker in den Mittelpunkt. Diese Möglichkeiten reichen jedoch in den nächsten Jahren noch nicht aus, um im gesamten Zweig das bestehende Arbeitskräftedefizit auszugleichen. Schwerpunkte für die notwendige Erhöhung des Arbeitskräftebestandes liegen u. a. in den Bezirken Schwerin, Frankfurt und Neubrandenburg.

Ausgehend von der sich in den nächsten Jahren, etwa bis 1993, in der Volkswirtschaft reduzierenden Anzahl von Schulabgängern sind die Möglichkeiten einer Arbeitskräftebestandserweiterung über die Berufsausbildung nicht in allen Bezirken gegeben. Während in den nördlichen Bezirken auf Grund der demographischen Entwicklung relativ günstige Bedingungen bestehen, zeigen sich in den mittleren und südlichen Bezirken Probleme. Gegenwärtig erfolgt die Reproduktion des Arbeitskräftebestandes in der Landwirtschaft über den Ersatz der natürlichen Abgänge durch Zugänge aus der Berufsausbildung im Mittel der Republik erst zu 86,6 %.[3] Daraus ergibt sich, daß zur Sicherung eines stabilen Arbeitskräftebestandes in einer Reihe Bezirke Zuführungen aus anderen Bereichen der Volkswirtschaft notwendig werden. Das hat zur Voraussetzung, daß durch zielstrebige Leitung und Planung dieser Prozesse in den Genossenschaften und Dörfern alle notwendigen Bedingungen zu schaffen sind, um zurückgewonnene Arbeitskräfte anzusiedeln und die Auspendler wieder für den landwirtschaftlichen Produktionsprozeß zu gewinnen.

Die Untersuchungen zur Erhöhung des Wirkungsgrades des gesellschaftlichen Arbeitsvermögens und seiner Reproduktion in der Landwirtschaft zeigen, daß es notwendig wird, mehr als bisher die außerordentlich differenzierten natürlichen und ökonomischen Bedingungen der Betriebe zu berücksichtigen. Es wird deshalb notwendig, diese Probleme in jeder Kooperation zu untersuchen und komplexe Maßnahmen auszuarbeiten. Dabei können Entwicklungskonzeptionen der Kooperation in Zusammenarbeit mit den territorialen staatlichen Organen genutzt werden, um auch die Fragen der Entwicklung des Arbeitsvermögens im Interesse der Leistungssteigerung der Landwirtschaft im Territorium konkret zu lösen. Die agrarökonomische Forschung wird im Rahmen des zentralen Forschungsplanes der marxistisch-leninistischen Gesellschaftswissenschaften das Zusammenwirken mit anderen Disziplinen der Natur- und Wirtschaftswissenschaften verstärken, um begründete Schritte zur weiteren Erhöhung des Wirkungsgrades der lebendigen Arbeit sowohl aus der Sicht der Landwirtschaft als auch der Volkswirtschaft insgesamt zu erarbeiten.

[1] MARX/ENGELS, Umrisse zu einer Kritik der Nationalökonomie, in: MEW, Bd. 1, S. 517.

[2] Bericht des ZK der SED an den X. Parteitag der SED. Berichterstatter E. Honecker, Berlin 1981, S. 74.

[3] Autorenkollektiv, Untersuchungen zur differenzierten Entwicklung des Arbeitskräftebestandes der Betriebe der Pflanzen- und Tierproduktion nach Bezirken und Kreisen 1983, Institut für Agrarökonomie der AdL 1984.

Gunnar Winkler

Zu Problemen der demographischen Entwicklung und der Nutzung des Arbeitsvermögens

Die Zielstellung sozialistischer Agrarpolitik der SED ist hinsichtlich der sozialen Entwicklung vor allem geprägt durch die volle Nutzung der Potenzen der VEG, des genossenschaftlichen Eigentums und die Stärkung der Klasse der Genossenschaftsbauern als Bündnispartner der Arbeiterklasse. Die für die Durchsetzung der Intensivierung erforderliche Entwicklung der sozialistischen Produktionsverhältnisse und der Produktivkräfte auf dem Lande, die planmäßige Gestaltung der Arbeits- und Lebensbedingungen in den Landwirtschaftsbetrieben sowie den Dörfern und Gemeinden ist nicht möglich ohne steigende Aktivität und wachsendes Leistungsvermögen der in der Landwirtschaft tätigen Werktätigen.

Soziale Entwicklung schließt zugleich die weitere Ausprägung der sozialistischen Lebensweise auf dem Lande, die Hebung des materiellen und kulturellen Lebensniveaus durch die schrittweise Minderung vorhandener Unterschiede in den Arbeits- und Lebensbedingungen zwischen Stadt und Land ein. Aufbauend auf dem erreichten Grad der Annäherung (soziale Sicherheit, Bildung und Qualifizierung, Sozialversicherung, Wohnraumversorgung, Ausstattungsgrad mit hochwertigen Konsumgütern usw.) werden sich sowohl durch die mit der Intensivierung verbundene Veränderung der Arbeitsbedingungen als auch mit weiteren Fortschritten in der Entwicklung der Infrastruktur die Möglichkeiten, vorhandene Unterschiede im materiellen und kulturellen Lebensniveau zu mindern, weiter verbessern. Das schließt die Entwicklung und Nutzung der Besonderheiten der Lebensweise auf dem Lande ein. Das betrifft

- die ländliche Siedlungsweise (Erfordernis zur effektiveren Nutzung des Bodens, des vorhandenen Arbeitsvermögens und der Bausubstanz);
- Besonderheiten der agrarischen Produktion (z.B. Umgang mit Boden und Tier, mobile Technik, Saisoncharakter);
- die spezifischen Erfordernisse zur Gestaltung der Nichtarbeitsphäre (Kleintierhaltung, Gartenarbeit, Werterhaltung an Gebäuden und Anlagen);
- die spezifische Interessen- und Bedürfnisstruktur der in der Landwirtschaft Tätigen (insbesondere Struktur und Realisierungsformen von kulturellen und Freizeitinteressen).

Dabei gilt, daß die soziale Entwicklung der Klasse der Genossenschaftsbauern sowie der in der Landwirtschaft Tätigen generell Bestandteil der sozialen Entwicklung, des sozialen Fortschritts ist. Das heißt,

- die soziale Entwicklung in der Landwirtschaft ist untrennbar mit der Festigung und Vervollkommnung der sozialistischen Macht- und Eigentumsverhältnisse verbunden. Sie ist Ausdruck der nur dem Sozialismus eigenen Fähigkeit, den wissenschaftlich-technischen und ökonomischen Fortschritt organisch mit dem sozialen Fortschritt zu verbinden;
- sozialer Fortschritt in der Landwirtschaft ist Ergebnis und Bedingung einer von den Interessen aller Klassen, Schichten und sozialen Gruppen ausgehenden sozialökonomischen Entwicklung, die auf die stetige Hebung des materiellen und geistig-kulturellen Lebensniveaus und die Herausbildung der sozialistischen Lebensweise gerichtet ist;
- die soziale Entwicklung in der Landwirtschaft ist Bestandteil der gesamtgesellschaftlichen Leitung und Planung zur Freisetzung der dem Sozialismus wesenseigenen Triebkräfte, Ausdruck des erreichten Grades der Übereinstimmung von gesellschaftlichen Erfordernissen mit den kollektiven und individuellen Interessen.

Zu den grundlegenden Werten der sozialistischen Entwicklung gehört, soziale Sicherheit für alle Bürger, für die Angehörigen aller Klassen und Schichten und sozialen Gruppen zu gewährleisten und schrittweise weiter auszubauen. Untersuchungen bestätigen, daß von nahezu allen Arbeitern, Genossenschaftsbauern und Angehörigen der Intelligenz sich die gewährleistete soziale Sicherheit in ihrem Denken und Handeln reflektiert.

Vor allem mit der Verabschiedung des Gesetzes über die landwirtschaftlichen Produktionsgenossenschaften (LPG) im Jahre 1982 wurde

- das Recht auf Arbeit,
- die Teilnahme an der Leitung und Planung,
- die Vergütung nach Quantität und Qualität der geleisteten Arbeit in Abhängigkeit vom erreichten wirtschaftlichen Ergebnis,
- das Recht auf Bildung,
- das Recht auf Freizeit und Erholung,
- das Recht auf Schutz der Gesundheit und der Arbeitskraft,
- das Recht auf Fürsorge im Alter und bei Invalidität sowie auf materielle Sicherheit und bei Unfällen

auch gesetzlich garantiert. Die damit erreichte volle Gleichstellung mit den Rechten der Arbeiter und Angestellten war ein bedeutender Schritt der sozialen Entwicklung der Klasse der Genossenschaftsbauern.

Soziale Sicherheit wird von den Genossenschaftsbauern keineswegs auf spezifische Leistungen und Maßnahmen sozialer Sicherungen begrenzt, sondern in der Komplexität

- der Gewährleistung sozialistischen Menschenrechts,
- des Systems sozialpolitischer Maßnahmen, der sozialen Betreuung und Versorgung,

- der Gestaltung sozialistischer zwischenmenschlicher Beziehungen

erfaßt und verstanden.

Besonderen Stellenwert messen die Genossenschaftsbauern bei der weiteren Ausgestaltung sozialer Sicherheit der wirkungsvollen Verbesserung der Arbeitsbedingungen - in Verbindung mit der Intensivierung der landwirtschaftlichen Arbeit - zu.

Fragen der Intensivierung der Volkswirtschaft - und darin eingeschlossen der Landwirtschaft - sind ohne die Einbeziehung demographischer Prozesse und Strukturen in weitergehenden Überlegungen nicht lösbar. Das betrifft unter anderem

- die territoriale Verteilung der Bevölkerung und des gesellschaftlichen Arbeitsvermögens,
- das Niveau der Sicherung der Bevölkerungsreproduktion und des gesellschaftlichen Arbeitsvermögens in den Territorien,
- die Veränderung der Altersstruktur in den Bereichen und Berufen,
- den Umfang, die Struktur und den Verlauf der Binnenwanderung.

Aus dem Vorherrschen der genossenschaftlichen Form des sozialistischen Eigentums in der Agrarproduktion ergibt sich zwingend die besondere Verantwortung der LPG nicht nur für die Gestaltung der unmittelbaren Arbeitsbedingungen der Beschäftigten und Mitglieder der Genossenschaften, sondern gleichermaßen für die Gestaltung der Lebensbedingungen in den ländlichen Territorien.

Die Landbevölkerung der DDR wird - nicht zuletzt bedingt durch die Siedlungsdichte in der DDR - zu 25 bis 30 % von Genossenschaftsbauern und ihren Familien gestellt. Da bei der weiteren Gestaltung der entwickelten sozialistischen Gesellschaft die Landwirtschaft ihren überwiegend genossenschaftlichen Charakter beibehalten wird, steht die Aufgabe, zur Sicherung und im Zusammenhang mit der Intensivierung der Landwirtschaft die Klasse der Genossenschaftsbauern weiterzuentwickeln und zu reproduzieren.[1]

Durch die wissenschaftlich-technische Entwicklung der Landwirtschaft (Mechanisierung, Chemisierung) sowie die Schaffung und Festigung der sozialistischen Produktionsverhältnisse auf dem Lande war es möglich und notwendig, die Anzahl der Arbeitskräfte in der Landwirtschaft zu reduzieren.

Eine hohe berufliche, territoriale und soziale Mobilität der Landbevölkerung war damit unmittelbar verbunden. Im Ergebnis dieser Entwicklung, verbunden mit der allgemeinen demographischen Situation, war für die Landwirtschaft und für Teile der Landbevölkerung in den vergangenen Jahren ein zahlenmäßiger Rückgang charakteristisch, der - vor allem in den kleinen Gemeinden - mit einer starken Zunahme des Durchschnittsalters einherging.

Berufstätige der Land- und Forstwirtschaft

	in 1 000	Anteil an den Berufstätigen der Volkswirtschaft
1950	2 005	27,9
1960	1 304	17,0
1970	997	12,8
1980	878	10,7
1981	884	10,7

Quellen: Statistisches Jahrbuch der DDR 1982, S. 170/171.

Diese Entwicklung war zugleich mit dem zahlenmäßigen Rückgang der Klasse der Genossenschaftsbauern verbunden und wirft gegenwärtig Probleme ihrer personellen und sozialen Reproduktion (Stabilisierung, Erweiterung, Rückgewinnung von Arbeitskräften usw.) auf. Unterschiedliche quantitative Entwicklungstendenzen zeigen sich zwischen genossenschaftlichen und staatlichen Landwirtschaftsbetrieben sowie zwischen LPG Tier- und Pflanzenproduktion. In der Theorie und Praxis wurde zum Teil die Problematik der Entwicklung des gesellschaftlichen Arbeitsvermögens einseitig auf Fragen der Arbeitskräftegewinnung begrenzt und nicht immer unter dem Aspekt der planmäßigen, bewußten Reproduktion des genossenschaftlichen Eigentums verstanden.

Die Notwendigkeit der sozialen Reproduktion ergibt sich vor allem aus dem Erfordernis,

- die Potenzen des genossenschaftlichen Eigentums entsprechend dem erreichten Entwicklungsstand der Produktivkräfte sowie den Arbeits- und Lebensbedingungen voll auszuschöpfen;
- das Bündnis mit der Arbeiterklasse, als politische Grundlage unserer Gesellschaft, weiterzuentwickeln;
- die Klasse der Genossenschaftsbauern als Hauptproduzent pflanzlicher und tierischer Produktion sowie als Hauptträger des wissenschaftlich-technischen Fortschritts in der Landwirtschaft zu befähigen, den Prozeß der weiteren Intensivierung in der Landwirtschaft zu vollziehen.

Volle Nutzung der Potenzen des genossenschaftlichen Eigentums aus der Sicht der Entwicklung des gesellschaftlichen Arbeitsvermögens liegt vor allem in der Überwindung vorhandener wesentlicher Unterschiede in

- dem durch das Entwicklungsniveau der Produktivkräfte bedingten höheren Anteil lebendiger Arbeit im genossenschaftlichen Sektor;
- der spezifischen Art und Weise der Nutzung des genossenschaftlichen Arbeitsvermögens (Unterschiede im absolut genutzten Arbeitszeitfonds, Differenzierung im Umfang von Beschäftigten im Leitungs- und Versorgungsbereich, Unterschiede in der Inanspruchnahme zusammenhängender Freizeit u. a. m.);
- der Art und Weise der Verteilung;
- den materiellen Bedingungen für die soziale und kulturelle Betreuung.

Entsprechend der allgemeinen Zahl der Entwicklung der Schulabgänger wurden zum Beispiel 1979 für die Landwirtschaft rund 20000 Jugendliche in 28 Berufen ausgebildet.[2] Nur rund 15000 davon entschieden sich dafür, nach der Ausbildung auch tatsächlich einen landwirtschaftlichen Beruf auszuüben (davon 11000 in der genossenschaftlichen Landwirtschaft). Diese quantitative Zuführung entsprach 1979 nur 63 bzw. 54 % des natürlichen Abgangs (Alter) aus dem Produktionsprozeß.

Die Erhöhung des Anteils von Jugendlichen und die dadurch bedingte Veränderung der Altersstruktur ist zugleich Intensivierungsfaktor, da mit ihr eine direkte Erhöhung des qualitativen Arbeitsvermögens verbunden ist. Gewinnung und dauerhafte Bindung Jugendlicher aus der eigenen Berufsbildung sind – als entscheidende Quelle für die quantitative Reproduktion des Arbeitsvermögens in der Landwirtschaft ebenso wie für die personelle Reproduktion der Klasse der Genossenschaftsbauern – von besonderer Bedeutung.

Für die erfolgreiche Bewältigung der Aufgaben der Intensivierung ist die Entwicklung von Stammbelegschaften und eines stabilen Bestandes an Arbeitskräften von außerordentlichem Gewicht. Die Verminderung gesellschaftlich nicht notwendiger Arbeitskräftebewegung zwischen landwirtschaftlichen Betrieben und in anderen Bereichen der Volkswirtschaft ist ein entscheidender Faktor der Stabilisierung des Arbeitsvermögens der Landwirtschaft. Dabei geht es um zwei miteinander verbundene Prozesse:

- Nutzung der Berufs- und Arbeitserfahrungen und Reduzierung von Verlusten, die aus der Fluktuation resultieren;
- Schaffung eines disponiblen und mobilen Arbeitsvermögens, welches es zugleich ermöglicht, auf Strukturveränderungen, auf neue Produktionserfordernisse zu reagieren.

Im Zusammenhang mit der verstärkten Zuführung junger Menschen in die landwirtschaftliche Tätigkeit wird – aufgrund einer generell höheren Fluktuationsbereitschaft jüngerer Menschen – die Beseitigung von Fluktuationsursachen an Bedeutung gewinnen. Dabei zeigt sich generell, daß Faktoren zur Beschleunigung der Intensivierung in der Produktion gleichermaßen Faktoren zur Minderung der Fluktuation sind.[3]

Untersuchungen bei Jugendlichen, die in der Landwirtschaft tätig sind, weisen auf folgende Einflußfaktoren hin:

a) verstärkte Beachtung eines qualifikationsgerechten Einsatzes, beginnend bei der Berufswerbung und -ausbildung bis zur klaren Berufsperspektive;
b) zielgerichtete Erhöhung des Verantwortungsbewußtseins sowie Förderung von Initiative und gesellschaftlicher Aktivität;
c) Entwicklung der Berufs- und Klassenverbundenheit;
d) Entwicklung der spezifischen Arbeits- und Lebensbedingungen (Infrastruktur) in den Gemeinden und Dörfern.

Die Entwicklung des Arbeitsvermögens in der Landwirtschaft vollzieht sich – stärker als in anderen Bereichen der Volkswirtschaft – territorial stark differenziert. Das betrifft in den nächsten 5 bzw. 15 Jahren vor allem die agrarisch strukturierten Bezirke mit steigenden Bevölkerungszahlen und den weiteren Rückgang der Bevölkerung in den industriellen Ballungsgebieten.

Daraus leiten sich langfristig Notwendigkeiten ab:

- Abwanderungen im Interesse einer stabilen Agrarproduktion vor allem in den Bezirken Neubrandenburg und Schwerin zu reduzieren;
- sowie eine soziale Stabilisierung in den Gemeinden mit 2000 Einwohnern (auch besonders in Neubrandenburg und Schwerin) zu erreichen.

Das erfordert, darauf weisen Forschungsergebnisse der Agrarsoziologen ebenso wie der Territorialökonomen hin, vor allem

- die Erhöhung der territorialen Bindung der Landbevölkerung durch Berufslenkung und Arbeitskräftegewinnung,
- die weitere Minderung vorhandener Differenzierungen in den Arbeits- und Lebensbedingungen sowie im geistig-kulturellen Leben in den Dörfern und Ortsteilen in Abstimmung mit der Durchsetzung des territorialen Produktionsprinzips in der Landwirtschaft,
- die besondere territorial-spezifische Einflußnahme auf Qualität der Wohn- und Wohngebietsbedingungen in den Dörfern der industriellen Ballungsgebiete.

Im Ergebnis der langjährig wirkenden Wanderungsverluste der Landkreise bestehen in den Landkreisen z. T. ungünstige demographische Bedingungen, die in den kommenden Jahren zu ungünstigen Reproduktionsbedingungen des Arbeitsvermögens – insbesondere für die Landwirtschaft – mit sich bringen, die neben territorialen Maßnahmen auch eine verstärkte Konzentration der Leitung der landwirtschaftlichen Produktion auf Probleme der Arbeitsorganisation, der Gestaltung der zeitlichen Arbeitsbedingungen, der Nutzung des vorhandenen Qualifikationspotentials neu erfordern. Das betrifft insbesondere auch die Gestaltung der Arbeitsbedingungen der weiblichen Beschäftigten. Für die Entwicklung und Nutzung des gesellschaftlichen Arbeitsvermögens in der Landwirtschaft ist die volle Nutzung des hohen Anteils der weiblichen Beschäftigten von besonderer Bedeutung. 42% der ständig mitarbeitenden Mitglieder der LPG sind Frauen: 105000 in der Pflanzenproduktion, darunter 13500 mit Qualifikation für die Bedienung moderner Technik, 122000 in der Tierproduktion.[4]

Dabei ist nicht zu übersehen, daß aufgrund der Veränderung der Altersstruktur der Abgang des weiblichen Arbeitsvermögens ein zentrales Problem ist (100000 Abgänge in den letzten 10 Jahren aus Altersgründen), wie andererseits in einer Vielzahl von Landkreisen durchaus noch Reserven an Arbeitskräften vorhanden sind.

Die Gewinnung von Frauen für die Landwirtschaft wird – das beweisen viele Beispiele – maßgeblich von einer zielgerichteten Leitungstätigkeit bestimmt, die

- die spezifischen Bedingungen der beruflichen Entwicklung der Frau beachtet (Geburt und Krankheit der Kinder),
- den Einsatz von Frauen an Technik nicht mehr als Ergänzung (im Sommer, bei Ausfall von Männern) sondern, als ein sozial durchgängiges Prinzip einschließt,
- der sozialen Betreuung, der Wohnung, der Feriengestaltung (z. B. in den Winterferien), der Unterbringung des Kindes usw. entsprechenden Stellenwert beimißt.

Das hohe Bildungsniveau in der Landwirtschaft erfordert zwingend, den Prozeß der sozialistischen Intensi-

Anteil der Beschäftigten mit abgeschlossener Ausbildung in der sozialistischen Landwirtschaft

	insgesamt	weiblich
1960	5,9	2,3
1970	57,6	49,3
1980	89,0	86,6
1982	89,8	87,0

Quelle: Statistisches Taschenbuch der DDR 1983, S. 70.

vierung mit der immer wirkungsvolleren Nutzung des Bildungspotentials zu verbinden.
Auch hierbei sind Differenzierungen zwischen der volkseigenen und genossenschaftlichen Landwirtschaft sowie zwischen Tier- und Pflanzenproduktion noch nicht völlig überwunden. Die durchgeführten Untersuchungen weisen dabei zugleich auf zwei spezifische Probleme hin:

1. Die berufliche Qualifikation Jugendlicher ist durch einen hohen Anteil von Abgängern mit Abschluß der 10. Klasse sowie deren konsequente Einbeziehung in das Weiterbildungssystem wirksam für die ökonomische Entwicklung zu nutzen. Das erfordert z. B. ihren qualifikationsgerechten Einsatz ebenso wie ihre wirkungsvolle Teilnahme an der betrieblichen Neuerer- und Rationalisierungsbewegung.
2. Der auch als bedeutender Fortschritt in der Landwirtschaft erreichte hohe Bildungsstand bei weiblichen Beschäftigten ist noch wirkungsvoller für die Intensivierung und den Übergang zu industriemäßigen Formen der Produktion zu nutzen. Das betrifft z. B. ihren Einsatz als Facharbeiter für Agro- bzw. Zootechnik (Mechanisatoren).

Für die bessere Nutzung der Qualifikation der Frauen ist eine Reihe von Bedingungen zu schaffen, wie zum Beispiel

- die zweckmäßige Gestaltung der Schichtzeiten;
- die effektivere Zusammensetzung der Kollektive für Komplexeinsätze;
- Regelungen für einen gleichbleibenden Einsatz der Frauen entsprechend ihrer Qualifikation;
- Verbesserung der territorialen technischen und sozialen Infrastruktur;
- Einflußnahme auf die Landmaschinenproduktion und Innenmechanisierung zur Gestaltung von Arbeitsbedingungen entsprechend den für Frauen zulässigen Arbeitsschutzbestimmungen.

Trotz diesem ohne Zweifel hohen Bildungsniveau ist es erforderlich – darauf verweisen Untersuchungen der Akademie für Gesellschaftswissenschaften beim ZK der SED –, den erhöhten Anforderungen, wie sie sich aus der Arbeit mit Höchstertrags- und Höchstleistungskonzeptionen ergeben, auch durch geeignete Maßnahmen der Weiterbildung Rechnung zu tragen. Das schließt sowohl die Aneignung wissenschaftlich-technischer Kenntnisse als auch notwendiges Wissen auf den Gebieten der Betriebswirtschaft, der Agrarökonomie und Volkswirtschaft ein.

Die Ergebnisse soziologischer Untersuchungen belegen, daß auf der Grundlage der Entwicklung der Produktivkräfte und Produktionsverhältnisse in der genossenschaftlichen Landwirtschaft, der fachlichen und politischen Entwicklung der Genossenschaftsbauern, ihrer sozialen Erfahrung in der kollektiven Arbeit und bei der Leitung und Planung der genossenschaftlichen Arbeit sich in der Klasse der Genossenschaftsbauern die Kollektivität weiter ausgeprägt hat und das Bedürfnis nach sozialistischen Kollektivbeziehungen weiter gewachsen ist. Neben den arbeitshygienischen Bedingungen und einer guten Arbeitsorganisation werden vor allem die Kollektivbeziehungen als eine wesentliche Seite der Arbeitsbedingungen bewertet. Dabei sind vor allem die Erwartungen an die Kollektiventwicklung hinsichtlich

- der gemeinsamen Erfüllung der Arbeitsaufgaben,
- der Verantwortung für hohe Qualität,
- der gegenseitigen Hilfe in der Arbeit,
- der offenen und ehrlichen Bewertung der Arbeitsleistung sowie
- des sorgfältigen Umgangs mit genossenschaftlichem Eigentum besonders hoch.

Für die Intensivierung in der Landwirtschaft ist die Entwicklung der schöpferischen Aktivität der Genossenschaftsbauern eine notwendige Bedingung.[5]

Das Bedürfnis nach schöpferischer Arbeit, Anwendung und Anerkennung der eigenen Fähigkeiten im Kollektiv, Eigenverantwortung und wechselseitige Verantwortung der Arbeitskollektive prägen in bedeutendem Maße die sozialistische Einstellung der Genossenschaftsbäuerinnen und -bauern zu ihrer Arbeit.

In den Haltungen zur beschleunigten Durchsetzung des wissenschaftlich-technischen Fortschritts sind die persönlichen Erwartungen nach Verbesserung der Arbeits- und Lebensbedingungen, nach Entfaltung der Kollektivität, nach höheren Ansprüchen an die eigenen Fähigkeiten eng verflochten mit Einsichten in die Unabdingbarkeit des wissenschaftlich-technischen Fortschritts für die Erhöhung der Produktion und ihrer Effektivität.

Dabei ist nicht zu übersehen, daß es auch noch bedeutende Unterschiede im Niveau des Bewußtseins und der Aktivität gibt. So sind auch in der Klasse der Genossenschaftsbauern – ähnlich wie in der Arbeiterklasse – unterschiedliche Arbeitsbedingungen und Arbeitsinhalte, vor allem solche, die sich im geistigen Anspruchsniveau der Arbeit noch wesentlich unterscheiden, tendenziell auch mit Unterschieden im Niveau der gesellschaftlichen Aktivitäten verschiedener sozialer Gruppen verbunden. Sie treten besonders deutlich in Erscheinung zwischen der Gruppe der Mechanisatoren und jenen Gruppen, die noch nicht unter industriemäßigen Bedingungen arbeiten. Dabei handelt es sich einerseits um soziale Unterschiede, die nur schrittweise, im Maße der Produktivkraftentwicklung und des ökonomischen Leistungsanstiegs in der LPG, verringert werden können. Andererseits wirken hier auch historisch bedingte Faktoren, wie die ungünstige Altersstruktur der Klasse der Genossenschaftsbauern, die sich besonders in den Gruppen der vorwiegend noch manuell Tätigen konzentrieren. Hinzu kommen Unterschiede zwischen LPG im ökonomischen und sozialen Entwicklungsniveau, die teilweise nicht mehr gerechtfertigt sind, weil sie vor allem subjektive Ursachen haben.

Das erfordert, daß im Zuge der sozialistischen Intensivierung und Rationalisierung auf allen Mechanisierungsstufen die planmäßige Verbesserung der Arbeitsbedingungen und die Erhöhung des geistigen Anspruchsniveaus der Arbeit eine ständige, konkret und differenziert zu lösende Aufgabe ist. Besondere Probleme und Anforderungen ergeben sich dabei für die Rationalisierung und Rekonstruktion in jenem überwiegenden Bereich der Tierproduktion, in dem noch für längere Zeit unter herkömmlichen, das heißt nichtindustriemäßigen Bedingungen produziert wird.

Zum anderen gehört dazu auch die Erkenntnis, daß das Niveau der Arbeitszufriedenheit, der Leistungsbereitschaft und gesellschaftlichen Aktivität nicht nur von den gegenständlichen Bedingungen der Arbeit beeinflußt wird. Es wird vielmehr entscheidend determiniert durch das Niveau der Kollektivbeziehungen, der Arbeitsorganisation, der Ausgestaltung der genossenschaftlichen Demokratie und des Wettbewerbs.

[1] Vgl. K. Krambach/J. Müller, Genossenschaftsbauern und sozialistische Lebensweise, in: Jahrbuch für Soziologie und Sozialpolitik, Berlin 1982, S. 103.

[2] W. Bell/H. Neubert/H. Süße/H. Stegmann, Aktuelle Probleme der Reproduktion des Arbeitsvermögens und der sozialen Reproduktion der Klasse der Genossenschaftsbauern, in: Kooperation, 14 (1980) 7, S. 325.

[3] Vgl. Autorenkollektiv, Die Genossenschaftsbauern in den achtziger Jahren, Berlin 1984, S. 149 ff.

[4] Ebenda, S. 125.

[5] Vgl. K. Krambach, Soziale Triebkräfte der schöpferischen Aktivität der Genossenschaftsbauern, in: Lebensweise und Sozialstruktur, Berlin 1981, S. 200–205.

Werner Ostwald

Einige territoriale Bedingungen für die weitere Intensivierung der Landwirtschaft in der DDR

Die Landwirtschaft gehört bei unserer Forschung zur Standortverteilung der Produktivkräfte in der DDR, die im Rahmen unseres wirtschaftswissenschaftlichen Rates interdisziplinär organisiert ist und durch die Staatliche Plankommission geleitet wird, zu den Bereichen, in denen die Entfaltung der Triebkräfte einer rationellen territorialen Organisation des gesellschaftlichen Reproduktionsprozesses einen besonders wichtigen ökonomischen und sozialen Effekt ergibt.

Genosse Kurt Hager führte auf der 8. Tagung des Zentralkomitees der SED die positiven Resultate der Planerfüllung in der Landwirtschaft zurück auf den engen Zusammenhang zwischen wirtschaftlichem Wachstum und allseitiger Festigung der landwirtschaftlichen Produktionsgenossenschaften, sowie auf die Vertiefung der Kooperation und der gesellschaftlichen Entwicklung in unseren Dörfern. Er sprach von Triebkräften, die aus der engen Verbundenheit der Genossenschaftsbauern und in der Landwirtschaft Tätigen zur Landwirtschaft, zu ihren Dörfern, resultieren. Triebkräfte des gesellschaftlichen Entwicklungsprozesses auf dem Lande, die sich aus dem sozialistischen Eigentum ergeben.[1] Diese Triebkräfte stehen in einem engen Zusammenhang mit dem Ausbau der genossenschaftlichen Demokratie. Bereits auf der 7. Tagung des Zentralkomitees hatte Genosse Erich Honecker Hinweise gegeben, wie diese Triebkräfte zu erschließen sind, indem er den engen Zusammenhang von landwirtschaftlicher Produktion und territorialen Bedingungen herausgearbeitet und die territoriale Differenziertheit dieses Zusammenhangs betont hatte.[2]

Die jüngsten Ergebnisse unserer Forschungsarbeit zur Standortverteilung der Produktivkräfte bekräftigen das. Gemeinsam mit der Akademie der Landwirtschaftswissenschaften und mit allen Bezirken konnte zunächst nachgewiesen werden, daß durch die Agrarpolitik der SED in den letzten Jahrzehnten eine solche Standortverteilung der Landwirtschaft geschaffen wurde, die für die weiteren Schritte der Intensivierung in den 80er und 90er Jahren eine stabile Grundlage darstellt.

Die Standortverteilung der Landwirtschaft im DDR-Territorium wird als volkswirtschaftliche Proportionalitätsbedingung eingeschätzt. Sie ist im Maßstab des Gesamtterritoriums unseres Landes rationell und proportional und prinzipiell geeignet, die sozialistischen Produktionsverhältnisse überall auf dem Lande nach den Prinzipien des demokratischen Zentralismus voll zu entfalten.

Diese erreichte Standortverteilung der Landwirtschaft ist ein historisches Ergebnis der kontinuierlichen Agrarpolitik der Partei der Arbeiterklasse, in die eine rationelle Standortverteilung der Produktivkräfte der Landwirtschaft stets integriert war und ist. Sie fügt sich organisch ein in die gesamte Territorialstruktur des gesellschaftlichen Reproduktionsprozesses in der DDR und bildet mit ihr eine Voraussetzung für die weitere umfassende Intensivierung der gesamten Volkswirtschaft.

Gleichzeitig zeigen die Untersuchungen Ansatzpunkte, wo und wie die Standortverteilung der Agrarproduktion in den 80er Jahren als Teil der Maßnahmen zur weiteren umfassenden Intensivierung der Landwirtschaft weiter vervollkommnet werden kann und muß. Dabei werden die notwendigen Anbauflächenerweiterungen von Getreide und anderen Kulturen organisch eingeordnet. Es wird auf eine Reihe von Reserven aufmerksam gemacht, die mit der weiteren Vervollkommnung der Standortverteilung der Pflanzen- und Tierproduktion innerhalb der Kreise, Kooperationen und landwirtschaftlichen Betriebe zu erschließen sind. Dabei geht es vor allem um ausgewogene Proportionen zwischen Pflanzen- und Tierproduktion in den Territorien[3]. Darüber hinausgehend liegen diese Reserven aber auch in den Zusammenhängen zischen Agrarproduktion, Arbeitskräfteentwicklung der Landwirtschaft, Reproduktion der Klasse der Genossenschaftsbauern, Lösung der Wohnungsfrage auf dem Lande sowie der Entwicklung der gesamten Infrastruktur auf dem Lande. Diese Zusammenhänge wurden in ausgewählten ländlichen Kreisen der DDR untersucht.

Dabei wurde auch der Zusammenhang zu den Arbeitsbedingungen in der landwirtschaftlichen Produktion einbezogen sowie die Frage, wieweit die Möglichkeiten der sozialistischen Produktionsverhältnisse auf dem Lande, die Potenzen des genossenschaftlichen Eigentums, die Möglichkeiten, die sich aus dem Bündnis der Arbeiterklasse mit der Klasse der Genossenschaftsbauern ergeben, in den Territorien bereits ausgeschöpft werden und wie die Leitung der landwirtschaftlichen Betriebe und die der örtlichen Staatsorgane auf die Nutzung dieser Vorzüge des Sozialismus auf dem Lande bereits eingestellt sind.

Es ging also um eine Einschätzung der territorialen Reproduktionsbedingungen auf dem Lande in einem möglichst breiten gesellschaftlichen Spektrum sowie um die Nutzung der Vorzüge dieser Bedingungen in ihrer territorialen Differenziertheit in den ausgewählten ländlichen Kreisen.

Trotz der großen territorialen Differenziertheit der Reproduktionsbedingungen in den einzelnen untersuchten Kreisen, die teilweise auch von Kooperation zu

Kooperation verschieden sind, können einige erste Verallgemeinerungen und wissenschaftlich gesicherte Schlußfolgerungen bereits formuliert werden. Sie sollen zugleich auch Hinweise für die erforderliche Fortsetzung der Arbeiten geben.

Zunächst kann nachgewiesen werden, was die Infrastruktur auf dem Lande in der DDR betrifft, daß in den ländlichen Kreisen der DDR die infrastrukturelle Ausstattung insgesamt ausreicht, um die Grundversorgung aller Bürger auf dem Lande zu sichern. Ausgesprochene Lücken im Netz der Infrastruktur sind in keinem Kreis der DDR mehr nachzuweisen. Auch das ist ein historisches Ergebnis der ausgewogenen Agrar- und Standortpolitik unserer Partei. Wir sehen darin eine wichtige volkswirtschaftliche Vorbedingung für die weitere intensive Entwicklung der landwirtschaftlichen Produktion.

Insbesondere ist der Grad der Versorgung der Genossenschaftsbauern und Landarbeiter mit Wohnungen hoch einzuschätzen. In vielen ländlichen Territorien der DDR ist der quantitative Wohnungsbedarf bereits gedeckt. Wohnungsneubau in den Dörfern wird künftig für den Ersatz verschlissener Wohnbausubstanz gebraucht sowie vor allem für eine Ansiedlung junger Bürger. Damit muß sowohl eine Stabilisierung des Arbeitsvermögens für die Landwirtschaft erreicht werden als auch für die Infrastruktur und andere nichtagrarische Bereiche. Die auf dem Dorfe lebenden Beschäftigten dieser Bereiche gewährleisten z. T. wichtige Vorleistungen für die Agrarproduktion.

In dem Maße, wie wir uns dem sozialpolitischen Hauptziel unserer Partei, der Lösung der Wohnungsfrage als sozialem Problem auch auf dem Lande nähern, verliert die quantitative Wohnraumversorgung auch für die weitere Stabilisierung des Arbeitsvermögens der Landwirtschaft an Bedeutung. Das gilt, wohlgemerkt, noch nicht für jedes einzelne Dorf, wo es trotz leerstehender Wohnungen auch noch Wohnraumbedarf für die Seßhaftmachung von Arbeitskräften geben kann. Aber das Gesamtergebnis aus den untersuchten Kreisen belegt die großen Fortschritte bei der Lösung der Wohnungsfrage auf dem Lande.

Eine größere Rolle spielt die qualitative Ausstattung der Wohnungen, wie überhaupt die Qualität der gesamten Infrastruktur auf dem Lande, und die Erreichbarkeit der Infrastruktur in den Siedlungszentren und kleinen Landstädten. Auch hier gibt es ein hohes Tempo beim planmäßigen Ausgleich noch bestehender Niveauunterschiede zwischen Stadt und Land. Die Beseitigung noch bestehender nichtgerechtfertigter territorialer Unterschiede in der Qualität und Erreichbarkeit der Infrastruktur auf dem Land zwischen Stadt und Land ist daher immanenter Bestandteil der planmäßigen Entwicklung der Infrastruktur. So verbesserte sich z. B. die sanitärtechnische Ausstattung der Wohnungen auf dem Lande in einem raschen Tempo. Vor zehn Jahren bestand im Bezirk Neubrandenburg in der Ausstattung der Wohnungen mit Bad/Dusche noch eine Differenz zwischen Städten und Dörfern von 20%, heute noch von 10%, wobei ja das Ausstattungsniveau in den Städten auch gewachsen ist. In einigen der untersuchten Kreise, insbesondere in den südlichen Bezirken, sind die Wohnungen in den Dörfern durchschnittlich bereits sanitärtechnisch ebenso gut, teilweise sogar besser ausgestattet als in den Städten.

Das ist in hohem Maße auf die Eigeninitiative der Bürger und vor allem auf die Initiative und das effektive Zusammenwirken der Staatsorgane und der landwirtschaftlichen Betriebe zurückzuführen. Sie geben das Beispiel, wie überall auf dem Lande das Niveau der sanitärtechnischen Ausstattung der Wohnungen, überhaupt die Qualität der Infrastruktur auf dem Lande mit Hilfe der Bürger und unter Ausschöpfung aller Möglichkeiten der sozialistischen Produktionsverhältnisse rasch erhöht werden kann.

Wir können deshalb feststellen, daß die Infrastruktur auf dem Lande als ein wichtiger Faktor für die Effektivität und die weitere Intensivierung der Agrarproduktion insgesamt gut entwickelt ist. Wir können nach den durchgeführten Untersuchungen auch sagen, wo die Infrastruktur gezielt durch die Initiative der örtlichen Staatsorgane und der landwirtschaftlichen Betriebe mit der Kraft der Bürger und mit geringstem volkswirtschaftlichem Aufwand verbessert werden muß, um das Arbeitsvermögen der Landwirtschaft zu stabilisieren. Diese Aussagen können langfristig und standortkonkret getroffen werden, nachdem im Rahmen unserer Forschungsarbeit die DDR-Bevölkerung nach Kreisen bis zum Jahr 2000 vorausberechnet wurde. Die Infrastruktur ist jedoch nicht der einzige Faktor für die Intensivierung der Landwirtschaft.

Der Forderung von Genossen Helmut Schieck im Referat zur heutigen Tagung, daß die Migration vom Land in die Städte der DDR aufgehalten werden muß, ist voll zuzustimmen. Die Binnenwanderung in der DDR ist nach unseren Untersuchungen zwar nicht besonders umfangreich. Sie erreicht in der BRD und anderen nichtsozialistischen Ländern den doppelten bis dreifachen Umfang, weil bei uns Vollbeschäftigung im Territorium für jeden Bürger gesichert und Arbeitslosigkeit als Migrationsmotiv unbekannt ist. Jedoch machen die seit zwei Jahrzehnten bestehenden Hauptrichtungen der Migration, darunter die Richtung vom Land in die Städte, und die daraus entstehende territoriale Polarisierung die Binnenwanderung dennoch volkswirtschaftlich relevant.

In unserer dreijährigen Forschungsarbeit zur Standortverteilung der Produktivkräfte in der DDR ergaben sich auch keine volkswirtschaftlichen Argumente für ein weiteres generelles extensives Wachstum der Städte durch Zuwanderung vom Land. Das heißt, es gibt auch kein volkswirtschaftliches Erfordernis und gesellschaftliches Interesse an einer weiteren Zuwanderung in die Städte zu Lasten der Dörfer. In dieser Hinsicht müssen die Migrationsprozesse in der DDR stärker planmäßig beeinflußt werden. Das kann selbstverständlich nur indirekt geschehen, d. h. über die Migrationsmotive und durch planmäßige Gestaltung der die Migration auslösenden Bedingungen.

In diesem Zusammenhang ist es interessant, daß die Versorgung mit Wohnraum als führendes Migrationsmotiv mit fortschreitender Lösung der Wohnungsfrage als soziales Problem in seiner Bedeutung bereits zurücktritt und andere Motive an Bedeutung gewinnen. Das sind zum Teil andere Fragen der Infrastruktur, z. B. Fragen der Verkehrsbedingungen. Immer deutlicher treten jedoch in mehreren Territorien die Arbeitsbedingungen und, speziell in ländlichen Territorien auch die Qualität der Leitungstätigkeit in den landwirtschaftlichen Betrieben und in den örtlichen Staatsorganen hervor.

Bei den Arbeitsbedingungen läßt sich aus den untersuchten Kreisen direkt nachweisen, daß sie oft stärker auf Fluktuation und Abwanderung vom Lande oder auf die Pendelwanderung in die Stadt wirken als allein die Infrastruktur. Dabei sehen wir die Veränderung von Arbeitsbedingungen in der landwirtschaftlichen Produktion ganz wesentlich als eine Frage der sozialistischen Rationalisierung.

Es gibt viele Hinweise, daß die Erfahrungen der besten Kooperationen bei der Rekonstruktion und Rationalisierung, die Erfahrungen zur territorialen Rationalisierung auch aus dem städtisch-industriellen Bereich noch nicht in allen Kreisen für die Landwirtschaft ausreichend verallgemeinert sind. Die Gewinnung von Arbeitskräften aus gezielter Rationalisierung in den ländlichen Territorien muß und kann bedeutend zunehmen.

Das Hauptergebnis unserer Untersuchungen ist aber nicht, den einen oder den anderen der genannten Faktoren herauszustellen. Sondern wir verweisen auf den Zusammenhang und die oft wechselnde dialektische Abhängigkeit der Faktoren Infrastruktur, Arbeits- und Lebensbedingungen in der Landwirtschaft und auf ihre Wirkung im Komplex als territoriale Reproduktionsbedingungen der landwirtschaftlichen Produktion.

Für die Unterschiedlichkeit dieser territorialen Bedingungen gibt es viele objektive Gründe – territorial differenzierte Bodenbeschaffenheit, Fondsausstattung, Mechanisierungsgrad, Siedlungsdichte, insbesondere Städtedichte, Industrialisierungsgrad der Territorien usw. Es gibt aber auch viele subjektive Gründe für diese Differenziertheit. Dazu gehört u. a. die Effektivität der Zusammenarbeit der LPG-Vorsitzenden und VEG-Direktoren, der Vorstände der Kooperationen mit den Bürgermeistern und Gemeindeverbänden, die in den untersuchten Kreisen sehr unterschiedlich ist. Reserven sind hier offenbar zu erschließen, wenn die Leiter der landwirtschaftlichen Betriebe sich nicht nur für die landwirtschaftliche Produktion in einem engeren Sinne verantwortlich fühlen, sondern auch für die sozialistische Entwicklung des Dorfes, und die Bürgermeister nicht nur für die Infrastruktur auf dem Dorf, sondern auch für die landwirtschaftliche Produktion. Die Rückwirkung von ökonomischer Leistungskraft und qualifizierter Leitung der landwirtschaftlichen Betriebe auf das Leben im Dorf, die Stärkung der Wohnortverbundenheit der Dorfbewohner bis hin zu stärkeren Ausprägung ihres Heimatgefühls ist deutlich nachweisbar. Dörfer mit leistungsstarken und gut geleiteten landwirtschaftlichen Betrieben haben immer auch ein höheres Ausstattungsniveau der Wohnungen und der gesamten Infrastruktur. Aus diesen Dörfern wandern auch kaum Arbeitskräfte ab.

Als Beispiel: Die Gemeinde Behren-Lübchin mit ihren fünf kleinen Dörfern im Kreis Teterow, Bezirk Neubrandenburg ist eine Gemeinde, wo es kein Arbeitskräftedefizit gibt, obwohl eine attraktive Bezirksstadt benachbart ist. Hier konnten in den letzten acht Jahren nahezu 60 junge Familien, darunter viele Mechanisatoren seßhaft gemacht werden. In jedem Dorf dieser Gemeinde gibt es auch junge Menschen. In den landwirtschaftlichen Betrieben dieses Territoriums wird der Plan regelmäßig erfüllt.

Diese Entwicklung hat den Hintergrund, daß hier besser als in anderen Territorien zwischen den örtlichen Organen der Staatsmacht und der Landwirtschaft zusammengearbeitet wird. In dieser Gemeinde fühlt sich der Bürgermeister mitverantwortlich für die Durchsetzung der Agrarpolitik der SED in seinem Territorium. Er rechnet seine Arbeit am Jahresende unter anderem nach den Kriterien ab, wieviel junge Bauernfamilien seßhaft gemacht worden sind, wieviel Mechanisatoren angesiedelt wurden, wie durch das örtliche Staatsorgan beigetragen wurde zum Nachwuchs für die Pflanzen- und Tierproduktion. In dieser Gemeinde wird nach dem Grundatz gearbeitet: die Kommunalpolitik im ländlichen Territorium ist auf die Verwirklichung der sozialistischen Agrarpolitik gerichtet.

LPG-Vorsitzender und Kooperationsrat fühlten sich gleichermaßen für die territorialen Bedingungen im Dorf mitverantwortlich, wirken diese doch wiederum als Reproduktionsbedingungen der Landwirtschaft zurück. Der Bürgermeister und die Leiter der landwirtschaftlichen Betriebe fassen den ganzen Komplex der ökonomischen und sozialen Entwicklung in ihrem Territorium als eine gemeinsame politisch-ideologische Aufgabe auf und setzen sie auch in ihrer massenpolitischen Arbeit im Dorf um. Das ist ein wesentlicher Aspekt, um die Triebkräfte der gesellschaftlichen Entwicklungsprozesse auf dem Lande voll zu entfalten.

[1] Vgl.: Aus dem Bericht des Politbüros an die 8. Tagung des ZK der SED, Berichterstatter: Gen. Kurt Hager, Berlin 1984, S. 36 ff.

[2] Vgl.: Erich Honecker, In kampferfüllter Zeit setzen wir den bewährten Kurs des X. Parteitages für Frieden und Sozialismus erfolgreich fort, Berlin 1983, S. 39 ff.

[3] Vgl.: Aus dem Bericht ... a. a. O., S. 36.

Paul Großhans

Erste praktische Erfahrungen im Bezirk Potsdam bei der weiteren Vertiefung der Kooperationsbeziehungen auf der Grundlage des Beschlusses des Politbüros des ZK der SED vom 18. 10. 1983

Der Entwicklungsstand der Produktivkräfte und Produktionsverhältnisse in der Landwirtschaft und die weitere Verwirklichung der ökonomischen Strategie der SED für die 80er Jahre in der Landwirtschaft erfordern, daß der Kreislauf Boden–Pflanze–Tier–Boden durch die Zusammenarbeit der LPG, VEG und ihrer kooperativen Einrichtungen im einheitlichen Reproduktionsprozeß der Pflanzen- und Tierproduktion auf der Grundlage des zentralen staatlichen Planes zielstrebig geleitet wird. Die Schlüsselfrage war und ist hierbei die Erhöhung der Wirksamkeit der Arbeit der Kooperationsräte. Die 117 Kooperationsräte im Bezirk Potsdam entwickeln sich zu demokratischen Organen mit höherer Wirksamkeit, Verbindlichkeit und Ausstrahlung.

Mit der auf der 7. Tagung des ZK der SED dargelegten Konzeption zur weiteren Vertiefung der Kooperationsbeziehungen durch die Vervollkommnung der Leitung, Planung und wirtschaftlichen Rechnungsführung und der ersten positiven Bilanz auf der 8. Tagung ist uns eine klare Zielstellung und Orientierung für die effektive Gestaltung des arbeitsteiligen einheitlichen Reproduktionsprozesses der Pflanzen- und Tierproduktion gegeben. Auf der Grundlage des Beschlusses des Politbüros vom 18. 10. 1983 haben wir, entsprechend dem Beschluß der Bezirksleitung unserer Partei, die Erprobung in vier Kooperationen festgelegt.

Das sind die Kooperation Oehna, Kreis Jüterbog; Kooperation Wulfersdorf, Kreis Wittstock; Kooperation Jänickendorf, Kreis Luckenwalde und Kooperation Dreetz, Kreis Kyritz.

Es sind politisch und ökonomisch gefestigte Kooperationen, die im Bezirk und darüber hinaus bekannt und anerkannt sind. In den Mittelpunkt unserer Arbeit in den Erprobungskooperationen stellten wir die Orientierung des Politbüros des ZK der SED zur weiteren Steigerung der Produktion und Senkung des Produktionsverbrauches und die auf der 7. Tagung des ZK der SED genannten Schwerpunkte:

1. Herstellung ausgewogener Proportionen zwischen Pflanzen- und Tierproduktion, Ausschöpfung der Kombinationseffekte der spezialisierten Produktion sowie Absicherung des Eigenaufkommens an Futtermitteln im Territorium der Kooperation zur weiteren Ablösung von Importen.

2. Zielgerichtete Anwendung des wissenschaftlich-technischen Fortschritts, besonders mit Hilfe der Höchstertrags- und Höchstleistungskonzeptionen.

3. Durchsetzung der sozialistischen Betriebswirtschaft auf höherem Niveau beim Zusammenwirken der LPG und VEG in der Kooperation zur Steigerung der Produktion und Senkung des Produktionsverbrauches sowie zur Beseitigung ungerechtfertigter Differenziertheit innerhalb und zwischen den LPG und VEG.

4. Ausprägung gemeinsamer gesellschaftlicher und ökonomischer Interessen mit dem Ziel, die Kooperation immer besser als einen geschlossenen Wirtschaftsorganismus zu leiten, zu planen, zu organisieren und abzurechnen, die Eigenverantwortung der LPG und VEG zu stärken und die sozialistische Demokratie weiter auszubauen.

Wir gingen also bei der Erprobung davon aus, die 4 Kooperationsräte in die Lage zu versetzen, ihrer Verantwortung für den einheitlichen Reproduktionsprozeß – für den Kreislauf Boden–Pflanze–Tier–Boden – voll wahrzunehmen und schrittweise die Funktion eines wirtschaftsleitenden Organs bei ständiger Wahrung der juristischen und ökonomischen Selbständigkeit der LPG und VEG auszuüben. Diese Zielstellung verlangt von uns eine gründliche politisch-ideologische Arbeit in den gemeinsamen Beratungen und bei der Vorbereitung jedes Schrittes unter den Genossenschaftsbauern und Arbeitern.

Mit der Auswahl und Bestätigung dieser Kooperationen als Erprobungskooperationen wurden gleichzeitig bezirkliche Arbeitsgruppen gebildet.

Vom Fachorgan wurden als Kader der Leiter des Fachorgans Land-, Forst- und Nahrungsgüterwirtschaft, der erste Stellvertreter und zwei Abteilungsleiter benannt. Sie haben gemeinsam mit den Vorsitzenden, Vorständen, Parteileitungen der Grundorganisationen und den Kollektiven in den vergangenen Monaten eine intensive Arbeit geleistet.

Auf der Grundlage von Führungskonzeptionen der Sekretariate der Kreisleitungen der SED haben die Räte der Kreise dieser 4 Erprobungskooperationen Maßnahmen zur Unterstützung beschlossen und ebenfalls Kader beauftragt, die helfen, die Probleme herauszuarbeiten und zu lösen. Zur Hilfe und Unterstützung der Erprobungskooperationen wurden Erfahrungsaustausche mit ihren leitenden Kadern organisiert. Das Sekretariat der SED-Bezirksleitung und der Rat des Bezirkes beschäftigten sich planmäßig mit der Entwicklung der Kooperationen. Die Ständige Kommission für Landwirtschaft des Bezirkstages informierte sich in Arbeitsgruppen an Ort und Stelle bei den Vorständen und Kollektiven über die Durchführung des Beschlusses und wertete die bisherigen Ergebnisse z. B. in der Gemeinde Wulfersdorf gemeinsam aus.

Die vom Ministerium für Land-, Forst- und Nahrungsgüterwirtschaft herausgegebenen Arbeitsgrundlagen für die Erprobung des Politbürobeschlusses vom 18. 10. 1983 in den ausgewählten Kooperationen haben sich bereits in den ersten Monaten der Erprobung bewährt.

Zu ihnen gehören:

- Die Konzeption für die Ausgestaltung der Leitung der Kooperation.
- Die Konzeption für die Ausgestaltung der Planung des einheitlichen Reproduktionsprozesses der Kooperation.
- Die Konzeption zur Ausgestaltung der wirtschaftlichen Rechnungsführung der Kooperation.
- Die Konzeption für die effektive Mitwirkung der VEG in der Kooperation.
- Die Mustervereinbarung der Kooperation Pflanzen- und Tierproduktion.

Diese zentralen Arbeitsgrundlagen waren eine große Hilfe und gaben den 4 Kooperationen auch genügend Spielraum entsprechend ihres Entwicklungsstandes bei der Erarbeitung der Grundsatzdokumente.

Welche Ergebnisse wurden bisher bei der Durchsetzung des Politbürobeschlusses erreicht?

1. Ausgehend vom bewährten Prinzip des Leninschen Genossenschaftsplanes übertrugen die LPG-Vollversammlungen aller 4 Kooperationen und in der Kooperation Dreetz und Wulfersdorf auch die Direktoren der VEG nach Abstimmung mit der Bezirksdirektion VEG, mit dem Beschluß über die neue Kooperationsvereinbarung den Kooperationsräten die konkreten Aufgaben für die wirtschaftsleitenden Befugnisse zur Leitung, Planung, Organisation und Kontrolle des einheitlichen Reproduktionsprozesses entsprechend den jeweiligen konkreten Bedingungen.

Damit haben die Genossenschaftsbauern und Arbeiter festgelegt:

- Die Kooperationsräte leiten alle gesellschaftlichen und ökonomischen Prozesse der Entwicklung der Landwirtschaft im Territorium der Kooperation.
- Alle Partner sind gleichberechtigt.
- Alle Beschlüsse des Kooperationsrates werden nach gründlicher Vorbereitung und Diskussion einstimmig gefaßt und sind damit für alle Partner verbindlich.
- Für jeden Partner werden bessere Möglichkeiten für das effektive betriebliche Wirtschaften gesichert und damit wird die juristische und ökonomische Eigenverantwortung nach dem Prinzip der wirtschaftlichen Rechnungsführung und dem LPG-Gesetz gewährleistet.
- Durch die Konzentration des Kooperationsrates auf die Beherrschung des einheitlichen Reproduktionsprozesses und die Sicherung der Eigenverantwortung der LPG und VEG schaffen sie sich Voraussetzungen für das Funktionieren der Kooperation als geschlossener Wirtschaftsorganismus.

Diese neuen Kooperationsvereinbarungen wurden durch die betreffenden Räte der Kreise bestätigt.

2. Unsere 4 Erprobungskooperationen haben in ihren Kooperationsvereinbarungen folgende Leitungsorgane der Kooperation festgelegt: Der Kooperationsrat wurde für 3 Jahre neu gewählt. Bis zu 50 % der Mitglieder kommen aus der materiellen Produktion. Es sind Genossenschaftsmitglieder und Arbeiter, die durch hohe Produktionsergebnisse und ihr Auftreten in den LPG und VEG hohe Achtung und Anerkennung genießen. Alle vier Kooperationsräte arbeiten auf der Grundlage einer Arbeitsordnung und eines Arbeitsplanes. Die Beratungen finden monatlich statt. Die Beschlüsse werden in der Regel auf der Grundlage von Vorlagen, die die Kommissionen erarbeitet haben, nach gründlicher Diskussion gefaßt. Als Vorsitzende der Kooperationsräte wurden die politisch und fachlich erfahrensten Vorsitzenden gewählt. Sie vertreten auch die stabilsten LPG der Kooperation. 3 Vorsitzende der Kooperation leiten eine LPG Pflanzenproduktion und ein Vorsitzender eine LPG Tierproduktion. Die Vorsitzenden der Kooperationsräte sorgen für die Erfüllung der beschlossenen Aufgaben und organisieren dazu die Kontrolle. Leiterberatungen werden wöchentlich durchgeführt. Über die Leiterberatung setzt der Vorsitzende des Kooperationsrates die Aufgaben zur Leitung des einheitlichen Reproduktionsprozesses durch. Die Beratung der Leiter dient weiterhin dem schnellen und gemeinsamen Reagieren auf veränderte Bedingungen und sich entwickelnde Probleme bei den Partnern im Interesse einer hohen gemeinsamen Effektivität. Es gibt Ansätze, diese Leiterberatungen in den Abteilungen und Brigaden der Pflanzen- und Tierproduktion fortzusetzen. Das betrifft das Zusammenwirken im Territorium und die Abstimmung aller wichtigen Fragen. Auch das halten wir für einen wichtigen Schritt bei der weiteren Entwicklung der Leitungsprozesse in der Kooperation.

Die Kommissionen wurden als Fachorgane des Kooperationsrates gebildet und haben große Bedeutung, weil sie das Fundament für die Arbeitsfähigkeit des Kooperationsrates bilden. Die Kommissionen Planung, Abrechnung, Wettbewerb und Leistungsvergleich, Bodenfruchtbarkeit und Bodennutzung, Futterwirtschaft und Futterökonomie, ökonomische Beziehungen – Vereinbarungspreise, gemeinsame Fonds, ökonomische Stimuli und Rationalisierung, Investitionen, WTF und Neuererwesen wurden in allen 4 Kooperationen gebildet.

Die Kommissionen Kaderentwicklung, Aus- und Weiterbildung, Reproduktion des Arbeitsvermögens Soziale Fragen, Arbeits- und Lebensbedingungen, Zusammenarbeit mit den Gemeinden und die Kommission individuelle Produktion bestehen in 3 bzw. 2 der genannten Kooperationen.

In der Kooperation Oehna wurde weiterhin eine Revisionskommission unter Leitung des Hauptbuchhalters der LPG (P) Oehna berufen. Die Vorsitzenden aller anderen gebildeten Kooperationen sind LPG-Vorsitzende, Direktoren von VEG und weitere Mitglieder des Kooperationsrates. Sie arbeiten nach einem Arbeitsplan, der in Übereinstimmung mit dem Arbeitsplan des Kooperationsrates steht und von ihm bestätigt wurde.

Konferenzen zu ökonomischen Fragen werden zweimal im Jahr durchgeführt, einmal zur Halbjahreseinschätzung und zum anderen zur gemeinsamen Vorbereitung der Jahresendversammlungen. Behandelt werden u. a. die Auswertung von zentralen Beratungen, Probleme der weiteren Intensivierung bzw. des Planes der Entwicklung der Kooperation bis 1990.

In der Kooperation Oehna werden in jedem Quartal Beratungen mit allen Leitern der Pflanzen- und Tierproduktion durchgeführt.

Für eine engere Zusammenarbeit und ein besseres Verstehen der Partner finden auch gemeinsame Besichtigungen und Kontrollen der Produktionsstätten der Pflanzen- und Tierproduktion statt. Im Ergebnis wurde in der Kooperation Oehna die Rang- und Reihenfolge der durchzuführenden Rekonstruktionen festgelegt. Solche gemeinsamen Maßnahmen halten wir für besonders wertvoll.

Aus der Darlegung der Leitungsorgane der Kooperation wird deutlich:

In den 4 Erprobungskooperationen wurde kein zusätzlicher Leitungsapparat aufgebaut und bisher kein hauptamtlicher Sekretär oder Ökonom eingesetzt. Die Kooperationsräte sind der Meinung, daß alle Aufgaben zur Leitung der Kooperation als geschlossenen Wirtschaftsorganismus mit den vorhandenen Kadern gelöst werden können. Sie haben die Aufgaben und den dazu erforderlichen Zeitfonds für die Lösung der Aufgaben in der Kooperation für die entsprechenden Kader festgelegt und die Funktionspläne geändert. So wurden z.B. aus dem bisherigen Funktionsplan des Kooperationsvorsitzenden, der gleichzeitig LPG-Vorsitzender ist, einige Aufgaben in den Funktionsplan des stellvertretenden LPG-Vorsitzenden übernommen und auch die Abteilungsleiter und die Brigadiere erhielten mehr Verantwortung. Ähnlich wurde die Verantwortung neu geregelt beim Hauptbuchhalter, beim Ökonom und anderen Kadern.

3. Erfahrungen zur Ausgestaltung der Planung des einheitlichen Reproduktionsprozesses:

Die 4 Kooperationsräte erarbeiteten entsprechend ihren Entscheidungsbefugnissen ausgehend von den staatlichen Planaufgaben den Plan der Kooperation 1984. Während die Kooperation Jänickendorf vom Rat des Kreises die Planaufgaben für die Kooperation insgesamt erhielt und die Auflagen für jede LPG selbständig erarbeitete, erhielten die 3 anderen Kooperationen die Planauflagen für die Kooperation und eine Aufschlüsselung für die Betriebe. Die Genossenschaften der Kooperation Jänickendorf begrüßten die angewandte Methode sehr, weil sie dadurch bessere Möglichkeiten haben zur Ausschöpfung der Reserven.

Für die Kooperationen mit VEG, so in Wulfersdorf und Dreetz, wurden die Planauflagen VEG durch die Bezirksdirektion VEG, dem Rat des Kreises, der Kooperation und dem jeweiligen VEG direkt übergeben. Dieser Übergabe gingen gegenseitige Konsultationen voraus. Auch das hat sich bewährt.

Die Kooperationsräte haben die Plandiskussion organisiert. Sie begannen dabei, folgende Grundanforderungen zu realisieren:

- den einheitlichen Reproduktionsprozeß der Pflanzen- und Tierproduktion effektiver zu gestalten durch die umfassendere Nutzung der verfügbaren Ressourcen des Territoriums und der Initiativen der Genossenschaftsbauern und Arbeiter. Hier machten alle 4 Kooperationen erfolgreiche Schritte bei der Durchsetzung der fondssparenden Intensivierung.
- Sicherung stabiler ausgewogener Proportionen zwischen Pflanzen- und Tierproduktion auf der Grundlage des Eigenaufkommens an Futtermitteln im Territorium der Kooperation durch die Durchsetzung der Höchstertrags- und Höchstleistungskonzeptionen auf jedem Schlag bzw. in jedem Stall.
- Die Kooperationsbeziehungen wurden verbindlicher und wirksamer gestaltet, um die Eigenverantwortung jeder LPG und jedes VEG bis zu den Abteilungen und Brigaden zu erhöhen und gleichzeitig die gemeinsame Verantwortung für die Erfüllung und Überbietung der staatlichen Planaufgaben und -auflagen zu realisieren.

Die Grundanforderungen drücken sich in einer wachsenden pflanzlichen Bruttoproduktion GE/ha LN der Kooperationspartner aus.

Die Betriebspläne wurden von den Betrieben vor dem Kooperationsrat verteidigt und bestätigt. Die Betriebspläne der LPG und der Kooperationsplan wurden vor dem Rat des Kreises verteidigt und bestätigt, der Plan der VEG fand nach der Beratung in der Kooperation seine Bestätigung durch die Bezirksdirektion VEG.

Für das Jahr 1985 werden jetzt durch die Räte der Kreise die Planaufgaben und -auflagen für die Kooperation ohne Aufgliederung auf die LPG herausgegeben.

Für die VEG erfolgt es nach Konsultation, wie im Jahre 1984. Jetzt sind wir dabei, die Ausarbeitung des Planes 1985 auf der Grundlage der gemeinsamen Direktive des Zentralkomitees der SED, des Ministerrates der DDR und des Bundesvorstandes des FDGB in den Kooperationen vorzubereiten.

Im Prozeß der Durchsetzung der schlagbezogenen Höchstertragskonzeptionen und der stallbezogenen Höchstleistungskonzeptionen werden wir die fondssparende Intensivierung wirksam machen und in Verwirklichung der von der 15. Bezirksdelegiertenkonferenz beschlossenen 7 Trümpfe für die Steigerung der Produktion und Effektivität bei Überwindung der ungerechtfertigten Differenziertheit einen hohen Leistungsanstieg in allen Kooperationen ansteuern.

Diese 7 Trümpfe sind:

1. Jeden Quadratmeter Boden Nutzen!
2. Alle Bewässerungsmöglichkeiten erschließen!
3. Die Humusbilanz entscheidend verbessern!
4. Die Bestwerte in der Futterökonomie anwenden!
5. Die Tierverluste weiter senken!
6. Die Technik funktionstüchtig warten!
7. Das Aufwand-Nutzen-Verhältnis rentabel gestalten!

4. Bei der Ausgestaltung der wirtschaftlichen Rechnungsführung der Kooperation wurden die ersten Schritte gegangen. Hier geht es darum, den einheitlichen Reproduktionsprozeß umfassend ökonomisch zu durchdringen mit dem Ziel, die materiellen und finanziellen Fonds, das Arbeitsvermögen der Kooperation volks- und betriebswirtschaftlich mit höchster Effektivität zur Wirkung zu bringen, durch die Aufdeckung der Reserven im Intensivierungsprozeß, durch eine gezielte Arbeit mit den Kennziffern Eigenprodukt, Nettoprodukt, Selbstkosten und Gewinn. Im Leistungsvergleich sind Schlußfolgerungen für die rationelle Gestaltung des einheitlichen Reproduktionsprozesses, seiner arbeitsteiligen Glieder und für den Prozeß der Plandurchführung zu entwickeln und auf einheitliche Interessen der Kooperationspartner zu richten.

Dafür einige Beispiele: Mit der Durchsetzung der Agrarpreisreform waren neue Vereinbarungspreise zwischen der Pflanzen- und Tierproduktion durch die Kooperationsräte zu erarbeiten, um das Leistungs- und Effektivitätsniveau besser auszuschöpfen. Das sich die Verantwortung für den einheitlichen Reproduktionsprozeß weiter ausprägte, zeigten auch die Kostensätze. Die Kostensätze im Plan 1984 in Oehna betragen in der Kooperation 81,6 dabei in der Pflanzenproduktion 76,9 und den Betrieben der Tierproduktion 85,4. Also ein richtiges Verhältnis.

Ähnlich sieht es in 3 anderen Kooperationen aus. Im Prozeß der Planung wurden in den Kooperationen gemeinsame finanzielle Fonds gebildet, so der Fonds zur Leistungsstimulierung, der Investitionsfonds und der Reservefonds.

Gleichzeitig wurden Festlegungen getroffen, wie sie gebildet und eingesetzt werden.

In der Kooperation Wulfersdorf ist bereits für 1984 die materielle Leistungsstimulierung an den Ergebnissen der Kooperation für alle Leitungskader und für die Verwaltung festgelegt und monatlich zur Wirkung gebracht.

Die Vergütung ist an festgelegte Leistungsparameter der Kooperation gebunden.

Gleichzeitig wurden im Kooperationsrat Wulfersdorf zur Leitung und Kontrolle Festlegungen für notwendige Informationen getroffen. Dadurch wird das Soll und Ist wichtiger materieller und finanzieller Kennziffern und die Kontrolle der Durchführung der gemeinsam festgelegten Maßnahmen im Leistungsvergleich sachkundiger und vorausschauender für die Arbeit des Kooperationsrates und die Leiterbesprechungen genutzt.

Gegenwärtig sind wir dabei, für diese Erfahrungen der Wulfersdorfer in den anderen Kooperationen die Bedingungen für ihre Anwendung zu schaffen.

Für die Erhöhung der Wirksamkeit der Hauptbuchhalter hat sich ihr Zusammenwirken in einer Arbeitsgruppe bewährt. Hier wollen wir noch weitere Erfahrungen sammeln.

5. Von großer Bedeutung bei der Erprobung sind die Leitungsbeziehungen zwischen staatlicher Leitung in der Gemeinde, im Gemeindeverband und vor allem mit dem Rat des Kreises. Der Kooperationsrat übernimmt mit den Entscheidungsbefugnissen für wirtschaftsleitende Funktionen auch Aufgaben, die bisher vom Rat des Kreises gegenüber den Genossenschaften wahrgenommen wurden, wie die

- Aufschlüsselung und Berechnung der staatlichen Aufgaben und Auflagen auf die Kooperationspartner und Kontrolle der Plandurchführung,
- Durchführung von materiellen und finanziellen Planpräzisierungen im Laufe des Planjahres zur Erfüllung und Überbietung des Kooperationsplanes,
- Koordinierung der persönlichen Einkünfte in Abhängigkeit vom Produktions- und Effektivitätszuwachs der jeweiligen LPG und Sicherung volkswirtschaftlich gerechtfertigter Relationen.

Für den Rat des Kreises und sein Fachorgan gilt es jetzt, sich stärker den neuen Aufgaben, die sich aus der Entwicklung und Leitung der Kooperation ergeben, zuzuwenden. Als Fachorgan des Rates des Bezirkes für Land-, Forst- und Nahrungsgüterwirtschaft haben wir diesen Prozeß stärker und zielstrebiger zu führen.

6. Entsprechend dem Beschluß des Sekretariats des ZK der SED wurden in jeder der 4 Kooperationen der Rat der Parteisekretäre gebildet und durch die Sekretäre der Kreisleitungen gebilligt.

In der Arbeit der Räte der Parteisekretäre hat sich bestätigt, daß die einheitliche politisch-ideologische Arbeit für die Vorbereitung und Durchführung der Beschlüsse von entscheidender Bedeutung ist. Soweit erste Erfahrungen bei der weiteren Vertiefung der Kooperationsbeziehungen. Auch in unserem Bezirk bestätigt sich die auf der 8. Tagung des ZK der SED getroffene Festlegung, daß sich die grundlegende Orientierung der 7. Tagung des Zentralkomitees der SED für alle Kooperationen voll und ganz bewährt. Es gibt im Bezirk Überlegungen, den Kreis der Erprobungskooperationen zu erweitern, um die besten Erfahrungen schnell zu verallgemeinern.

Dieter Nocke

Erfahrungen des Kreises Strausberg zur Fortführung der Intensivierung der Landwirtschaft und bei der Überwindung ungerechtfertigter Unterschiede zwischen den LPG im Territorium

Es ist außerordentlich zu begrüßen, daß sich unmittelbar nach und im Sinne der 8. Tagung des ZK der SED der Wissenschaftliche Rat für die wirtschaftswissenschaftliche Forschung gemeinsam mit dem Wissenschaftlichen Rat für ökonomische Probleme der sozialistischen Landwirtschaft in dieser Breite und Komplexität der Durchsetzung der ökonomischen Strategie der SED in der Landwirtschaft zuwendet.

Die im einleitenden Referat getroffene Wertung und auch die aufgeworfenen Probleme bewegen uns in der praktischen Leitungsarbeit. Das betrifft sowohl die noch bessere Hinlenkung der Genossenschaftsbauern auf die entscheidenden Schwerpunkte der Intensivierung als auch besonders die Lösung von anstehenden Entwicklungsfragen, die für den notwendigen stabilen Leistungsanstieg und hohe Fondsökonomie wichtig sind. Wenn die Genossenschaftsbauern und Arbeiter des Kreises Strausberg in den ersten fünf Monaten des Jahres 1984 die Schlachtviehproduktion um 11 %, die Milchproduktion um 13 % gegenüber 1983 steigerten und die Frühjahrsbestellung zu günstigeren agronomischen Terminen und in höherer Qualität durchführten, ist das zuallererst Ausdruck der guten Agrarpolitik des X. Parteitages der SED und der Verwirklichung der Beschlüsse des XII. Bauernkongresses, zu der die Genossenschaftsbauern und Arbeiter durch ihre persönliche Tat stehen.

Die Agrarpreisreform, das kann man jetzt voll bestätigen, wirkt in ihrem Grundanliegen und hat zu neuen Denkweisen in Richtung Eigentümerdenken und Kosten-Nutzen-Denken geführt. Die Vorstände der LPG beraten und prüfen gründlicher und umfassender ihre Entscheidungen in der Fondswirtschaft.

Eine Einsparung von 1 % an materiellen Umlaufmitteln in unserem Kreis hat heute eine Wertgröße von 2 Millionen Mark, 1 % Futtermitteleinsparung entspricht 700000 Mark. Diese Größenordnung bewußtzumachen, hat in den LPG-Vorständen auch zu kritischeren Positionen in der eigenen Arbeit geführt.

In der Pflanzenproduktion sind alle Maßnahmen der LPG und VEG darauf ausgerichtet, mit gleichen und zum Teil geringeren Fonds den Bruttoumsatz 1984 um 8,1 % zu erhöhen. Die guten Erfahrungen mit den Höchstertragskonzeptionen sollen weiter vertieft werden.

Höhere Erträge bei Kartoffeln, Zuckerrüben und Mais, vor allem von den natürlichen Graslandstandorten, stehen hier im Mittelpunkt. In allen LPG der Pflanzenproduktion geben Wissenschaftler des Forschungszentrums Müncheberg auf der Grundlage einer langjährigen Vereinbarung gezielte Unterstützung.

Das Programm zur intensiven Bodennutzung und das Bewässerungsprogramm sind Kreistagsbeschlüsse. Sie gewährleisten die einheitliche Orientierung aller gesellschaftlichen Kräfte auf diese Schwerpunkte und sichern uns gleichzeitig die gesellschaftliche Kontrolle ihrer Durchführung.

Ein hoher Leistungszuwachs in der Pflanzenproduktion bleibt die Grundlage für hohe Effektivität der Gesamtproduktion und letztlich für das ökonomische Ergebnis im Kreis. Wesentlich für den Erfolg der Arbeit war und bleibt, daß unter Führung des Sekretariats der Kreisleitung der SED sich konzentriert und komplex den LPG mit ungenügendem Leistungs- und Effektivitätsniveau zugewendet wurde. Die wachsende Verantwortung der Kooperationsräte ist dabei von zunehmender Bedeutung.

In der Tierproduktion zeigen sich Fortschritte in der Leistung je Tier und einer besseren Futterverwertung, wenn es auch hier noch Reserven gibt. So stieg die Milchleistung je Kuh – per 31. 5. 1984 – um 11 %. Vier LPG werden 1984 über 4000 Liter erreichen.

Die Fleischproduktion je Schwein des Anfangsbestandes hat sich 1983 von 119,5 kg auf 134 kg erhöht. Die Aufzuchtergebnisse je produktiver Sau betragen im Durchschnitt des Kreises jetzt 8,2 Stück, das sind 0,5 Ferkel mehr. Sie sollen am Jahresende 19,5 aufgezogene Ferkel betragen. Gleichzeitig sind die Kälberverluste von 3,0 auf 2,5 % zurückgegangen. Mit einem Kostensatz von 87,9 in der Tierproduktion haben wir das bisher beste Ergebnis realisiert.

Als wichtige Größe im Reproduktionsprozeß hat sich das Nettoprodukt im vergangenen Planjahr auf 131 % erhöht und ist damit erheblich schneller als das Bruttoprodukt gewachsen, das 110 % erreichte. Der Produktionsverbrauch ist bezogen auf 100 Mark des Bruttoproduktes um 5 Mark bei steigender Produktion gesunken. Das sind erste Ergebnisse!

Noch sehen wir viele Reserven in der eigenen Verantwortung der staatlichen Leitung im Kreis, um der Forderung des X. Parteitages der SED, die Ökonomie jeder LPG unter Beachtung ihrer spezifischen Bedingungen so zu gestalten, daß sie immer rentabler und effektiver wirtschaften, noch wirksamer Rechnung zu tragen. In unserer Arbeit hat sich dabei die stärkere Nutzung der Vorzüge der territorialen Produktionsorganisation bewährt. Im Sinne des einheitlichen Produktionsprozesses von Pflanzen- und Tierproduktion sind die Genossenschaftsbauern im eigenen Dorf enger zusammengerückt. Das Verständnis für die gemeinsamen Aufgaben und die Verantwortung für eine hohe Produktion ist sichtlich gewachsen. So beginnt zum Beispiel die Stallmistpflege sich nicht nur durch ökonomische Stimulierung zu verbessern, sondern ist quasi im Dorf wieder unter gemeinsame Kontrolle gestellt. Ganz wichtig ist auch, daß die Leitungswege zwischen Pflanzen- und Tierproduktion in der täglichen Arbeit kürzer geworden sind. So erfolgt heute die Futteranfuhr pünktlicher, stall- und leistungsbezogener.

Gemeindevertretung und die LPG Pflanzenproduktion und Tierproduktion unternehmen in gemeinsamer Interessenlage mehr, um ihr Dorf als Arbeitsort und Heimstatt für einen hohen Leistungszuwachs in der Produktion sowie hinsichtlich der Wohn- und Lebensbedingungen ihrer Bürger noch besser auszugestalten. So werden mit landwirtschaftlichen Kapazitäten 1984 72 Wohnungen für Genossenschaftsbauern modernisiert. Zunehmend werden die Erntefeste gemeinsam in den Dörfern gefeiert. Doch es gibt auch Probleme. Zwei möchte ich nennen:

1. Genossenschaftsbauern und Arbeiter der Pflanzen- und Tierproduktion sind nicht mehr gleichermaßen in den Dörfern ansässig. In nahezu allen Dörfern haben wir Anlagen der Tierproduktion. In der Pflanzenproduktion hat sich das Durchschnittsalter schneller verjüngt. Die jungen Mechanisatoren haben sich dort angesiedelt, wo die Pflanzenproduktion ihren Sitz hat – wo auch konzentriert gebaut wurde, wie zum Beispiel in Müncheberg und Rehfelde. Die Aufwendungen im sozialen Bereich und für Kultur sind zum Teil außerordentlich differenziert. Deshalb sind wir dabei, die Entwicklungskonzeptionen der Standortverteilung der Produktivkräfte in den Kooperationen gleichzeitig mit der weiteren Konzipierung der Ausgestaltung des Dorfes zu verbinden. Unser Rat hat dazu festgelegt, den Um- und Ausbau von Wohnungen, die Modernisierung auf zunächst jene Dörfer zu konzentrieren, in denen Schwerpunkt-LPG sind. Damit sollen gleichzeitig Voraussetzungen für die Ansiedelung vorwiegend junger Genossenschaftsmitglieder geschaffen werden.

2. Die Produktionsorganisation nach dem Territorialprinzip hat, wie zum Beispiel in der Kooperation Altlandsberg, zu einer schnelleren Erhöhung des Eigenproduktes in der Gesamtkooperation geführt. Durch eine bessere Fondsökonomie haben die vier beteiligten LPG Tierproduktion im Kreis 1983 den günstigsten Kostensatz realisiert. Im Eigenprodukt je Hektar erreichten sie mit 2,65 megaenergetischen Futtereinheiten (MEF) einen Leistungszuwachs von 10 % in den letzten beiden Jahren. Bei der Ausstattung mit Technik und der in der Folge notwendigen Ausrüstung von mehr Reparaturkapazitäten tritt zunächst ein höherer Bedarf an Technik und Ausrüstung ein. Am sichtbarsten ist das für die Futterversorgung, wo die jeweiligen selbständigen Abteilungen für die tägliche Frischfutteranfuhr bzw. -versorgung mit entsprechender Erntetechnik ausgerüstet werden müssen. So reicht für eine territoriale Abteilung ein Exakthäcksler oder Schwadhäcksler nicht aus, da bei Ausfällen zur pünktlichen Futterversorgung sofort ein anderes Aggregat zum Einsatz gebracht werden muß. In der gegenwärtigen Lage würde es eine große Entscheidungshilfe für die Kreise, LPG und VEG sein, wenn durch die Wissenschaft Grundlagenmaterial und Normative für die Ausstattung mit Technik, vor allem für die weitere Profilierung der energetischen Basis in der Pflanzenproduktion, erarbeitet werden würden. Es ist gegenwärtig außerordentlich kompliziert, für das Optimum von Fondsausstattung und -ausrüstung eine Aussage zu treffen.

Die Anforderungen an die Reproduktion der Grundfonds fordern von den Leitern in der sozialistischen Landwirtschaft ein generelles Umdenken. Das geringere Amortisationsaufkommen in der Pflanzenproduktion – die Grundmittel wurden mit der Agrarpreisreform nicht mit umbewertet – und die höheren Beschaffungskosten ermöglichen es gegenwärtig noch nicht, die einfache materielle Reproduktion nur über die Kosten zu finanzieren. Das heißt, daß in jeder LPG Pflanzenproduktion die Produktionsorganisation auf einen hohen Gewinn ausgerichtet werden muß, der auch die dafür erforderlichen Akkumulationsmittel sichert. Auch aus dieser Sicht nimmt die Kennziffer Gewinn in unserer staatlichen Leitungstätigkeit in der Plandiskussion und -ausarbeitung, besonders aber auch in der Abrechnung, einen wichtigen Platz ein.

Der Beschluß des Politbüros und des Ministerrates zur weiteren Vervollkommnung der Leitung, Planung und wirtschaftlichen Rechnungsführung in der sozialistischen Landwirtschaft ist deshalb für uns ein wichtiges Dokument zur Führung und umfassenden Durchsetzung der Intensivierungspolitik der 7. und 8. Tagung des ZK der SED. Dieser Beschluß hat uns bereits geholfen, viele Potenzen der sozialistischen Produktionsverhältnisse in den LPG und VEG sowie Dörfern wirksam zu machen und schneller Reserven zu erschließen. Eine neue Qualität von Leistungsvergleichen auf der Grundlage der auf dem XII. Bauernkongreß beschlossenen wichtigsten Kennziffern ist dabei eine entscheidende Voraussetzung. Haben wir uns in den zurückliegenden Jahren nahezu ausschließlich auf die einzelnen LPG und VEG konzentriert, so steht heute die Entwicklung der gesamten Kooperation mit ihren einzelnen Partnern stärker im Mittelpunkt.

Über die Kostenträger- und Kostenstellenrechnung, den Jahresanalysen über die sozialistische Betriebswirtschaft steht uns ein umfassendes Material für die Vorbereitung und Durchführung von Leistungsvergleichen, vor allem zur Kostenanalyse unterschiedlichen Produktions- und Effektivitätsniveaus, zur Verfügung. Es hat sich gelohnt, vor allem in den LPG und ihren Brigaden, vom ausschließlichen Plan-Ist-Vergleich wegzukommen und vor allem die qualitativen Kennziffern zur Grundlage der Wertung und Beurteilung zu machen. Eine Erfahrung ist dabei, die mit dem Leistungsvergleich verbundenen vielfältigen Erfahrungsaustausche und Anwenderseminare mit verbindlichen Festlegungen durchzuführen.

Da es nicht nur um den Vergleich der Leistungen im eigenen Kreis geht, sondern um das Messen an den Leistungen der Besten, ist das jährlich vom Institut für Sozialistische Betriebswirtschaft Böhlitz-Ehrenberg herausgegebene Material eine außerordentlich wertvolle Hilfe.

Es ist so, wie Funke in seinem Diskussionsbeitrag auf der 8. Tagung des ZK der SED formulierte, daß das Lernen bei den Leitern beginnen muß, insbesondere bei jenen, die in ihrer praktischen Arbeit unmittelbar den wissenschaftlich-technischen Fortschritt mit ihren Kollektiven umzusetzen haben.[1]

Mehrtägige Erfahrungsaustausche, die wir jährlich in den Wintermonaten mit Abteilungs- und Brigadeleitern der Pflanzen- und Tierproduktion, mit Ökonomen und Hauptbuchhaltern durchführen, haben zu ersten Ergebnissen geführt.

In unserem Bezirk Frankfurt (O.) ist begonnen worden, über Arbeitsgruppen bzw. Außenstellen des Wissenschaftlich Technischen Zentrums (WTZ) in den Kreisen und den LPG bei der Durchsetzung der Prinzipien der sozialistischen Betriebswirtschaft unter den neuen Bedingungen unmittelbar Hilfe zu geben.

Mit der weiteren disziplinierten täglichen Erfüllung unserer Pläne, der guten inhaltlichen und organisatorischen Vorbereitung der Ernte, mit einem noch effektiveren Wirtschaften in allen LPG und VEG des Kreises und einem hohen Zuwachs an Eigenproduktion im Planangebot 1985 soll der 35. Jahrestag der DDR durch die Genossenschaftsbauern und Arbeiter würdig vorbereitet werden.

[1] Siegfried Funke, 8. Tagung des ZK der SED, Diskussionsrede, in: Neues Deutschland vom 23. Mai 1984, S. 8.

Heinz Zacharias

Einige Aspekte des betriebs- und volkswirtschaftlichen Wirkens der Agrarpreisreform

Ausgehend vom Beschluß des Ministerrates der DDR vom 11. November 1982 wurde die Agrarpreisreform mit Wirkung vom 1. 1. 1984 durchgeführt.

Das Ziel der Agrarpreisreform ist es, die ökonomische Strategie der 80er Jahre in unserer sozialistischen Landwirtschaft wirksam durchzusetzen, den dynamischen Leistungsanstieg zu fördern und einen wachsenden Beitrag zur Erfüllung der Hauptaufgabe in ihrer Einheit von Wirtschafts- und Sozialpolitik zu leisten. In engem Zusammenhang damit steht die weitere Vertiefung des Bündnisses der Arbeiterklasse mit der Klasse der Genossenschaftsbauern.

Im Bericht des Politbüros an die 8. Tagung des ZK der SED wird zu den bisherigen Ergebnissen der Agrarpreisreform eingeschätzt: „Die beabsichtigten Wirkungen der Agrarpreisreform sind bereits in den ersten Monaten dieses Jahres eingetreten. Das Verhältnis von Aufwand und Ergebnis gestaltet sich wesentlich günstiger. Fast alle LPG und VEG planen mit Gewinn."[1]

Das Grundanliegen der Agrarpreisreform besteht bekanntlich darin, das materielle Interesse der Genossenschaftsbauern und Arbeiter auf dem Lande noch wirksamer auf eine ständig steigende Produktion von Nahrungsgütern für die Bevölkerung und Rohstoffe für die Industrie zu richten. Alle Möglichkeiten der sozialistischen Intensivierung, die umfassende Durchsetzung der sozialistischen Betriebswirtschaft und die Anwendung neuester Erkenntnisse von Wissenschaft und Technik sind dazu zu nutzen.

Mit der Agrarpreisreform wird es für die Genossenschaftsbauern und Arbeiter in den LPG, VEG und kooperativen Einrichtungen lohnender und zugleich zwingender die Ertragsmöglichkeiten des Bodens und der Pflanzen voll auszuschöpfen, die eigene Futterbasis zu vergrößern, die Leistungen der Tiere zu steigern, den Produktionsverbrauch zu senken, Importe einzusparen und die ökonomische Wirksamkeit von Wissenschaft und Technik spürbar zu erhöhen.

Zugleich haben sich die Voraussetzungen für die Reproduktion des genossenschaftlichen Eigentums als ökonomische Grundlage der Klasse der Genossenschaftsbauern spürbar verbessert. Mit all dem besteht auch ein hoher Ansporn für die weitere Vervollkommnung der wirtschaftlichen Rechnungsführung in den sozialistischen Landwirtschaftsbetrieben bis zu den Abteilungen und Brigaden.

Wenige Monate nach der Durchführung der Agrarpreisreform ist es natürlich noch nicht möglich, eine umfassende Einschätzung der erzielten Wirkung vorzunehmen. Wir können jedoch aus den vorliegenden Betriebsplänen, den Vertragsabschlüssen sowie nach der bisherigen Planerfüllung, besonders in den Betrieben der Tierproduktion, feststellen, daß:

- eine weitere Steigerung der Produktion in quantitativer und qualitativer Hinsicht zu verzeichnen ist,
- sich das materielle Interesse an der Durchsetzung der sozialistischen Intensivierung erhöht,
- sich die Stimulierung zur Senkung des Produktionsverbrauchs durchsetzt,
- sich das Interesse der Genossenschaftsbauern und Arbeiter an guten ökonomischen Ergebnissen in ihrer LPG in Verbindung mit gesichertem persönlichem Einkommen weiter entwickelt.

Es ist bereits jetzt einzuschätzen, daß sich für die LPG die Möglichkeiten der Eigenerwirtschaftung finanzieller Mittel zur Absicherung des Reproduktionsprozesses vergrößern. Damit erhöht sich die Eigenverantwortung der LPG für die effektivste Gestaltung ihres Reproduktionsprozesses bei weiterer Vertiefung der Kooperationsbeziehungen.

Durch die höheren Erzeugerpreise werden die LPG angeregt, den Umfang und die Qualität der Produktion planmäßig zu steigern. Das drückt sich aus im Stand der Planerfüllung sowie in den Steigerungsraten gegenüber dem Vorjahr.

Damit steht in untrennbarem Zusammenhang, daß bereits in Vorbereitung der Agrarpreisreform in vielen LPG die Bedingungen für die Arbeit nach Höchstertragskonzeptionen bzw. Höchstleistungskonzeptionen als eine wichtige Maßnahme zur Durchsetzung des wissenschaftlich-technischen Fortschritts geschaffen wurden. Es zeigt sich, daß die schlagbezogenen Höchstertragskonzeptionen eine für die Genossenschaftsbauern und Arbeiter in den LPG Pflanzenproduktion verständliche und überschaubare Form zur komplexen Anwendung des wissenschaftlich-technischen Fortschritts sind.

Sie beinhalten konkrete Maßnahmen zur Reproduktion der Bodenfruchtbarkeit, schlagbezogene Anbaunormative, Maßnahmen der Qualitätssicherung sowie konkrete Festlegungen der moralischen und materiellen Interessiertheit der Kollektive und ihrer Leiter.

Eine ebensolche Wirkung haben die stallbezogenen Höchstleistungskonzeptionen in den LPG Tierproduktion, die Maßnahmen zur planmäßigen Reproduktion der Tierbestände, zur Sicherung guter Haltungsbedingungen, zur Gewährleistung einer guten Tiergesundheit, zur Erreichung einer hohen Futterökonomie und weitere konkrete Maßnahmen beinhalten. Höchstertragskonzeptionen und Höchstleistungskonzeptionen tragen wirksam dazu bei, die beabsichtigten Wirkungen der Agrarpreisreform zu erzielen und um für alle natürlichen Bedingungen jeden m^2 Boden effektiv zu nutzen und in jedem Stall steigende Leistungen der Tiere zu sichern.

Die durch die Agrarpreisreform auf den Betrieb gerichtete Stimulierung wirkt um so mehr, je konsequenter sie innerhalb der LPG bis zu den Brigaden bzw. Abteilungen fortgesetzt wird. Das geschieht durch betriebswirtschaftliche Regelungen, mit deren Hilfe Voraussetzungen geschaffen werden, den Arbeitskollektiven und jeden einzelnen eine größere ökonomische Eigenverantwortung zu übertragen und ihr materielles Interesse auf höhere Erträge und Leistungen, sparsamen Umgang mit Material und Energie sowie niedrige Kosten zu richten.

Während die materielle Stimulierung der Kollektive an der Erarbeitung hoher Planangebote und deren Erfüllung in den vergangenen Jahren nur in Einzelfällen geschah, ist das Interesse für solche betriebswirtschaftliche Regelungen größer geworden.

Großen Anklang bei vielen Vorsitzenden von Kooperationsräten aus allen Bezirken finden z. B. die Vereinbarungen, die der Vorstand der LPG (P) Grumbach-Kaufbach mit den Abteilungen dieser LPG zur Stimulierung hoher Erträge und geringster Kosten abgeschlossen hat. Diese Vereinbarungen beinhalten einerseits durch den Vorstand vorgegebene differenzierte Orientierungskennziffern für die Höhe der Erträge und progressiv gestaffelte Prämiensätze (5–50 % Zuschlag zur Grundprämie) für den Produktionszuwachs (in GE/ha) und andererseits die Verpflichtung des Kollektivs zur Mehrproduktion. Beispielsweise vereinbarte der Vorstand dieser LPG mit einer Abteilung, die geplante Jahresendprämie in voller Höhe bei Erreichung der Orientierungskennziffer für den Gesamtertrag in dieser Abteilung von 63,4 GE/ha zu zahlen. Erfüllt dieses Kollektiv seine Verpflichtung zur Mehrproduktion von 3,5 GE/ha, so erhöht sich die Prämiensumme um 38 % (= 247 M/VbE). Wird die Zielstellung nicht erreicht, reduziert sich der anteilige Prämienzuschlag auf 80 %. Sofern eine Mehrproduktion realisiert wird, aber dazu keine Verpflichtung des Kollektivs vorlag, geht der anteilige Prämienzuschlag auf 50 % zurück.

Damit wird jedes Kollektiv angeregt, die Ertragsreserven besser auszuschöpfen und, es bestimmt die Höhe der Prämie selbst. Im Ergebnis erhält eine Brigade bzw. Abteilung, die hohe Planangebote realisiert, eine höhere Prämie als eine Brigade, die bei der Planung Ertragsreserven zurückhält. Diese Stimulierung hoher Planangebote und deren Erfüllung wird verbunden mit einer Beteiligung des Kollektivs an einer Kosteneinsparung gegenüber dem Plan in Höhe von 2,5 %. Dafür ist die Einhaltung des Erlösplanes Bedingung. Zusätzlich ist das Kollektiv an einer Einsparung von DK in Höhe von 10 % (gemessen an den Kosten) beteiligt.

In den LPG Tierproduktion steht im Mittelpunkt der Stimulierung hoher Planangebote die immer bessere Ausschöpfung des Leistungspotentials der Tiere, so z. B. die jährliche Milchleistung je Kuh, die Zahl der aufgezogenen Ferkel je Sau oder die tägliche Lebendmassezunahme je Masttier.

Durch diese betriebswirtschaftlichen Maßnahmen wirkt die Stimulierung der Agrarpreisreform bis hin zur Höhe der persönlichen Einkünfte jedes einzelnen Genossenschaftsbauern.

Die Agrarpreisreform regt die LPG und ihre Kollektive an, die verfügbaren materiellen Fonds zielgerichteter und sparsamer einzusetzen, sowie weitere Reserven zu erschließen.

Ausgehend vom gesellschaftlich notwendigen Aufwand wurden die Preise für die in der Landwirtschaft eingesetzten Produktionsmittel verändert. Das betrifft sowohl die Grundmittel wie Maschinen, bauliche Anlagen usw. als auch die materiellen Umlaufmittel wie Chemikalien, Energieträger, Ersatzteile usw.

Aus den uns vorliegenden Erfahrungen werden vielfältige Initiativen sichtbar, die Fonds noch wirksamer zu nutzen bzw. einzusetzen. So haben sich viele Genossenschaften Gedanken gemacht, wie sie durch organisatorische Maßnahmen sowie durch bessere Wartung und Pflege die Verfügbarkeit und den Einsatz der Maschinen und Geräte verbessern und die Nutzungsdauer verlängern können.

Die Preisveränderungen führen auch dazu, daß Neuanschaffungen noch gründlicher durchgerechnet werden. Große Anstrengungen unternehmen die Genossenschaftsbauern und Arbeiter mit dem verfügbaren Fonds vor allem Energieträger und Mineraldünger, die geplanten Ertragssteigerungen sowie Effektivitätsverbesserungen zu erreichen. Betriebswirtschaftliche Regelungen, z. B. zum Wettbewerb, die Führung persönlicher Konten, die leistungsabhängige Zusatzvergütung und Prämierung fördern diesen Prozeß.

Die Erhöhung der Mineraldüngerpreise hat dazu geführt, den organischen Dünger aus der Tierproduktion neu zu bewerten und stärker in die betriebswirtschaftlichen Überlegungen zur Steigerung der Produktion und Effektivität mit einzubeziehen. Das findet seinen Ausdruck in vielfältigen Maßnahmen zur verlustärmeren Gewinnung, in der Erhöhung der Stapelkapazität, der besseren Einhaltung zweckmäßiger Einsatzzeiträume und in Fortschritten bei der Anwendung von Ware-Geld-Beziehungen zwischen Pflanzen- und Tierproduzenten. Immerhin beträgt der Wert der im organischen Dünger aus der Tierproduktion enthaltenen verfügbaren Pflanzennährstoffe nach Mineraldüngerpreisen berechnet in einer Kooperation mit 5000 ha LN und 4000 Großvieheinheiten (fGV) etwa 800 TM.

Da die Erhöhung der Qualität von Stalldung, Gülle und Jauche gleichzeitig mit einer Verminderung des Transportaufwandes, mit einer Verlustminderung der in ihnen enthaltenen Pflanzennährstoffe sowie mit größeren Effekten für die Erhöhung der Bodenfruchtbarkeit verbunden sind, widmen viele Kooperationsräte der Erschließung dieser Reserven besondere Aufmerksamkeit.

In den LPG und VEG der Tierproduktion nehmen das Futter und der Tiereinsatz den größten Anteil am Materialverbrauch ein. Die Genossenschaftsbauern und Arbeiter konzentrieren sich deshalb im sozialistischen Wettbewerb auf die Steigerung der Tierproduktion vor allem durch eine weitere Verbesserung der Futterverwertung und Senkung der Tierverluste.

Die Agrarpreisreform fördert die Festigung und Vertiefung der kooperativen Beziehungen zwischen den LPG, VEG, den kooperativen Einrichtungen und anderen Kooperationspartnern. Mit der Einführung neuer Erzeugerpreise sowie neuer Preise für Produktionsmittel und Leistungen ergab sich die Notwendigkeit, die Vereinbarungspreise zwischen den kooperierenden LPG, VEG und deren kooperativen Einrichtungen entsprechend den veränderten Erlös- und Kostenbedingungen zu überarbeiten.

Die Vereinbarungspreise ermöglichen es den LPG, bei der Gestaltung ihrer Beziehungen untereinander ihre spezifischen natürlichen und ökonomischen Bedingungen mit hoher Wirksamkeit und zum gegenseitigen Vorteil für alle Partner zu nutzen. Das entspricht gleichzeitig der Forderung des XII. Bauernkongresses der DDR, die Potenzen des genossenschaftlich-sozialistischen Eigentums noch besser zu nutzen.

Bei der Erarbeitung der Vereinbarungspreise ab 1984 haben sich deshalb die Kooperationspartner davon leiten lassen, mit den neuen Vereinbarungspreisen solche Bedingungen zu schaffen, die die Kollektive noch umfassender an planmäßig hohen Erträgen bzw. Leistungen und einer hohen Effektivität stimulieren. Damit sind in Verbindung mit den staatlichen Abgaberegelungen für jede LPG Voraussetzungen gegeben, bei ordnungsgemäßer Arbeit rentabel zu wirtschaften und erweitert zu reproduzieren.

Die mit der Erarbeitung neuer Vereinbarungspreise erfolgte Durchrechnung des wertmäßigen Reproduktionsprozesses jedes Kooperationspartners der Pflanzen- und Tierproduktion hat Reserven zur Erhöhung des Leistungsanstieges deutlich gemacht. Es festigte sich bei den Genossenschaftsbauern und Arbeitern die Erkenntnis, daß alle betriebswirtschaftlichen Maßnahmen auf hohe und stabile Erträge bzw. Leistungen und einen sparsamen Umgang mit Material und Energie auszurichten sind, weil nur so eine hohe Rentabilität des eigenen Betriebes und der Kooperation erreicht werden kann.

Neue Überlegungen wurden angestellt, wie durch eine stärkere territorial orientierte Produktionsorganisation vor allem Transporte eingeschränkt und damit der Verbrauch an DK weiter gesenkt werden kann.

Die uns vorliegenden Ergebnisse zur Anwendung der Vereinbarungspreise zwischen den Kooperationspartnern bestätigen, daß ausgeglichenere Relationen in den geplanten finanziellen Ergebnissen, vor allem im Ergebnis und bei der Akkumulation ermöglicht werden. Viele Kooperationen haben die Vereinbarungspreise noch stärker von der Erreichung bestimmter Qualitätsparameter bei Futter abhängig gemacht.

Mit der Verbesserung der Rentabilitätsbedingungen in allen LPG erhöhen sich auch die Möglichkeiten der Bildung und des Einsatzes gemeinsamer finanzieller Fonds.

Durch diese Zentralisation finanzieller Mittel wollen die Genossenschaftsbauern einen schnelleren Leistungsanstieg der Kooperation zum gegenseitigen Vorteil aller Kooperationspartner erreichen. Ausgehend von bisherigen Erfahrungen zeichnen sich in den Kooperationen folgende Regelungen ab:

- Bildung eines gemeinsamen Fonds zur Leistungsstimulierung,
- Bildung eines gemeinsamen Investfonds für gemeinsam interessierende Maßnahmen vor allem zur Durchsetzung des wissenschaftlich-technischen Fortschritts. Gemeinsame Interessen bestehen hierbei besonders bei Rationalisierungsmaßnahmen zur Erhöhung der Futterproduktion und Futterökonomie, zur besseren Nutzung des organischen Düngers aus der Tierproduktion, für gemeinsame Einrichtungen zur vorbeugenden Instandhaltung und für die Verbesserung der Arbeits- und Lebensbedingungen in den Territorien.
- Bildung eines gemeinsamen Reservefonds mit dem Ziel den Eigenmittelanteil im Umlaufmittelbereich zu erhöhen und unverschuldete Ausfälle z. B. auf Grund von Witterungsunbilden zu überwinden.

Die stimulierende Wirkung der Agrarpreisreform erstreckt sich in den LPG auch auf eine engere Verbindung von genossenschaftlicher und individueller Produktion.

Das ergibt sich aus der Stellung der persönlichen Hauswirtschaften der LPG-Mitglieder als fester Bestandteil der sozialistischen Produktionsverhältnisse auf dem Lande. In den persönlichen Hauswirtschaften der Genossenschaftsbauern und Arbeiter wurden 1983, gemessen am gesamten Produktionsvolumen der LPG, 56,2 % der Eier, 8,4 % des Schlachtviehs und 0,9 % der Milch erzeugt.

Die Erzeugnisse aus diesen persönlichen Hauswirtschaften dienen gemeinsam mit denen anderer Kleinproduzenten zu einem beträchtlichen Anteil der Erfüllung der Versorgungsaufgaben.

Mit diesen stimulierenden Wirkungen der Agrarpreisreform wird deutlich, daß die Agrarpreisreform die Durchsetzung der ökonomischen Strategie der 80er Jahre für eine dynamische Leistungsentwicklung unserer sozialistischen Landwirtschaft wirksam unterstützt. Mit ihr ist untrennbar verbunden die immer vollkommenere Anwendung der sozialistischen Betriebswirtschaft in den LPG, ihren Kollektiven und Kooperationen.

[1] 8. Tagung des Zentralkomitees der SED, 24.5.1984, Aus dem Bericht des Politbüros an das Zentralkomitee der SED, Berichterstatter: Genosse Kurt Hager, Berlin 1984, S. 38.

Bernd Helmich/Rudi Broda/Erhard Pritscha

Die Erhöhung der Eigenverantwortung der Abteilungen und Brigaden bei der Ausprägung der gemeinsamen Verantwortung für die LPG und die Kooperation durch wissenschaftlich fundierte Leitung

Die Leitungstätigkeit in unseren LPG und Kooperationen ist – wie in der Volkswirtschaft insgesamt – darauf gerichtet, das immer bewußtere Handeln der Menschen allseitig zu fördern und ihr Zusammenwirken mit den Produktionsmitteln zur effektivsten Gestaltung des Reproduktionsprozesses zu koordinieren. Stets sind gesellschaftliche Erfordernisse, kollektive und persönliche Interessen in Übereinstimmung zu bringen und in bewußtes Handeln umzusetzen.

Einen großen Stellenwert messen wir der höheren Eigenverantwortung der Abteilungen und Brigaden und ihrer wissenschaftlich fundierten Leitung bei. Es geht vor allem darum, wie – entsprechend den Erfahrungen der Sowjetunion – die Abteilungen und Brigaden ihre erweiterten Rechte und Pflichten wahrnehmen. Das betrifft die wachsende Verantwortung der Brigaden und Abteilungen für die effektive Nutzung des Bodens, der Tiere und aller Fonds zur Erfüllung der Planaufgaben genau so wie für die weitere Ausprägung ihrer sozialen Funktion.

In Verwirklichung der neuen Etappe der ökonomischen Strategie der SED ist, wie das auf der 8. Tagung des ZK der SED bekräftigt wurde, mit größerer Konsequenz in den Mittelpunkt der Leitungstätigkeit zu stellen:

- Die Beherrschung der intensiv erweiterten Reproduktion zur Steigerung der Erträge und tierischen Leistungen, der Arbeitsproduktivität und Senkung der Kosten.
- Die Ausgestaltung der Leitungsbeziehungen innerhalb und zwischen den Betrieben der Kooperation, damit der Zusammenhang von wirtschaftlichem Wachstum, allseitiger Festigung der LPG und Vertiefung der Kooperation sowie der gesellschaftlichen Entwicklung in unseren Dörfern hergestellt wird.
- Die weitere Ausprägung der genossenschaftlichen Demokratie zur Entwicklung von Schöpfertum und Initiative unserer Genossenschaftsbauern.

Wir sind der Auffassung, daß die weitere Vervollkommnung der Leitung der LPG und Kooperationen, der sozialistischen Betriebswirtschaft genossenschaftlicher Betriebe und Vereinigungen insgesamt untrennbar mit dem Ausbau der genossenschaftlichen Demokratie, eingebettet in die sozialistische Demokratie, verbunden ist.

Es geht vor allem darum,

1. die genossenschaftliche Demokratie im Arbeitsprozeß weiter auszugestalten, weil hier die Genossenschaftsbauern unmittelbar ihre Funktion als Produzenten und kollektive Eigentümer im Kampf um hohe und stabile Produktionsergebnisse realisieren;
2. die Verbindung von kollektiver Leitung und Einzelleitung in den LPG und Kooperationen wirkungsvoller zu gestalten, da das dem Wesen des genossenschaftlichen Eigentums entspricht und zur Entwicklung seiner Vorzüge, der Initiativen der Genossenschaftsbauern beiträgt;
3. bei der Vertiefung der genossenschaftlichen Demokratie stets die enge Verbindung der Genossenschaftsbauern zu ihren Dörfern hergestellt und die LPG ihrer Verantwortung für das politische und geistig-kulturelle Leben im Territorium gerecht werden, um die ökonomische und soziale Leistungskraft unserer Dörfer stärker für die Erfüllung der gemeinsamen Aufgaben zu nutzen.

In den letzten Jahren sind in Zusammenarbeit von Wissenschaft und Praxis eine Reihe neuer Erkenntnisse in unserer Leitungsforschung gewonnen worden. Im Mittelpunkt standen dabei Fragen der Rationalisierung der Leitungs- und Verwaltungsarbeit im Zusammenhang mit der weiteren Vertiefung der genossenschaftlichen Demokratie. Mit der Einordnung der gesellschaftlichen Entwicklungsprozesse auf dem Lande in die ökonomische Strategie der SED, der schrittweisen Übernahme wirtschaftsleitender Funktionen durch den Kooperationsrat in Verbindung mit der Ausprägung territorialer Organisationsformen sind jedoch neue Fragen entstanden, die einer weiteren wissenschaftlichen Bearbeitung bedürfen.

Als stabiles Fundament der Leitung betrachten wir feste Brigadekollektive, die nach Prinzipien der wirtschaftlichen Rechnungsführung arbeiten und den neuen Anforderungen der Zusammenarbeit der LPG Pflanzen- und Tierproduktion in den Dörfern entsprechen. Ein Schwerpunkt ist die zweckmäßige Größe der Brigadekollektive. Hierzu haben wir Lenkbarkeitsnormative für unterschiedliche Bedingungen erarbeitet. Diese Lenkbarkeitsnormative sind Bestandteil von Richtwerten für den personellen Leitungs- und Verwaltungsbedarf in LPG. Für komplexe Lösungen der Organisation und Leitung von Brigaden, der Bestimmung der Kollektivgrößen gilt es jedoch zukünftig in stärkerem Maße zu beachten, wie leistungsfähige und erzieherisch wirksame Arbeitskollektive entstehen. Dazu ist auch soziologischen Problemen in unserer leitungswissenschaftlichen Forschung größere Bedeutung beizumessen. Stets kommt es darauf an, eine gute Leitbarkeit der Kollektive und Überschaubarkeit des einheitlichen Reproduktionsprozesses von Pflanzen- und Tierproduktion für die Genossenschaftsbauern und ihre Leiter zu sichern.

Bei der Ausarbeitung komplexer Lösungen erachten wir es gleichfalls für notwendig, die Organisation und Leitung noch enger mit der Planung, Stimulierung und

Abrechnung der Brigaden und Abteilungen zu verbinden. Es wird davon ausgegangen, daß jede Brigade nach einem Brigadeplan und jede Arbeisgruppe nach ausgewählten Plankennziffern zu arbeiten hat. Hier gibt es in den letzten Jahren Fortschritte, besonders bei der Planung der Abteilungen. Sie erfolgt in allen LPG. Jedoch muß es uns noch besser gelingen, die Planung bis zu den Brigaden zu führen. Das schließt ein, eine hohe Qualität der Brigadepläne zu erreichen. Beispielsweise wurden Maßnahmen des wissenschaftlich-technischen Fortschritts in ausgewählten LPG Pflanzenproduktion bisher erst zu etwa 20 % und in den LPG Tierproduktion zu 30 % bis zu den Brigaden geplant. Da wir das aber als eine entscheidende Frage betrachten, um den wissenschaftlich-technischen Fortschritt durch eine qualifizierte Leitung mit ökonomischen Mitteln durchsetzen zu helfen, gilt es, wirksamere und differenziertere Lösungen zur Planung, Stimulierung und Abrechnung der Arbeitskollektive für unterschiedliche Bedingungen zu erarbeiten und zielgerichtet zu überführen.

Um das initiativreiche Handeln der Genossenschaftsbauern weiter auszuprägen, orientieren wir darauf, die Brigadearbeit und das Brigadeleben auf ein höheres Niveau zu heben. Neue Züge der Brigadearbeit bestehen insbesondere darin, daß die Beziehungen der Genossenschaftsbauern zu ihren Produktionsbedingungen enger gestaltet werden. Das verlangt, Stellung, Aufgaben und Befugnisse der Brigade- und Abteilungsleiter in Abhängigkeit von den jeweiligen Produktions- und Organisationsaufgaben neu zu durchdenken. Entsprechend den Erfahrungen der Sowjetunion sind weitere Brigaderäte zu bilden.

Wir vertreten auch den Standpunkt, daß die Arbeit mit Spezialistengruppen (z. B. für Kartoffeln, Zuckerrüben, Milch usw.) dazu beiträgt, den Erfahrungsschatz unserer Genossenschaftsbauern umfassender in die Ausarbeitung und Verwirklichung der schlagbezogenen Höchstertrags- und stallbezogenen Höchstleistungskonzeptionen einfließen zu lassen. Das engere Zusammenwirken der Brigaden der Pflanzen- und Tierproduktion in den Dörfern verlangt, alle Möglichkeiten auszuschöpfen, um die Planmäßigkeit der Zusammenarbeit und das Verständnis füreinander zu erhöhen. Dazu gehen wir den Weg, den Abteilungs- und Brigadeleitern entsprechende Befugnisse zu übertragen, einschließlich ihrer Verantwortung für die Zusammenarbeit mit den örtlichen Organen im Territorium und diese in den Produktionsplänen klar zu fixieren.

Die Verwirklichung der höheren Eigenverantwortung der Abteilungen und Brigaden wird maßgeblich davon bestimmt, wie es ihnen gelingt, durch eine lebendige Führung des sozialistischen Wettbewerbs alle Genossenschaftsbauern zu hohen und stabilen Leistungen zu motivieren. Gerade die Organisation der Arbeit in stabilen Brigaden schafft günstige Bedingungen, eine neue Qualität im Wettbewerb zu erreichen.

In der wissenschaftlichen Arbeit haben wir uns die Aufgabe gestellt, Vorschläge zu unterbreiten, wie der sozialistische Wettbewerb, insbesondere der Leistungsvergleich als grundlegende Methode der politischen Führung ökonomischer Prozesse in der Kooperation, den LPG bis zu den Brigaden und ihren Mitgliedern, noch wirksamer angewendet werden kann. Bei der Ausarbeitung dieser Vorschläge geht es darum, noch konkreter den Beitrag der Arbeitskollektive an den Hauptkennziffern der Leistungsbewertung der LPG und Kooperation (Eigenprodukt, Nettoprodukt, Kostensatz und Gewinn) entsprechend den unterschiedlichen Organisationsformen zu bestimmen und die materielle und moralische Stimulierung darauf auszurichten. Hierzu sind die genossenschaftlichen Prinzipien der Verteilung zielstrebig zu nutzen, um eine engere Verbindung zwischen der Produktions- und Effektivitätsentwicklung und den persönlichen Einkünften herzustellen.

Die eigenverantwortliche Erfüllung der Planaufgaben durch die Brigaden bedingt, die Anleitung und Kontrolle der Leiter sowie ihrer Arbeitskollektive noch wirkungsvoller zu gestalten. Es steht die Aufgabe, das System der Anleitung und Kontrolle der Abteilungs- und Brigadeleiter entsprechend den neuen Bedingungen zu qualifizieren und Vorschläge zu unterbreiten, wie es zeit- und insbesondere in energieökonomischer Hinsicht aufwandssparender gestaltet werden kann. Grundsätzlich geht es darum, daß die Brigadeleiter den Hauptteil der Arbeitszeit in ihrem Kollektiv tätig sind und ihre operative Anleitung und Kontrolle weitgehend dezentralisiert durchgeführt wird. Dazu ist es auch notwendig, Empfehlungen zur effektiven Nutzung des UKW-Sprechfunks und seiner Einordnung in die Leitungsorganisation der LPG und Kooperation zu unterbreiten, um auch auf diesem Wege die operative Informationsversorgung der Brigade- und Abteilungsleiter zu verbessern und zu rationalisieren.

Mit der höheren Eigenverantwortung der Brigaden ist unmittelbar verbunden, die Abteilungs- und Brigadeleiter zielgerichtet in die Lage zu versetzen, ihre anspruchsvollen Aufgaben zu erfüllen. Das betrifft die Qualifikation und die Altersstruktur der Brigadeleiter. Bekanntlich haben wir in der Landwirtschaft große Fortschritte in der Aus- und Weiterbildung erreicht. Das drückt sich auch darin aus, daß etwa 40 % der Brigadeleiter über einen Fach- bzw. Hochschulabschluß verfügen. Die Alterstruktur der Brigadeleiter in unseren LPG ist jedoch durch einen noch zu hohen Anteil von Brigadeleitern über 50 Jahre charakterisiert, der in den letzten Jahren anstieg. Daraus leiten sich Konsequenzen für eine verstärkte Kaderarbeit zur Gewinnung junger Nachwuchskader, deren zielstrebige Ausbildung und Vorbereitung auf Leitungsfunktionen ab. Notwendig ist, dem Erwerb einiger Leitungserfahrungen bereits während des Studiums größere Aufmerksamkeit zu widmen.

Zusammengefaßt sehen wir zur Schaffung wissenschaftlichen Vorlaufs bei der Ausarbeitung komplexer betriebswirtschaftlicher Lösungen unseren Beitrag auf dem Gebiet der Leitung darin, vor allem bei folgenden Schwerpunkten weitere Fortschritte zu erreichen:

1. Der Vervollkommnung der langfristig-konzeptionellen Arbeit in LPG und Kooperationen, um mitzuhelfen, der Intensivierung umfassenden Charakter zu verleihen und stabile Grundlagen für ihre weitere Entwicklung zu legen. Das betrifft Vorschläge zur inhaltlichen Ausgestaltung der Entwicklungskonzeption der Kooperation, ihre Wechselbeziehungen zu den Konzeptionen der LPG, insbesondere Höchstertrags- und Höchstleistungskonzeptionen sowie Schlußfolgerungen für die

Arbeit des Vorsitzenden der LPG und des Kooperationsrates zur Verstärkung der langfristig-konzeptionellen und operativen Arbeit.

2. Der Ausgestaltung der Leitungsbeziehungen zwischen den LPG und dem Kooperationsrat einschließlich der rationellen arbeitsteiligen Wahrnehmung der Leitungsaufgaben auf den verschiedenen Leitungsebenen, um den einheitlichen Reproduktionsprozeß von Pflanzen- und Tierproduktion besser zu beherrschen. Das wird in enger Verbindung mit leitungsorganisatorischen Lösungen bei territorialen Formen der Produktions- und Arbeitsorganisation erfolgen. Forschungsmäßig sind also stärker die Probleme der Zentralisation und Dezentralisation bestimmter Leitungsaufgaben zu bearbeiten.

Dabei ist die Dialektik zwischen Zentralisation bestimmter Leitungsaufgaben und ihrer verbindlicheren Wahrnehmung auf der Ebene des Kooperationsrates und der Erhöhung der Eigen- und Mitverantwortung der LPG und der Genossenschaftsbauern konsequent zu beachten.

3. Damit im Zusammenhang steht, die Informationsbeziehungen in LPG und Kooperationen mit dem Ziel zu qualifizieren, den für eine effektive Leitung der Produktions- und Arbeitsprozesse erforderlichen Informationsbedarf der Arbeitskollektive, kollektiven Leitungsorgane der Leiter zu bestimmen und den Informationsfluß zu sichern. Dazu wird unter Verantwortung des VEB Datenverarbeitung und des Instituts für Sozialistische Betriebswirtschaft Böhlitz-Ehrenberg u. a. zum Einsatz betriebsnaher Rechentechnik, vor allem zur Verbesserung der operativen Informationsversorgung für die Entscheidungsfindung sowie zum Aufbau eines zweistufigen Systems der Datenverarbeitung, geforscht.

4. Es gilt, die Fragen der Durchsetzung des demokratischen Zentralismus und der weiteren Vervollkommnung der genossenschaftlichen Demokratie einschließlich der Führung des sozialistischen Wettbewerbs noch tiefgehender zu erforschen. Im Ergebnis sollen weitergehende Erkenntnisse zu den Hauptrichtungen des Ausbaus der genossenschaftlichen Demokratie unter den Bedingungen vertiefter Kooperation sowie zur Wettbewerbsführung einschließlich des Leistungsvergleichs gewonnen werden. Notwendig ist, Untersuchungen zur stärkeren Motivierung und Stimulierung der Genossenschaftsbauern im Arbeitsprozeß sowie weiteren sozialen Prozessen der Leitungstätigkeit verstärkte Aufmerksamkeit zu schenken.

Gleichzeitig erachten wir es zur Qualifizierung der Aus- und Weiterbildung der Leitungskader in Auswertung der Erfahrungen der Industrie für erforderlich, pädagogischen, psychologischen und soziologischen Fragen einen höheren Stellenwert einzuräumen und schrittweise das Leitertraining unter Nutzung betriebsnaher Rechentechnik einzuführen. Zur Erfüllung dieser Aufgaben ist es unumgänglich, die Zusammenarbeit mit den LPG und Kooperationen zu vertiefen sowie die Gemeinschaftsarbeit mit den Universitäten, Hochschulen und allen wissenschaftlichen Einrichtungen weiter auszubauen. Wir sind auch sehr daran interessiert, die Erkenntnisse und Erfahrungen wirtschafts- und leitungswissenschaftlicher Institute der Industrie für unsere Arbeit zu nutzen.

Peter Siedel

Reproduktion der baulichen Grundfonds in der Landwirtschaft

Wir gehen davon aus, daß entsprechend der ökonomischen Strategie der SED auch weiterhin der Rekonstruktion der Stallanlagen der Vorrang vor Neuinvestitionen gegeben ist. Damit ist es möglich, mit der vorhandenen Bausubstanz für einen längeren Zeitraum die Produktion zu intensivieren, die Arbeitsproduktivität zu steigern, die Arbeits- und Lebensbedingungen der Genossenschaftsbauern und Arbeiter zu verbessern und die Nutzungsdauer der baulichen Grundfonds zu verlängern.

Damit können wir mit den zur Verfügung stehenden Fonds einen höchstmöglichen Leistungs- und Effektivitätszuwachs erreichen. Bei dieser Zielstellung müssen wir als Mitarbeiter des VEB Landbauprojekt Potsdam immer davon ausgehen, daß wir Produktionsmittel für die landwirtschaftliche Produktion entwickeln, die in erster Linie die Belange der landwirtschaftlichen Produktion optimal berücksichtigen, andererseits aber aus der Sicht des Baukörpers eine effektive Bauproduktion gestatten.

Aus diesen Überlegungen sollen in diesen Beitrag drei Schwerpunkte behandelt werden:

Einige Gedanken zur Schaffung für die intensivere Nutzung der baulichen Grundfonds in der Tierproduktion, der Lagerhaltung und Anlagen zur Pflege der Technik.

Wir verfügen in der Land- und Nahrungsgüterwirtschaft über einen Grundmittelbestand von ca. 90000,– Mark je Berufstätigen und davon etwa 75 % für die landwirtschaftliche Produktion. An der Volkswirtschaft insgesamt beläuft sich der Anteil der Grundmittel der Land- und Nahrungsgüterwirtschaft auf 17,5 %.

Aus der Bausubstanzanalyse per 31. 12. 1981 läßt sich erkennen, daß

- 70 % der Bausubstanz nach 1950 errichtet wurde,
- 8 % der Bausubstanz sind infolge ihres Bauzustandes perspektivisch auszuordnen und bei
- 73 % der Stallflächen werden Instandsetzungsaufgaben erforderlich.

  23 % der Rinder und 29 % der Schweine stehen in neugebauten Ställen. In mehr als einem Drittel der Rinderställe und in fast der Hälfte der Schweineställe ist der Handarbeitsaufwand noch hoch.

Mit diesen kurzen Hinweisen aus der Bausubstanzanalyse wird ersichtlich, daß der wissenschaftlich-technische Fortschritt langfristig über die umfassende Nutzung der vorhandenen Bauten durchzusetzen ist, indem in sinnvoller Weise die Instandhaltung gekoppelt wird.

Entsprechend den bisherigen Untersuchungen beträgt im Durchschnitt der Investitionsaufwand bei Rationalisierung und Rekonstruktion gegenüber dem Neubau besonders im Bauanteil 40–70 %. Es werden je Tierplatz 20–30 % weniger Stahl, 80–90 % weniger Holz und 40–60 % weniger Zement benötigt. Bei richtiger Vorbereitung und langfristiger Profilierung der Baukapazitäten auf die erforderliche Gewerkestruktur werden bei der Rationalisierung und Rekonstruktion die Bauzeiten im Vergleich zu Neubauten im Durchschnitt um die Hälfte verkürzt.

Aus genannten Gründen besteht im Bereich der Landwirtschaft die Zielstellung, etwa 90 % der Gesamtinvestitionen für Rationalisierungsmaßnahmen einzusetzen.

Zur Erreichung der genannten Ergebnisse und zur Realisierung der Zielstellung bei der Rationalisierung und Rekonstruktion im Landwirtschaftsbau, aber auch für den Neubau, ist es unbedingt erforderlich, daß die Disziplinen der Agrarforschung, der Landtechnik und des Landbaues eng zusammenarbeiten und technologisch abgestimmte und optimierte Lösungen erarbeiteten, die der Praxis angeboten werden – mit verbesserten Gebrauchswerteigenschaften. Bei dieser Zusammenarbeit müssen wir davon ausgehen, daß die landwirtschaftlichen Anforderungen für das Verfahren bestimmend sind, aber bei übertriebenen Forderungen mit einem hohen Einsatz von Material, Energie und Kosten erkauft werden müssen.

Hierzu möchte ich einige Beispiele nennen:

Bei der Entwicklung von Tierproduktionsanlagen stellt die TGL 29084 Stallklimagestaltung an die Stalluft Forderungen, die es gegenwärtig verlangen, daß Kompaktbauten in der Regel mit über 24 m Systembreite mit Zwangslüftungsanlagen ausgerüstet werden. Nach unserer Auffassung sind diese hohen Anforderungen der TGL für die effektive Jungrinderproduktion unter Einhaltung bestimmter Bewirtschaftungsrichtlinien nicht notwendig, da Neuerer der Praxis mit gutem Erfolg derartige Anlagen mit der Freien Lüftung bewirtschaften und damit eine Ersatzinvestition und die genannten Energiekosten einsparen.

Ein entgegengesetztes Beispiel kann aus der Entwicklung von Schafstallanlagen hervorgehoben werden. Durch Verlegung der Lammzeiten außerhalb der Monate von November bis März ist es möglich, Ställe auch für die Mutterschafe als Kaltställe mit einem reduzierten Bauaufwand zu realisieren.

Aus den genannten Beispielen ist zu erkennen, welche hohe politisch und fachliche Verantwortung die verantwortlichen Disziplinen und besonders der VEB Landbauprojekt Potsdam als zentrale wissenschaftlich-technische Einrichtung des Landwirtschaftsbaues in Direktunterstellung zum Ministerium für Land-, Forst-

und Nahrungsgüterwirtschaft zur Entwicklung effektiver Rationalisierungslösungen haben.

Wie ist der Stand zur Entwicklung von Rationalisierungslösungen und wie werden diese Lösungen in der Praxis durchgesetzt?

Auf der Grundlage der vom XII. Bauernkongreß festgelegten Rang- und Reihenfolge der Investitionen hat unser Betrieb in enger interdisziplinärer Zusammenarbeit mit den Praktikern der Landwirtschaft, mit den Instituten der Akademie der Landwirtschaftswissenschaften der DDR, den Instituten der Bauakademie der DDR, den Bau- und Ausrüstungsbetrieben eine Vielzahl von Lösungen, die den volkswirtschaftlichen Anforderungen und Möglichkeiten entsprechen sowie den wissenschaftlich-technischen Höchststand verkörpern, für alle Produktionsrichtungen der Landwirtschaft erarbeitet und veröffentlicht. Diese Lösungen zur Rationalisierung, Instandhaltung, Reparatur und Neubau werden in Form von Rationalisierungsprojekten, entwurfstechnischen Grundlagen, Kataloge und Richtlinien angeboten.

Da bei der Rationalisierung und Rekonstruktion die Maßnahmen entsprechend der vorhandenen baulichen Grundmittel territorial unterschiedlich sind und die Wiederverwendung von Projekten für Ställe und Anlagen abnehmen, gewinnen die Kataloge als Informationskatalog und Projektierungskatalog immer mehr an Bedeutung. Die Rationalisierungsprojekte haben dort eine höhere Wiederverwendungsquote wo es um Ergänzungsbauten geht, wie Lagerbauten, Milchhäuser, Weidemelkstände, Pflegestützpunkte und Typenbauten für die Rinder- und Schweinehaltung der Jahre 1960–1970. Die vorhandenen Projekte, die in der Anwenderinformation des VEB Landbauprojekt Potsdam veröffentlicht wurden, zeichnen sich durch die Anwendung in der Praxis bewährter Verfahren, einfache Lösungen mit verringertem Bau-, Ausrüstungs- und Energieaufwand, Erhöhung der Arbeitsproduktivität bei verbesserten Arbeits- und Lebensbedingungen, Haltung der Tiere auf Einstreu und vorwiegende Anwendung der Freien Lüftung bei Pavillonbauten, die Verwendung der mobilen Technik zur Sicherung eines hohen Einsatzes wirtschaftseigener Futtermittel und Erhöhung der Tierkonzentrationen aus.

Die Bedeutung der Anwendung dieser zentralen Projekte zur Rationalisierung und Rekonstruktion liegt besonders darin, daß sie das mit der Wissenschaft und Praxis aller erforderlichen Fachdisziplinen abgestimmte Bestverfahren verkörpern, die baupolitische Linie des Landbaues der DDR durchsetzen und bei der Realisierung in der landtechnischen Ausrüstung und des Baukörpers Erzeugnisse verwendet werden, die im Produktionssortiment der Industrie und Landwirtschaft enthalten sind.

Um diese Einheit der Durchsetzung von Bestverfahren in der landwirtschaftlichen Produktion, der baupolitischen Linie im Landbau und den Einsatz industriell gefertigter Erzeugnisse sinnvoll bei der Instandhaltung, Modernisierung und Konzentrationserhöhung der Anlagen, also bei der komplexen Rationalisierung entsprechend den Standardspezifiken voll durchzusetzen, kommt der Verwendung der Kataloge bei der Rationalisierung und Rekonstruktion der baulichen Grundfonds eine grundlegende Bedeutung zu. Die Kataloge können im wesentlichen in zwei Gruppen eingeordnet werden, und zwar in die Ratio- und Informationskataloge, die hauptsächlich zur Vorbereitung von Rationalisierungsmaßnahmen genutzt werden, nicht in das Katalogwerk Bauwesen eingebunden sind und daher vom VEB Landbauprojekt vertrieben werden, in die Landbaukataloge des Katalogwerkes Bauwesen, die ganz spezifisch für die Projektierung erarbeitet werden und sich im wesentlichen aus den Bauwerksdetail-, den Wiederverwendungsdetail- und den Kennziffernkatalogen zusammensetzen.

Die Anwendung dieser Kataloge gewährleistet – wie die zentralen Projekte – die Durchsetzung von Bestverfahren und der baupolitischen Linie bei der Standardprojektierung, da diese Kataloge aus bewährten zentralen Projekten bzw. einer erprobten Forschungsleistung erarbeitet werden, und in die Gruppe der Elementekataloge, die in der Regel die materialsparensten Elemente enthalten.

Alle Kataloge werden ständig aktualisiert, so daß sie mit Sicherheit immer den wissenschaftlich-technischen Höchststand verkörpern.

Entsprechend einer umfangreichen Analyse zur Anwendung der Kataloge in der Projektierung konnte festgestellt werden, daß alle gültigen Kataloge je nach Aufgabenstruktur und territorialer Besonderheiten differenziert für den Landwirtschaftsbau und die Landwirtschaft der DDR als Rationalisierungs- und Arbeitsmittel von Bedeutung sind.

Aus der erstgenannten Gruppe möchte ich nennen:

1. Den Rationalisierungskatalog 1981 für die Rinder- und Schweineproduktion mit den Anlagen 1–3 „Lösungsvorschläge zur Rationalisierung der Rinder-, Schweine- und Schafproduktion". Der Teil 3 zur Schafproduktion erscheint Mitte 1984.

2. Die Anwenderinformation mit allen gültigen zentralen Projekten im Landwirtschaftsbau.

3. Die Grundlagenkataloge für die Rinder- und Schweineproduktion, die auf der Grundlage umfangreicher komplexer Analysen des Forschungszentrums für Tierproduktion Dummerstorf, des Instituts für Rinderproduktion Iden-Rohrbeck, des Forschungszentrums für Mechanisierung Schlieben/Bornim und dem Institut für landwirtschaftliche Bauten Berlin erarbeitet werden. Der Katalog für die Schweineproduktion liegt vor, der Katalog für die Milchproduktion erscheint Ende 1984, der Katalog für die Jungrinder- und Mastproduktion Anfang 1985.

Zur zweiten Gruppe der Landbaukataloge zählen solche Festlegungen:

1. Grundlagen zur Stallklimagestaltung „Freie Lüftung" in Pavillonbauten liegen als Mikrofiches vor und sind das Ergebnis einer intensiven Zusammenarbeit des Forschungszentrums Schlieben/Bornim mit dem VEB Landbauprojekt Potsdam. Dieser Katalog wird im Juli 1984 in Papierform vertrieben. Die Bearbeitung eines Ausführungskataloges für die Produktion der Fortluftschächte und die erforderlichen Einbaudetails wird 1984 abgeschlossen.

2. Außenwände aus Gasbeton für landwirtschaftliche Bauten.

3. Fußböden für Gebäude der tierischen Produktion.

4. Produktionstechnischer Ausbau Milchproduktion für die Laufstall- und für die Anbindehaltung.

5. Produktionstechnischer Ausbau Schweineproduktion.

6. Kennziffern für die Rekonstruktion landwirtschaftlicher Produktionsgebäude.

7. Bauliche Instandsetzung landwirtschaftlicher Produktionsgebäude.

Schwerpunkte für die weitere Katalogbearbeitung als Grundlage für die Rationalisierung und Rekonstruktion bilden für die Zukunft die Komplexe

- Außenanlagen
- Einfriedungen und
- Befestigungen.

Mit den vorhandenen Wiederverwendungsprojekten, Katalogen, entwicklungstechnischen Grundlagen und Richtlinien ist es der Landwirtschaft möglich, die Rationalisierung und Rekonstruktion nach den neuesten Erkenntnissen zu planen und durchzuführen; natürlich unterliegen diese Unterlagen einer ständigen Verbesserung und Vervollkommnung.

Die Schwerpunkte der Forschung zur Schaffung weiterer Grundlagen für die Rationalisierungs-, Werterhaltungs- und Erweiterungsbauten liegen in folgenden Komplexen:

1. Entwicklung rationeller Verfahrenslösungen und Anlagen der Milchproduktion mit hoher Grundfondsökonomie für neue und vorhandene Bausubstanz auf der Basis neuer naturwissenschaftlicher und technisch-technologischer Erkenntnisse.

2. Entwicklung rationeller Verfahrenslösungen und Anlagentypen der Schweineproduktion mit hoher Grundfondsökonomie für neue und vorhandene Bausubstanz auf der Basis neuer naturwissenschaftlicher und technisch-technologischer Erkenntnisse.

3. Untersuchungen zur Durchsetzung der „Freien Lüftung" in Anlagen der Tierproduktion in Abhängigkeit von der Bauwerksgestaltung und die Forschungskomplexe zur Materialeinsparung, zur Energieeinsparung und die Nutzung nichttraditionsgerechter Energieträger zu Gebäude-, Ausbau- und Behälterkonstruktionen.

Einige Gedanken zur Erarbeitung von Grundlagen und Lösungen für die material- und energieökonomische Verbesserung der baulichen Anlagen sowie die aufwandsgünstige Gestaltung von Gebäude- und Behälterkonstruktionen. Grundsätzlich sind aufwandssenkende Maßnahmen im materialminimierenden und energiesparenden Bereich in Beziehung mit einer volkswirtschaftlichen optimalen Lebensdauer der Konstruktion zu setzen. In Anlehnung an diese Grundüberlegung ringen die Fachdisziplinen des Landwirtschaftsbaues darum, den spezifischen Bau- und Ausrüstungsaufwand, insbesondere bei den volkswirtschaftlich nur begrenzt verfügbaren Hauptbaustoffen Holz, Stahl und Zement, zu reduzieren.

Baustoffe mit NSW-Importanteilen durch Materialien, die auf der Basis einheimischer Rohstoffe hergestellt werden können, zu substituieren und Produktionsverfahren, die einen geringen Produktionsverbrauch, insbesondere an Energie und eine hohe Arbeitsproduktivität ermöglichen.

Zum Beispiel konnten mit der Forschungsleistung „Abgestufte Bewehrung in Stützen" ab Mitte 1983 bis Ende 1983 126,0t Stahl eingespart werden und, 1984 erwarten wir eine Einsparung von 252,0t.

Gleiche Ergebnisse erwarten wir durch die Ablösung der KT-Stahl-Spaltenböden durch Stahlbeton-Spaltenböden in der Schweineproduktion.

Die weitere Einsparung von Material zwingt auch zu Überlegungen der Veränderung von Bewirtschaftsverfahren der Landwirtschaft. So müßte zum Beispiel grundsätzlich bei der Lagerung von Heu bei geringsten Verlusten solche Überlegung angestellt werden, ob es nicht zweckmäßig wäre, den Nachtrocknungsprozeß vom Lagerprozeß zu trennen und das nachgetrocknete Heu von einer Spaltenbodenlagerfläche auf eine mit einfachen Mitteln hergestellte Lagerfläche umzuschlagen. Rein aus der Sicht der Bauaufwendungen würde je m^3 Lagergut ca. 1/3 an Investitionsaufwendungen und Stahl eingespart werden.

Zu solchen Komplexen wären umfangreiche interdisziplinäre Untersuchungen notwendig. Weitere Komplexe der Forschung in dieser Hinsicht sind:

die baukonstruktiven Arbeiten zur energieökonomischen Verbesserung von Wand- und Dachkonstruktionen für Bauwerke mit höchsten wärmetechnischen Anforderungen bei gleichzeitiger Reduzierung des Bauerhaltungsaufwandes und die Weiterentwicklung von tiergerechten Ausbaulösungen bei gleichzeitiger Materialsubstitution der landtechnischen Haltungstechnik – um einige Beispiele der weiteren Material- und Energieeinsparungsmöglichkeiten zu nennen.

Schließlich einige Bemerkungen zur Entwicklung von konstruktiven Lösungen als Alternativvarianten zur Realisierung der baulichen Anlagen entsprechend den territorialen Bedingungen und volkswirtschaftlichen Möglichkeiten.

Ich möchte auf die Tendenz hinweisen, daß die durch die Notwendigkeit der Materialeinsparung, der Materialsubstitutionen, der spezifischen, vielfältigen funktionell und konstruktiven Anforderungen vor Ort und die unterschiedlichen materiell-technischen Ressourcen in den Territorien zur Erhöhung einer Variantenvielfalt in den Sortimenten führt. Dies trifft besonders für die Dach- und Tragekonstruktionen zu. Es werden daher gegenwärtig und auch in Zukunft alle möglichen Varianten auf die zweckmäßige Anwendung entsprechend den Anforderungen des Produktionsverfahrens und den Realisierungsmöglichkeiten der Territorien untersucht und entsprechend entwickelt.

Dieser Trend hebt sich generell von der bisherigen Verfahrensweise ab, indem bisher immer nur nach Bestvarianten gesucht wurde, die sich in der Regel immer nur auf einen Hauptbaustoff konzentrierten (am Beispiel Holz).

Obwohl der VEB Landbauprojekt Potsdam mit der Kragriegelkonstruktion eine äußerst variable Dachkonstruktion für die Rinderproduktion mit günstigen Materialverbrauchsparametern im Angebot hat, haben wir im Landwirtschaftsbau gerade auf diesem Gebiet noch einen gewissen Nachholebedarf. Das Problem besteht insbesondere darin, daß Stahlbetonkonstruktionen mit großen Spannweiten bei stützenfreien Räumen einen hohen Materialverbrauch benötigen und der Einsatz von leichten Holzkonstruktionen zurückgeht.

Kurt Krambach/Jörg Müller

Das sozialistische Dorf als soziale Gemeinschaft – Faktor der Leistungsentwicklung in der Landwirtschaft

Die gesellschaftlichen Erfahrungen verallgemeinernd haben der X. Parteitag der SED und der XII. Bauernkongreß der DDR auf die Notwendigkeit orientiert, dem sozialistischen Dorf, den Wechselbeziehungen zwischen der Agrarproduktion und der räumlich-sozialen Existenzform der Genossenschaftsbauern die gebührende Aufmerksamkeit zu schenken. In der Tat erweisen sich das Dorf und seine weitere Ausgestaltung als eine Wirkungsbedingung der ökonomischen Strategie der SED in der Landwirtschaft. Darin reflektiert sich auch die Tatsache, daß mit der weiteren sozialistischen Intensivierung sich ökonomische und soziale Aspekte des Reproduktionsprozesses nicht nur zunehmend durchdringen, sondern sie auch gerade in dieser Verflechtung große Bedeutung für hohe Leistungen bei einem günstigen Verhältnis von Aufwand und Ergebnis erlangen. Das sozialistische Dorf besitzt große Potenzen für die Leistungssteigerung der Landwirtschaft und den gesellschaftlichen Fortschritt auf dem Lande. Das gilt für aktuelle und für langfristig zu lösende Aufgaben. Hinsichtlich des Dorfes geht es dabei vor allem um folgende Zusammenhänge und Probleme:

Erstens: Wie können die Potenzen des Dorfes für die Steigerung der Agrarproduktion und ihrer Effektivität besser genutzt werden?

Zweitens: Wie kann und muß die soziale Reproduktionsfunktion des Dorfes und seine Rolle als soziale Gemeinschaft verstärkt entwickelt werden?

Drittens: Warum ist es volkswirtschaftlich und vorausschauend zu beachtendes Erfordernis von gesamtgesellschaftlicher Dimension, eine stabile Entwicklung aller Dörfer als Zielgröße anzustreben, und welche neuen Sichtweisen auf gesellschaftliche Prozesse, wie das Stadt-Land-Verhältnis, die Eindämmung von Migration und Fluktuation usw., leiten sich daraus ab?

Die räumliche Nähe von Agrarproduktion und Dorf ist und bleibt ein bedeutender Faktor ökonomischer und sozialer Effektivität. Durch territoriale Formen der Produktionsorganisation können solche Effektivitätsreserven besser erschlossen werden:
- Futter- und Transportökonomie; Einsparung von Energie und lebendiger Arbeit;
- Verkürzte Wegezeiten, bessere Nutzung weiblicher Arbeitskräftereserven und Gewinnung von Saisonkräften für die gesellschaftliche Produktion, Übernahme von Pflegearbeiten usw.;
- Überschaubarkeit und öffentliche Qualitätskontrolle als soziale Potenz;
- Erhöhung der wechselseitigen Verantwortung, der Pflanzen- und Tierproduktion füreinander und für ihr Dorf.

Zugleich lassen sich im Dorf selbst bedeutsame Reserven für die Leistungsentwicklung der Landwirtschaft und die Eigenversorgung der Bewohner erschließen, wie
- für die Pflanzenproduktion durch die örtlichen Be- und Entwässerungsprogramme;
- für die Tierproduktion durch Erfassung und Verwertung von Küchenabfällen, Gewinnung von Heu und anderen Futtermitteln auf Kleinst- und Splitterflächen;
- Förderung aller Formen der individuellen Kleinproduktion zur Erhöhung der Eigenversorgung in den Dörfern, insbesondere mit Obst und Gemüse, Organisation der reibungslosen Abnahme usw.;
- Entwicklung bzw. Ausgestaltung einfacher Verarbeitungskapazitäten in den Dörfern für Obst und Gemüse, Dorfbäckereien, Fleischereien und andere örtliche Gewerke.

Um die Potenzen des Dorfes besser zur Entfaltung zu bringen, ist es notwendig, daß die Betriebe der Landwirtschaft und andere mit dem Dorf verbundene Bereiche gemeinsam mit den örtlichen Volksvertretungen eng zusammenarbeiten, um planmäßig die Arbeits- und Lebensbedingungen zu verbessern und in jedem Dorf ein interessantes und vielseitiges gesellschaftliches und geistig-kulturelles Leben zu gestalten. Die weitere Ausgestaltung der Dörfer als Heimstatt der Genossenschaftsbauern und anderen dort lebenden Bürgern ist aktuell und perspektivisch eine entscheidende Bedingung für das Funktionieren des gesellschaftlichen Reproduktionsprozesses. Das erfordert eine stabile Entwicklung der Dörfer. Eine grundlegende Orientierung dafür wurde im Beschluß des Sekretariats des ZK der SED vom 27. 4. 1983 gegeben: „... im Dorf ein richtiges Verhältnis zwischen Arbeit, Bildungsmöglichkeiten, Wohn- und Erholungsbedingungen, Versorgung und sozialer Betreuung sowie eines regen kulturellen und sportlichen Lebens ..." zu gewährleisten.

Unter stabiler sozialer Entwicklung (als Prozeß) oder sozialer Stabilität (als qualitative Beschaffenheit) des Dorfes verstehen wir die Einheit und Wechselwirkung folgender Komponenten:
- die Erhaltung und Förderung von Arbeitsplätzen durch die Land-, Forst- und Nahrungsgüterwirtschaft und anderer Bereiche der Volkswirtschaft im Dorf beziehungsweise in zumutbarer Entfernung zur Sicherung des Rechtes auf Arbeit unter Nutzung der Möglichkeiten für ein relativ breites Angebot an Arbeitsplätzen;
- die Erhaltung und Entwicklung jener materiellen sozialen Existenzbedingungen (der Wohnsubstanz, der

sozialen Infrastruktur) im Dorf, die notwendig sind für die lokale Befriedigung der materiellen und kulturellen Grundbedürfnisse und zur Entwicklung des alltäglichen gesellschaftlichen und geistig-kulturellen Lebens der Einwohner in ihrem Dorf;

- die quantitativ und qualitativ stabile Reproduktion der Dorfbevölkerung, ihrer demografischen und sozialen Struktur, die notwendig ist für die Sicherung der Produktionsfunktionen der Siedlung, die rationelle Nutzung der Wohnsubstanz und sozialen Infrastruktur sowie für die Kontinuität, Stabilität und Vielfalt der Gemeinschaftsbeziehungen, des gesellschaftlichen und geistig-kulturellen Lebens im Dorf;
- die kontinuierliche und stabile Entwicklung der Dorfgemeinschaft als Faktor der Entwicklung des gesellschaftlichen und geistig-kulturellen Lebens im Dorf sowie der Stabilität der Dorfbevölkerung.

Zweifellos bedeutet diese – auch schon vom XII. Bauernkongreß gegebene – Orientierung auf die stabile Entwicklung aller Dörfer in vielem ein Umdenken und neue, auch politökonomisch neue Sichtweisen auf manche Probleme.

Das Dorf ist nicht nur „Hülle" für den Ablauf gesellschaftlicher Prozesse, Standort von gesellschaftlichen Reproduktionsfaktoren. Es ist ein soziales Subjekt, eine Gemeinschaft der dort arbeitenden und wohnenden Menschen. Es wird jedoch nur in dem Maße ein Subjekt, Akteur der gesellschaftlichen Entwicklung und kann dies auch nur, wie es als politisch-soziale Gemeinschaft funktioniert. Das erfordert, jedes Dorf in seiner Einheit von Siedlung und sozialer Gemeinschaft zu gestalten. Das macht es notwendig, in der Leitung und Planung von jedem Dorf auszugehen. Das ist keine Alternative zur Arbeit der Gemeindeverbände, zur Ausgestaltung von Siedlungszentren. Das Dorf als soziale Gemeinschaft löst sich jedoch nicht in lokalen Siedlungssystemen auf. Wenn in der Produktion durch Arbeitsteilung eine gewisse Spezialisierung und Konzentration zwischen den Dörfern erreicht wurde, so trifft das jedoch nicht für ihre Rolle als soziale Gemeinschaft zu. Deshalb ist es notwendig, von jedem Dorf, den Interessen und Bedürfnissen seiner Bewohner, seiner spezifischen Funktion im gesellschaftlichen Reproduktionsprozeß auszugehen und von daher effektive Formen der funktionsteiligen Entwicklung in territorialen Siedlungssystemen zu gestalten. Die Befriedigung der materiellen und geistigen Bedürfnisse, die Entwicklung des gesellschaftlichen Lebens in jedem Dorf verlangen ein Minimum an materiellen Bedingungen. Zugleich ist im Dorf als politisch-soziale Gemeinschaft ein gewisses Maß an politischer und gesellschaftlicher Organisiertheit notwendig. Hier gibt es bereits gute Erfahrungen wie zum Beispiel die Arbeit der VdgB-Dorforganisationen, von Dorfausschüssen oder Aktivs der Nationalen Front, die Arbeit ehrenamtlicher stellvertretender Bürgermeister u. a. Bei der weiteren Ausgestaltung der Arbeits- und Lebensbedingungen wie der sozialistischen Lebensweise auf dem Lande überhaupt geht es nicht darum, positive Erfahrungen der 70er Jahre zu negieren. Es ist jedoch notwendig, manche Auffassung erneut zu durchdenken entsprechend den heutigen und längerfristigen Bedingungen. Worin diese bestehen, wurde bereits im Referat gezeigt: im Übergang zur intensiv erweiterten Reproduktion, zum fondsparenden Typ der Intensivierung.

Zugleich treten auf dem heute erreichten Niveau der Annäherung zwischen den Klassen und sozialen Schichten, der Annäherung der Arbeits- und Lebensbedingungen des Landes an die der Stadt die Besonderheiten stärker hervor, wird es möglich und notwendig, diese umfassender im gesellschaftlichen Reproduktionsprozeß und in der Lebensweise wirksam werden zu lassen. Diese stärkere Orientierung auf das Vorhandene, das historisch Gewachsene ist keine „Arme-Leute-Politik", sondern dient dem Sinn des Sozialismus, der Verwirklichung der Hauptaufgabe in der Einheit von Wirtschafts- und Sozialpolitik, der Nutzung und Ausgestaltung der Vorzüge und Errungenschaften des Sozialismus. Es widerspricht auch den Anforderungen der allseitig intensiv erweiterten Reproduktion, wenn die Migration vom Land in die Stadt weiter anhält, oder genauer, ein solch großes zu Lasten des Landes negatives Wanderungssaldo auch in den folgenden Jahren angestrebt wird. Diesen Prozeß zu stoppen und teilweise umzukehren, dafür sprechen eigentlich mehrere Gründe. Zum ersten ist es ein Erfordernis der rationellen Nutzung der vorhandenen Siedlungs- und Infrastruktur. Weitere Abwanderung bewirkt in den Zuzugsgebieten zusätzliche Anforderungen an Wohnungen, Nachfolgeeinrichtungen, während es heute schon in kleineren Orten leerstehende Wohnungen und andere ungenutzte Infrastruktur gibt. Langzeitige Nachwirkungen einseitiger Abwanderung haben zweitens in einigen ländlichen Territorien die demographische Struktur verschlechtert, so daß die geplante Reproduktion des landwirtschaftlichen Arbeitsvermögens vorwiegend aus der Landbevölkerung vielerorts wegen des zu geringen Angebots an Schulabgängern gar nicht möglich ist.

Damit hängt drittens zusammen, daß das Ziel, die Klasse der Genossenschaftsbauern durch einen hohen Anteil von Bauernkindern personell zu reproduzieren, nur partiell zu realisieren ist, wenn es eine große territoriale Differenziertheit auch in dieser Hinsicht gibt.

Viertens würde eine weitere starke Abwanderung eine Verschlechterung der Lebensbedingungen in den ihrer Einwohnerzahl nach kleiner werdenden Dörfern nach sich ziehen. Damit würden sich Ursachen für Fluktuation und Migration, die heute teilweise noch wirken, weiter verstärken, und es würde noch komplizierter werden, den für die Agrarproduktion notwendigen Nachwuchs vom Lande selbst zu gewinnen. Ein heute schon hoher Anteil von Stadtkindern am landwirtschaftlichen Berufsnachwuchs ist zwar eine reale Möglichkeit, birgt aber potentiell eine höhere Fluktuationsrate in sich. Daraus ergibt sich die Konsequenz, daß es ein gesamtgesellschaftliches Erfordernis ist, die Wohnbevölkerung auf dem Lande zu stabilisieren; das dient aktuell der Stabilisierung des Arbeitsvermögens und auf lange Sicht einer territorial ausgeglichenen Bevölkerungsreproduktion. Das macht natürlich erhöhte gesamtgesellschaftliche Anstrengungen zur Eindämmung fluktuations- und migrationsfördernder Faktoren erforderlich.

Mit Konzentrationsprozessen in der Landwirtschaft waren manchmal auch Auffassungen über mögliche und notwendige Prozesse der Konzentration der ländlichen Bevölkerung in größeren Siedlungen „städtischen Charakters" verbunden. Die „Rückbesinnung" auf die eng mit dem Dorf verflochtene territoriale Produktionsorganisation ist eine Widerlegung der These, es würde mit der Intensivierung der Agrarproduktion ein großer Teil der Dörfer seine ökonomische Funktion als Standort der Agrarproduktion verlieren. Damit verbunden ist das Problem, daß manchmal aus einseitiger ökonomischer Sichtweise im Bereich des Handels, der Dienstleistungen usw. Einrichtungen aus den Dörfern wegrationalisiert wurden.

Natürlich hat jeder Wirtschaftszweig seine spezifischen Probleme der ökonomischen Effektivität, aber aus volkswirtschaftlicher Sicht müssen die Langzeitwirkungen beachtet werden, die durch weitere Abwanderung entstehen, und Abwanderung kann nur eingedämmt werden, wenn in jedem Dorf ein Minimum an materiellen und sozialen Bedingungen für die Befriedigung von Grundbedürfnissen, die soziale Kommunikation, das Alltagsleben der Dorfbewohner vorhanden ist.

Aus soziologischer Sicht halten wir es für erforderlich, jedes Dorf in seiner Einheit von ländlicher Siedlung – mit weitgehender Stabilisierung seiner spezifischen Standortfunktionen der Produktion und Einrichtungen der Infrastruktur – und von räumlich-sozialer Gemeinschaft, das heißt durch die Entfaltung der gesellschaftlichen Beziehungen, Aktivitäten und Organisiertheit seiner Bürger weiter auszugestalten. Dadurch werden die ökonomischen Potenzen des Dorfes besser erschlossen, die Initiativen zu eigenverantwortlicher Gestaltung der Arbeits- und Lebensbedingungen erhöht und die enge Verbundenheit der Dorfbewohner mit ihrem Heimatort gefestigt. In dieser Hinsicht gibt es schon eine ganze Reihe hervorragender Beispiele, die noch schneller und umfassender zu verallgemeinern sind.

3. Schlußwort

Schlußwort

Das Ziel unserer Tagung bestand darin
- ausgehend von der positiven Bilanz der Agrar- und Bündnispolitik der SED zu beraten, wie in der Landwirtschaft der DDR die ökonomische Strategie des X. Parteitages der SED weiter durchgesetzt wird und welche theoretischen und praktischen Fragen dabei in den Mittelpunkt der wirtschaftswissenschaftlichen und agrarökonomischen Forschung gestellt werden müssen;
- theoretische Erkenntnisse und praktische Erfahrungen zu vermitteln, die wirksam dazu beitragen, die umfassende Intensivierung in der Landwirtschaft durchzusetzen;
- den Beitrag der wirtschaftswissenschaftlichen und agrarökonomischen Forschung in bezug auf die Stellung der Landwirtschaft im einheitlichen volkswirtschaftlichen Reproduktionsprozeß und ihrer Rolle bei der weiteren Durchführung der Politik der Hauptaufgabe zu erhöhen;
- theoretische und praktische Probleme der weiteren Ausgestaltung der Produktionsverhältnisse in der Landwirtschaft auf dem Wege der Festigung der LPG und der Vertiefung ihrer Kooperation sowie zur Vervollkommnung der Leitung, Planung und Organisation und Produktionsprozesse in der Landwirtschaft bei prinzipieller Beachtung der Rolle des genossenschaftlichen Eigentums und der Ausschöpfung seiner Potenzen herauszuarbeiten.

Die richtungweisenden Ausführungen unseres Generalsekretärs des ZK der SED, Genossen Erich Honecker, auf der 7. Tagung des ZK der SED und die Beschlüsse der 8. Tagung – vor allem zur Vertiefung der Kooperationsbeziehungen, zur Verantwortung der Kooperationsräte, zum weiteren Ausbau der genossenschaftlichen Demokratie, zur Agrarpreisreform bis hin zur Erschließung örtlicher Wasserreserven – waren eine wichtige Grundlage für unsere heutige Tagung.

Die Tagung war Auftakt für die weitere Vertiefung der interdisziplinären Zusammenarbeit der wirtschaftswissenschaftlichen Forschung auf diesem Gebiet und leistete einen Beitrag zur weiteren Durchführung der Beschlüsse der Partei.

Die Bedeutung unserer Beratung zeigte sich auch darin, daß mehr als 100 Teilnehmer, Wirtschafts- und Agrarwissenschaftler, die Präsidenten der Akademie der Wissenschaften und der Akademie der Landwirtschaftswissenschaften, Vertreter des zentralen Partei- und Staatsapparates sowie Praktiker aus Industrie und Landwirtschaft teilnahmen.

Ich unterstreiche die Ausführungen, die der Vorsitzende des Wissenschaftlichen Rates für ökonomische Probleme der sozialistischen Landwirtschaft und Vizepräsident der Akademie der Landwirtschaftswissenschaften der DDR, Genosse Prof. Schieck, in seinem einleitenden Referat „Zu theoretischen Problemen und praktischen Erfahrungen für die weitere Durchsetzung der ökonomischen Strategie in der Landwirtschaft“ machte. Vor allem seine Ausführungen
- zum Beitrag der Landwirtschaft zur ökonomischen Stärkung der DDR und zur Realisierung der Hauptaufgabe in ihrer Einheit von Wirtschafts- und Sozialpolitik;
- zu den volkswirtschaftlichen Maßstäben und Anforderungen bei der Verwirklichung einer qualitativ neuen Stufe der Intensivierung in der Land-, Forst- und Nahrungsgüterwirtschaft;
- über die weitere Ausgestaltung der sozialistischen Produktionsverhältnisse und des demokratischen Zentralismus in der Landwirtschaft, insbesondere zur vollen Ausschöpfung der Potenzen des genossenschaftlichen Eigentums und der Lösung grundlegender sozialökonomischer Aufgaben;
- und zur weiteren Vervollkommnung der Leitung, Planung und wirtschaftlichen Rechnungsführung in der Land-, Forst- und Nahrungsgüterwirtschaft.

Hervorheben möchte ich den Diskussionsbeitrag des Leiters der Abteilung Landwirtschaft des ZK der SED, Genossen Semmelmann. Er ging auf die Anforderungen ein, die sich aus der Gesellschaftsstrategie der Partei, insbesondere bei der weiteren Durchführung der Politik der Hauptaufgabe an die Intensivierung der landwirtschaftlichen Produktion und die Erhöhung ihrer Effektivität ergeben. Er verwies auf Probleme, die durch die Wirtschaftswissenschaftler und Agrarökonomen hinsichtlich der volkswirtschaftlichen Stellung und Verflechtung der Landwirtschaft und der Lösung neuer qualitativer Aufgaben bei der umfassenden Intensivierung zu bearbeiten sind.

Besonders die Agrarökonomen sollten noch aktiver mitwirken an der Verbesserung des Verhältnisses von Aufwand und Ergebnis durch Aufdeckung der Wege zur Senkung des Produktionsverbrauchs, durch die weitere Entwicklung der sozialistischen Betriebswirtschaft und ihre Verknüpfung mit den Höchstertrags- und Höchstleistungskonzeptionen, die Vermittlung der besten Erfahrungen bei der Gestaltung der Kooperationsbeziehungen und der Verwirklichung der Maßnahmen zur Qualifizierung der Leitung, Planung und wirtschaftlichen Rechnungsführung. Hervorgehoben sei die Rolle der sozialistischen Produktionsverhältnisse in der Landwirtschaft bei der Entwicklung der Produktivkräfte und die große politische Verantwortung der Genossenschaftsbauern und Arbeiter der sozialistischen Landwirtschaft bei der Versorgung der Bevölkerung mit Nahrungsgütern und der Industrie mit Rohstoffen.

Auch die Ausführungen des Genossen Dr. Gebhardt seien nachdrücklich unterstützt. Er betonte in seinem Beitrag, daß die Beschleunigung des wissenschaftlich-technischen Fortschritts die entscheidende Voraussetzung für den erforderlichen Leistungsanstieg der Landwirtschaft ist, daß sich daraus das Erfordernis ihrer immer engeren Verbindung von Wissenschaft und Produktion ergibt. Es ist notwendig, Aufgaben und Schrittmaß für die weitere Vervollkommnung der sozialistischen Betriebswirtschaft unter den Bedingungen der neuen Etappe der Verwirklichung der ökonomischen Strategie herauszuarbeiten. Dabei können wir uns auf die Beratung des Genossen Werner Felfe mit Wissenschaftlern der sozialistischen Betriebswirtschaft in der Landwirtschaft stützen und auf die Konferenz, die er und Gen. Lietz mit Agrarökonomen in Meißen durchgeführt hat.

Genosse Halbritter legte in seinem Diskussionsbeitrag Probleme und Ergebnisse bei der Durchführung der Agrarpreisreform dar. Er hob die stimulierende Wirkung der neuen Agrarpreise auf die Erhöhung der landwirtschaftlichen Produktion hervor. Es ist ganz ohne Zweifel, daß wir es hier mit einem Schritt des Effektivitätsdenkens in der Landwirtschaft zu tun haben.

Von der theoretisch und praxisbezogenen Diskussion, in der zwölf Genossen das Wort ergriffen und weitere acht Genossen ihre Beiträge für das Protokoll zur Verfügung stellten, möchte ich folgende Problemkreise hervorheben:

- Weitere Ausprägung des Zusammenhangs zwischen der Entwicklung der Leistungsfähigkeit der Land- und Nahrungsgüterwirtschaft und ihrer Verflechtung im einheitlichen volkswirtschaftlichen Reproduktionsprozeß;
- Fragen der konsequenten Anwendung neuer wissenschaftlicher Erkenntnisse und der Erhöhung der Wirksamkeit des wissenschaftlich-technischen Fortschritts, um den Prozeß der Intensivierung unter Beachtung der Besonderheiten der landwirtschaftlichen Produktion zu beschleunigen. Dazu soll die Gemeinschaftsarbeit zwischen Wirtschaftswissenschaftlern, Agrarökonomen und Naturwissenschaftlern weiterentwickelt werden.
  Bei der Überleitung des wissenschaftlich-technischen Fortschritts hat sich die Durchsetzung von Höchstertrags- und Höchstleistungskonzeptionen in den LPG und VEG bewährt und sollte weiter verstärkt werden;
- Probleme der weiteren Vervollkommnung von Leitung, Planung und wirtschaftlicher Rechnungsführung, der allseitigen Festigung der LPG und VEG und ihrer kooperativen Beziehungen sowie der Entfaltung der genossenschaftlichen Demokratie;
- theoretische Fragen und Erfahrungen der Entwicklung des genossenschaftlichen und sozialistischen Eigentums, der Rolle der Klasse der Genossenschaftsbauern und ihrer Reproduktion, der Entwicklung des Arbeitsvermögens in der sozialistischen Landwirtschaft;
- Ergebnisse, Erfahrungen und weitere Durchführung der Agrarpreisreform und damit verbundene theoretische Aufgabenstellung;
- Probleme der Verflechtung der landwirtschaftlichen Produktion mit dem Territorium, die Beziehungen zwischen LPG, VEG und Gemeinden bzw. Gemeindeverbänden sowie der weiteren Ausgestaltung des sozialistischen Dorfes.

Die Bedeutung der Ratstagung besteht auch darin, daß sich eine neue Qualität der Zusammenarbeit zwischen Wirtschafts- und Agrarwissenschaftlern, Naturwissenschaftlern und Technikern, von Industrie und Landwirtschaft sowie der Akademie der Wissenschaften und der Akademie der Landwirtschaftswissenschaften der DDR abzeichnet und damit neue Anforderungen an die interdisziplinäre Forschung sichtbar wurden.

Ich verweise darauf, daß Probleme deutlich wurden, die von verschiedenen Disziplinen aufgegriffen, tiefergehend untersucht und einer Lösung zugeführt werden müssen. Dazu zählen unter anderem die Stellung der Land-, Forst- und Nahrungsgüterwirtschaft im volkswirtschaftlichen Reproduktionsprozeß bei der weiteren Gestaltung der entwickelten sozialistischen Gesellschaft und der Lösung der Hauptaufgabe in ihrer Einheit von Wirtschafts- und Sozialpolitik unter den Bedingungen der umfassenden Intensivierung; Fragen der Gestaltung des Zyklus Boden–Pflanze–Tier–Boden ausgehend von den Anforderungen des gesellschaftlichen Reproduktionsprozesses und unter Beachtung der Vor- und Endstufen der Agrarproduktion; Probleme der Höherveredlung landwirtschaftlicher Produkte und der Sicherung optimaler Transport- und Versorgungsbedingungen einschließlich der vollständigen Nutzung landwirtschaftlicher Erzeugnisse und Sekundärrohstoffe.

Wichtig ist auch die volle Erschließung der Leistungskraft der in den Kooperationen zusammenarbeitenden LPG, VEG und anderen landwirtschaftlichen Betriebe durch die noch wirksamere Nutzung der Vorzüge der verschiedenen sozialistischen Eigentumsformen und des demokratischen Zentralismus. Hervorgehoben sei auch die wachsende Bedeutung der Durchsetzung der sozialistischen Betriebswirtschaft in der Landwirtschaft.

Unterstreichen möchte ich die zahlreichen Beiträge, die sich mit der Aktivität der Werktätigen in der Landwirtschaft, insbesondere den Wettbewerbserfahrungen, befaßten, wobei auch der Aufschlüsselung des Planes auf die Brigaden erhebliche Bedeutung zukommt. Dies auch in Hinsicht auf die besten Erfahrungen zur Kostensenkung und der materiellen Interessiertheit.

Zusammenfassend kann festgestellt werden, daß die Beratung dazu beigetragen hat:

- die Rolle der Landwirtschaft bei der Gestaltung der entwickelten sozialistischen Gesellschaft und ihre Aufgaben bei der umfassenden Intensivierung auf der Grundlage der Beschlüsse des X. Parteitages für die Wirtschaftswissenschaft klar zu bestimmen;
- einen Beitrag zur Klärung theoretischer und praktischer Probleme der Durchsetzung der ökonomischen Strategie der Partei in der Landwirtschaft geleistet zu haben.
  Dabei wurden gute Ausgangspositionen zur weiteren theoretischen Durchdringung der umfassenden Intensivierung in der sozialistischen Landwirtschaft und der Leitungsaufgaben der Kooperationsräte geschaffen und Orientierungen zur weiteren Durchsetzung der sozialistischen Betriebswirtschaft gegeben;

- theoretische Grundlagen für die Stellung der Landwirtschaft in der Gesamtvolkswirtschaft, ihrer Rolle bei der Durchführung der Politik der Hauptaufgabe sowie ihrer Verflechtung mit anderen Industriezweigen im gesamtvolkswirtschaftlichen Prozeß der Intensivierung sichtbar zu machen. So muß zum Beispiel theoretisch und praktisch an der weiteren Leistungssteigerung in der sozialistischen Landwirtschaft, insbesondere an der Ablösung der Futtermittelimporte und den Zusammenhang zur qualitativen Verbesserung industrieller Vorleistungen gearbeitet werden;
- Ergebnisse theoretisch und praktisch vorgelegt zu haben, die die Verantwortung der Gemeindevertretungen und ihrer Organe zur Leistungssteigerung in der Landwirtschaft, zur Lösung kommunalpolitischer Aufgaben und zur Entwicklung des gesellschaftlichen Lebens auf dem Dorfe beinhalten.

Um den Erfahrungsaustausch zu fördern, ist eine gemeinsame Veranstaltung von Wissenschaftlern und Praktikern aus Industrie und Landwirtschaft, die in den Räten wirken, zu Grundfragen der sozialistischen Betriebswirtschaft durchzuführen.

Insgesamt kann eingeschätzt werden, daß mit der Durchführung dieser Tagung der Forderung des 8. Plenums des Zentralkomitees der SED entsprochen wurde, mitzuwirken an Impulsen für die weitere „Herausarbeitung grundlegender strategischer Entwicklungsrichtungen der Struktur der Volkswirtschaft", um „den erfolgreichen Weg der DDR als modernes Industrieland mit hochentwickelter Landwirtschaft fortzusetzen".

FSC
www.fsc.org
MIX
Papier | Fördert
gute Waldnutzung
FSC® C083411

Kolibri 360 GmbH
Ferdinand-Jühlke-Straße 7
99095 Erfurt, Deutschland
produktsicherheit@kolibri360.de